이름 없는 선교사들의 마을,
블랙마운틴을 찾아서

이 름 없 는
선교사들의 마을,
블 랙 마 운 틴 을
찾   아   서

—

한병선 지음

홍
성
사

차례

▶▶ 탐방팀이 찾아간 5개 도시 17인의 선교사들

샌프란시스코

로스앤젤레스

루이즈 그러브
대니얼 뉴먼
진 언더우드

산안토니오

도널드 클라크

CHRISTIAN FRIENDS OF KOREA

ME

VT

NH MA

NY

CT RI

드류 대학교 ● ● 라파예트 애비뉴 장로교회
뉴브런스윅 신학교 ●
PA
NJ
● 프린스턴 사무엘 모펫 주니어
DE 아일린 모펫
MD

WV VA ● 유니온장로교 신학교

KY

● 블랙마운틴

TN
마리엘라 탤메이지 프러보스트
로이스 린턴
하이디 린턴
SC
케니스 스콧
로베르타 라이스
존 윌슨
케니스 보이어 • 실비아 보이어
존 서머빌

● 클리어워터
FL
찰스 헌틀리 • 마르다 헌틀리

SA 37
SAINT JOHN S
EPISCOPAL CHURCH

프롤로그

–

과거로의 여행이 시작되다

이 여행은 어느 선배의 이야기에서 시작되었다. 오랜만에 만난 선배는 지난여름 미국에 갔다 온 이야기를 내게 풀어 놓았다. 선배는 영성 훈련으로 유명한 곳을 소개받아 방문하던 중 우연히 들른 호숫가에서 미국인 할아버지를 만났다. 산책을 하고 있는 선배에게 갑자기 그가 묻더란다.

"어디서 왔어요?"

"한국에서 왔습니다."

선배의 말에 할아버지는 반가워하며 그때부터 영어 대신 한국어로 인사하시더란다.

"저는 전라도 광주 출신입니다. 평양외국인학교에서 공부했습니다."

선배는 나이 지긋한 미국인 할아버지의 유창한 한국어와 평양외국인학교에서 공부했다는 말에 무척 놀랐다. 할아버지는 자신의 아버지가 한국에서 선교사로 활동해 자신도 한국에서 어린 시절을 보냈다며 선배 부부를 집에 초대해 주셨다고 한다. 할아버지의 집 주변에는 앵두나무와 사과나무 등, 사시사철 피는 한국의 꽃과 각종 나무가 심겨져 있었다. 그리고 집 안 여기저기에는 한국의 전통 물건이 가득했다.

할아버지는 처음 본 선배 부부에게 집 안 곳곳을 소개해 주시며 이야기를 나누고 싶어 하셨다. 그리고는 근처 요양원에 있는 100세 된 누나까지 불러 오셨다. 할아버지와 누님은 선배 부부에게 어릴 때 한국에서 들었던 상여가를 직접 불러 주셨단다. 할머니 역시 한국에서 자라나셨고, 평양외국인학교에서 음악 선생님으로 계셨다고 했다. 할머니는 어린 시절 광주와 평양에서 살았던 추억을 말씀하시며 한국인들은 언제나 환영한다고 하셨다.

얼마나 놀라운 일인가? 동양인이라곤 찾아볼 수 없는 미국 남부 어느 시골에서 파란 눈의 100세 할머니와 90대 할아버지가 함께 부르는 한국의 상여가라니! '잊혀진 우리의 소리' 같은 다큐멘터리에나 나올 법한 노래를 낯선 미국 땅에서 듣게 되다니······.

이후 선배 부부는 그분들의 아버지께서 한국에서 '우월순'이라 불린 월슨(Robert M. Wilson) 선교사였음을 알았다고 한다. 월슨 선교사는 광주기독병원의 2대 원장을 지냈고 여수 애양원을 세운, 한국 한센병 환자들의 아버지 같은 분이다.

할아버지는 선배 부부에게 더 놀랄 만한 말씀도 해주셨다. 그 근처에 한국에서 선교 사역을 하고 은퇴한 선교사들이 모여 살고 있다는 것이었다. 한국 땅에서 젊음을 바친 미국 선교사들이 모여 살고 계시다니! 선배는 다른 선교사들도 만나 보고 싶었지만, 일정이 있던 터라 한국으로 돌아올 수밖에 없었다.

선배의 말을 듣는 순간 나는 온몸에 짜르르 감동이 밀려왔다.

"와! 역사의 증인들이 지금도 살아 계시구나."

말로만 듣던 그림을 미술관에 가 직접 볼 수 있겠다는 기대감이랄까, 그런 것이 느껴졌다. 이분들의 부모님 세대는 1890년대, 혹은 1900년대 한국으로 입국한 1세대 선교사들이다. 그리고 이분들은 그 자녀로 한국전쟁 전후 한국을 도왔던 3세대 선교사들이다. 보통 한국에 입국한 시기로 선교사의 세대를 구분하는데, 1900년 전후 입국하신 분들은 1세대, 1920-1930년대 입국하신 분들은 2세대, 1950년 한국전쟁 전후로 입국하신 분들은 3세대 선교사라고 한단다. 선배 부부가 만난 분들은 그러니까 1950년대부터 1980년대까지 한국에서 선교사로 활동하고 은퇴하여 본국으로 돌아간 분들인 것이다. 어느덧 그분들이 90세의 나이로 죽음을 눈앞에 두고 있다는 사실이 내게는 절박하게 다가왔다.

"이분들을 만나야겠다! 그때를 증언해 줄 시간이 별로 없다!"

3세대 선교사들의 흔적을 찾아서

내 마음에 불이 붙었다. 남장로교의 은퇴한 선교사들이 모여 살고 계신 곳, 노스캐롤라이나주의 블랙마운틴으로 가고 싶었다.

'그래! 이분들이 돌아가시기 전에, 이분들의 기억이 조금이라도 선명할 때 이분들의 이야기를 영상으로 담아야겠다. 그래서 이분들이 평생을 바쳐 한국에서 해온 일들을 기억하게 하자. 한국 기독교가 꽃 피우는 데 거름이 된 이분들을 우리 자손에게 알려 주자.'

곧 이들의 다큐멘터리를 만드는 프로젝트를 시작했다. 가장 먼저 할 일은 재정을 확보하는 것이었다. 나는 강한 확신이 들었다. 하나님이 허락하신 일이라면 경비를 후원해 줄 사람이 있을 거라는 밑도 끝도 없는 확신.

나는 단 한 사람의 후원자를 위해 기도했다. 그 한 명에게만 말하고 그가 후원해 준다면 간다! 만약 그분이 후원할 생각이 없다면 내 일이 아닐 거다! 그런데 웬걸, 내 모든 이야기를 듣고 난 그분의 첫마디는 이랬다.

"얼마가 필요할 것 같아? 내가 모든 경비를 후원할게."

믿기 힘든 이야기지만 실제 상황이다.

그 다음은 어떤 기준으로 어떤 분을 촬영할 것인가의 문제였다. 우선 그분들이 하신 일들을 명확하게 알아야 했다. 누가 어디 살고 계신지부터 파악하기 시작했다. 이를 위해 어디서 정보를 얻어야 할지 수소문하던 중 도움을 줄 수 있을 몇몇 분들이 물망에 올랐다. 호남신학대학교 차종순 총장님, 기독 사학자 이만열 교수님, 그리고 캘리포니아주립대(UCLA) 옥성득 교수님 등이었다. 이분들께 바로 메일을 보냈다.

먼저 차종순 총장님이 답신을 보내왔다. 그 길로 광주로 내려갔다. 한국 기독교 역사학자이신 차 총장님은 선교사님들을 자주 찾아가 뵙고 있었기에 자료도 많이 있었고 선교사님들의 최근 소식도 알고 계셨다. 단, 남장로회 소속 선교사들의 정보에 한정되어 있었다.

호남신학대학교 한 켠에 있는 작은 동산에는 서울 합정동의 양화진처럼 선교사들 묘비가 있다. 전주와 목포, 군산과 순천 등에 흩어져 있던 선교사들의 묘지를 광주 양림동 호남신학대

성지화 작업이 한창인 광주 호남신학대학교 한 켠에 있는 선교사 묘지

학교 동산에 안장해 놓은 것이다. 내가 방문했을 당시 그분들의 뜻을 기리는 성지화 작업이 한창이었다. 태어난 지 얼마 되지 않아 하늘나라로 간 아이들의 묘지는 특히나 내 마음을 너무 아프게 했다. 그 어린 자식을 가슴에 묻은 선교사님들의 마음이 전해 오는 듯했다. 아이들의 죽음도 불사하면서까지 이 땅에 온 이유는 무엇일까?

차 총장님 덕분에 남장로회의 은퇴한 선교사들의 정보를 알 수 있었다. 그러나 북장로회를 비롯한 그 밖의 선교사들의 흔적은 찾기가 힘들었다. 1세대 선교사들에 대한 자료들은 남아 있지만, 살아 계신 선교사들에 대한 자료들은 거의 없었다. 장로회교단 총회와 선교회 총회, 그리고 미국 장로회 본부 등 다양한 곳에 도움을 청했으나 부정적인 답변만 돌아왔다. 북장로회에 비해 남장로회는 개척을 늦게 시작하면서 좀더 젊은 선교사들이 사역을 했기 때문에 남장로회 선교사 자녀들은 지금도 살아 계시지만, 북장로회 3세대 선교사들은 거의 돌아가셨다는 것이다.

하지만 여기서 멈출 수 없었다. 미국의 북장로회 선교사 은퇴촌에 기별을 넣었다. 그리고 그곳에서 연락이 오기까지 여러 단계를 거쳐 은퇴촌에 계신 선교사 한 분과 연결이 닿았다. 또 장로회신학대학교 임희국 교수님이 로스앤젤레스에 계신 목사님을 소개해 주셨고 그분께 선교사님들의 연락처를 받을 수 있었다. 이렇게 북장로회 선교사들의 자료를 찾기까지 많은 시간이 걸렸다. 결국 출국 일주일을 앞두고 가까스로 촬영할 분을 섭외할 수 있었다. 그렇게 한 분씩 퍼즐을 맞추듯이 촬영할 분들을 찾아냈다.

한 번에 선교사님들에 대한 자료를 볼 수 있는 곳이 있다면 좋을 텐데 한국 어디에도 그런 자료실은 없었다. 여러 사람을 거쳐 정보를 얻다 보니 잘못된 정보도 있었고, 한참 후에야 알게 된 선교사님들은 아쉽게도 촬영을 못하기도 했다. 특히 시카고에 계신 언더우드가(家) 선교사님을 취재하지 못한 것이 너무 아쉽다. 하지만 그 과정 속에 장신대 서정운 전 총장님과 미주 장신대 김인수 총장님과 연락이 닿은 것이 감사했다. 이렇게 장장 4개월에 걸쳐 많은 분들이 보내 주신 정보가 모여 촬영 내용과 일정을 짤 수 있었다.

탐방팀을 꾸리다

이제 미국으로 함께 갈 팀을 구성하는 일이 남아 있었다. 인터뷰 내용을 검증할 만한 역사학자와 이후 논문이나 자료를 통해 후배들에게 계속 도움을 줄 수 있는 신학교 교수 등을 생각했다. 이만열 교수님께 제자들 몇 분을 추천해 달라고 했다. 그랬더니 제자를 추천해 주시며 교수님도 갈 수 있다고 하셨다. 천군만마를 얻은 기분이었다. 그리고 기독연구원 느헤미야에서 알고 지낸, 복음신학대학원대학교에서 교회사를 가르치는 배덕만 교수님과 웨스트민스터신학대학원대학교에서 구약학을 가르치는 전성민 교수님이 현장 코디네이터로 참여하기로 했다. 또 나와 함께 촬영을 맡을 스태프 두 명을 포함해서 총 6명이 구성되었다.

이 여정은 로스앤젤레스에 계신 선교사님, 텍사스에 계신 선교사님, 플로리다에 계신 선교사님, 노스캐롤라이나주 블랙마운틴에 계신 선교사님, 프린스턴에 계신 선교사님들을 인터뷰하고, 남장로회 선교사들의 출신 학교인 유니온장로교 신학교, 언더우드가 졸업한 뉴브런스윅 신학교, 드류 대학교 기록보관소 방문이 큰 줄기였다. 이렇게 로스앤젤레스, 텍사스주, 플로리다주, 노스캐롤라이나주 그리고 뉴욕을 잇는 방대한 일정이 나왔다.

이 프로젝트를 진행하면서 나는 도움을 요청하는 사람들에게 내가 누구고 뭘 하려는 건지, 왜 이 작업을 해야 하는지, 만든 영상은 어떻게 사용할지를 수없이 설명해야 했다. 한국에 있는 자료를 모을 때도, 미국에서 누가 어디 있는지 찾을 때도, 그 선교사가 어떤 일을 했는지 확인하려 할 때도 마찬가지였다. 장로교 교단에도 자료가 한 곳에 모여 있는 데가 없고 이러한 내용을 전공한 분들도 거의 없었다. 이곳저곳 무시로 전화를 하면서 '진짜 정보'에 도달하기란 쉽지 않았다. 앞서 언급했듯, 특히 북장로회 정보가 거의 없었다. 많은 분들이 돌아가시기도 했고, 연고가 있는 분들은 연세가 많아서 연락이 잘 닿지 않았다.

넉 달간 자료 조사를 하면서 한국 교회사가 우리 역사의 일부인데도 자료를 모으고 정리하는 일에 취약했음을 새삼 확인했다. 미국 선교사들은 자신들이 일한 것을 모두 본국에 보내 자료를 만들고 보관하는데, 한국 기독교는 어떤 선교사가 와서 무슨 일을 했는지 또 현재 어떤 상태인지 관심도, 자료도 없었다. 이렇듯 자료가 부족해 점처럼 퍼져 있는 분들을 다 취재하지 못해 아쉬움이 크다.

이제, 동행하는 사람들을 소개할 차례다. 먼저 이만열 교수님은 숙명여대 사학과에 재직하시다 1980년대 초 정권의 미움을 받아 해직되셨다. 이후 복직하여 국사편찬위원장까지 역임하셨고 기독교 역사를 깊이 연구하신 분이다. 장로회 고신교단 장로님이며 기독교 시민운동의 대표 선수이시다. 교수님은 어디에 가면 누가 있고 무엇을 촬영할 수 있는지 잘 알고 계셔서, 이번 여행에서 코치 역할을 톡톡히 해주셨다.

1980년대 초, 해직 교수 시절 교수님은 우리가 가려는 블랙마운틴을 방문해 역사적 자료들을 모은 적이 있다. 그때와 비교하며 당시 못했던 것들을 취재하도록 곁에서 조언해 주셔서 취재의 본론에 더욱 쉽게 접근할 수 있었다. 70대 중반의 연세에도 기억력이 무척 좋으셨다. 메일을 보낼 때마다 빠르고 정확하게 답장을 보내 주셨다. 나는 교수님 덕분에 내가 하는 일이 정확한지 늘 살펴볼 수 있었고, 교수님께 조금이라도 폐가 되지 않을까 조심하게 되었다.

교수님의 예상치 못한 새로운 모습의 하나는 노래를 무척 잘 부르신다는 것이다. 차를 타고 다니면서 지루해질 때쯤이면 교수님이 찬송을 불러 주셨는데 얼마나 좋은지 몰랐다. 교수님이 찬송을 시작하시면 모두 함께 따라 부르면서 부흥회 같은 시간을 갖기도 했다. 또 3주간 교수님과 지내면서 새삼 발견한 것은 교수님의 합리적인 유연함이었다. 그동안 걸어오신 교수님의 삶을 생각할 땐 대쪽 같고 까칠하실 거란 선입견이 있었는데, 가까이서 뵌 교수님은 합리적이고 유연한 분이셨다. 어떤 일을 결정할 때도 상황에 따라 합리적으로 대처하셨고, 자신의 의견만을 고집하시지도 않으셨다. 더욱 놀란 것은 매순간 각 사람이 조금이라도 불편하지 않나 살피고 계셨다는 점이다. 늘 후배들이 어려워하지 않도록 먼저 말을 걸어 배려해 주셨고, 식사나 숙소에도 불평이 없으셨다. 덕분에 우리는 함께 다니면서 교수님을 어려워하지 않게 되었다.

배덕만 교수님은 복음신학대학원대학교에 재직하면서 개척교회에서 목사로 일하시는 분이다. 교수님은 요즘 말로 하면 '훈남'으로, 지나가던 사람이 다시 돌아볼 정도로 잘생기셨다. 게다가 실력까지 갖춘 보기 드문 행운아다. 무엇보다 탁월한 교수님의 은사는 이야기를 재미있게 하는 능력이다. 3주 동안 차를 타고 다니는 내내 교수님의 에피소드와 입담으로 웃음이 끊이지 않았다. 교수님 주변에는 왜 그렇게 특이한 사람들이 많은지, 남들은 겪지 않은 일들을 왜 그렇게 많이 겪었는지, 하여간 교수님의 이야기는 우리를 참 재미있게 했다. 아마 하나님은 교수님께 설교에 쓸 다양한 예화를 주시려고 재미난 경험들을 많이 하게 하신 것 같다. 하여간 우리 가운데 '최고의 이빨'로 통한다. 미국 할머니 선교사님들도 배 교수님을 편하고 호의적으로 대하신 것도 배 교수님의 넘치는 매력 때문이지 않을까. 또 교수님은 우리 중에서 가장 최근에 미국을 떠나온 편이어서 인터뷰 내내 영어로 질문과 통역을 해주셨다. 그리고 떠나기 전까지 각 선교사님들과 메일로 일정을 조정하고 그게 맞게 우리의 임무를 알려 주는 역할도 하셨다.

웨스트민스터신학대학원대학교에서 구약을 가르치는 전성민 교수님은 우리 팀의 실생활 통역 담당이었다. 겉으로는 합리성을 추구하고 원칙을 중요시 여기는 것처럼 보이지만 실제로는 소소한 것에 재미를 두고 빠져드는, 반전의 매력이 있는 분이다. 수학을 전공한 뒤 구약학을 전공했다는 것이 신기했다. 전 교수님은 흥미있는 것이나 재미에 약한 분이다. 아마 구약도 재미와 흥미를 느껴 전공했을 것이다. 한 가지에 빠져들면 끝장을 보는 성격이며, 처음 가는 곳이나 낯선 곳에서는 무척이나 신경을 쓰고 조심하지만 친해진 사람들과는 한없이 친하다. 기계를 좋아해서 맥북을 끼고 살고 아이폰에 목숨을 건다. 함께 여행하던 내내 한국에서 마치지 못한 논문을 밤마다 쓰느라 혼자 밤을 새곤 했다. 여행을 다니면서 세세한 것까지 신경써 줘서 우리를 편하게 했지만 그것 때문에 혼자 씨름하는 것이 조금 안쓰럽기도 했다. 예약이나 스케줄 관리, 통역이나 정리도 깔끔하게 도와주어서 감사했다. 하지만 전 교수님께 청탁한 원고를 제시간에 받기란 하늘의 별 따기만큼 힘들다. 완벽주의에다 끝까지 미루어 한큐에 끝내는 습관이 고착화되어 그런 게 아닌가 싶다. 무엇보다 큰 도움이 된 것은, 교수님의 수시로 촬영하는 습관 덕에 좋은 사진을 확보하는 기쁨을 누렸다는 것이다.

기술적인 부분을 맡던 신동과 신영. 두 사람은 촬영, 운전, 인터넷, 영상 등을 담당했다. 나와 몇 년을 같이 일해 와서인지 특별한 지시가 없어도 알아서 잘해 주어 준비와 촬영에 큰 문제가 없었다. 꼼꼼하고 주변 사람들을 잘 챙기는 신영은 여행사 선택과 자동차 렌탈, 스케줄 조정과 숙소 정하기, 그리고 운전까지 도맡아 해주었다. 또 우리가 미국에서도 손쉽게 인터넷을 사용할 수 있게 해주었다. 한편 신동은 맥북에 수백 편의 영화와 오락을 장만해 와 언제든지 실시간으로 즐길 수 있게 해주었다. 둘 다 30대 초반이라 교수님들과 나이 차가 나 어려워하지 않을까 염려했는데 의외로 잘 소통할 수 있었다.

나 한병선은 전체 기획 담당이었다. 10년 넘게 기업 홍보영상이나 여러 기독교 단체들의 행사에 쓸 영상을 만들어 왔다. 한마디로 나는 영상 제작자이자 프로덕션 피디다. 늘 좋은 영상을 기획해서 만드는 일로 분주하다. 이번 여행도 순간 번쩍이는 영감에 따라 기획했지만, 우리 프로덕션이 이 일을 계기로 이전과는 다른 분야를 개척했으면 하는 소망도 있었다. 나는 여자로 구분되기보다 한병선 그 자체로 불리길 원한다. 늘 창의적인 생각을 꿈꾸고 새로운 것을 좋아하지만 그 아이디어들을 현실로 만들기까지 많은 곤혹을 치른다. 하지만 한번 시작한 작업은 포기하지 않는 강단이 있다. 직설적이고 솔직한 것이 장점이자 단점이며, 추진력이 좋은 편이라 때로 주변 사람들이 나한테 치이기도 한다. 또 맛있는 것을 먹고, 수다를 떨고, 영화를 보며 사람들과 어울리는 것을 좋아한다. 이번 여행에서는 이상하게 죽도록 아팠고 여행 후 영상을 정리하고 책으로 펴내는 과정도 만만치 않았다.

어떤 여행이든 예상하지 못한 어려움이 있는 법이다. 우리 역시 그랬다. 우리가 선교사님과 긴밀히 연락해야 하는 시기에 추수감사절과 성탄절이 끼어 있어서 여행을 떠난 선교사님들과 연락이 잘 닿지 않아 예약을 담당한 배 교수님이 마음고생이 많으셨다. 결국 마지막까지 스케줄을 잡지 못하다가 1월 중순이 되어서야 최종 스케줄을 정하게 되었다. 무엇보다 여섯 명이 동시에 3주의 시간을 빼는 것이 쉽지 않았다. 전성민 교수가 역시나 청탁받은 원고를 다 끝내지 못하고 짐을 쌌고, 나는 집을 비울 3주 동안 가족들이 먹을 사골 국을 끓이고 반찬을 만드느라 정신이 없었다. 또 우리 프로덕션은 미리 3주치의 영상을 만들어 놓고 가야 했다. 배 교수도 번역한 원고를 수정하지 못해 그 원고를 짊어지고 비행기에 탔다. 우리 중에 가장 여유가 있으신 분은 이만열 교수님이었다. 교수님은 느긋하게 책 한 권을 들고 비행기에 올랐다.

이렇게 30대부터 70대까지 40년의 세월 차이가 나는 여섯 명의 선교사 탐방기는 시작되었다. 2011년 1월 31일, 드디어 3주간의 일정으로 우리는 비행기에 몸을 실었다.

함께 여행을 떠난 배덕만 교수, 한병선 피디, 이만열 교수, 전성민 교수(왼쪽부터)

1부

–

눈물로 씨앗을 뿌린 사람들

2011. 1. 31

01
짧고도 긴 여행의 시작

장장 열두 시간의 비행. 그러나 우리 일행은 제각각 비행기 안에서 무척이나 바빴다. 나는 앞으로 3주 동안 선교사들을 만나서 해야 할 질문을 정리하고 전체 스케줄을 잡았다. 전성민 교수는 논문을 썼고, 배덕만 교수는 원고를 수정했다. 이만열 교수님은 앞으로 만나게 될 헌틀리 선교사의 《새로운 시작을 위하여》란 책을 읽으셨다. 카메라 감독 신영과 신동은 촬영 팀답게 촬영을 시작했다.

비행기가 이륙하기 직전 입국장 앞에서 배 교수님은 전화 한 통을 받았다. 다음 날 열릴 예정인 한국기독교학생회(IVF) 사회부 캠프 강의 확인차 전화였다. 교수님은 그 강의를 2월로 기억하고 계셨다. 상대방이 당황하는 것을 옆에 있던 우리도 느낄 수 있었다. 하지만 선택의 여지가 없는 걸 어쩌랴.

미국까지의 긴 비행 동안 우리는 한숨도 자지 못하고 저마다 일에 몰두했다. 그리고 미국 날짜로 1월 31일 이른 아침 로스앤젤레스 공항에 도착했다.

아침에 도착했지만 까다로운 입국 심사로 점심이 되서야 나가게 되었다. 불평하고 있는 사이, 미국에 살고 있는 교회 선배 명수 오빠 부부가 마중 나와 짐 싣는 것도 도와주고 우리에게 점심 식사까지 대접해 주었다.

이제부터 본격적인 여행의 시작이다. 무리하게 빽빽이 짜인 일정에 따라 우리는 쉴 틈없이 움직여야 했다. 로스앤젤레스에서는 웨스턴에 있는 한인 타운에 숙소를 잡아 두었다. 숙소까지는 한인 택시를 타기로 했다. 다른 교통수단에 비해 저렴할 거라 해서 그렇게 했는데 사실 별로였다. 부당하게 요금을 많이 요구했고 서비스도 좋지 않았다. 기분이 많이 상했지만 이틀 동안만 이용할 예정이라 그냥 참았다.

그런데 본의 아니게 문제가 하나 발생했다. 짐이 많다 보니 서로 짐을 마구 실었는데 샌프란시스코로 가야 하는 다른 사람의 짐을 우리 짐으로 착각하고 숙소까지 갖고 온 것이다. 그분은 짐이 없어 난리가 났을 터였다. 그런데도 우리는 숙소에 오자마자 일정에 따라 바삐 움직여야 해서 갖다 줄 시간이 없었다. 일단 우리는 앞으로 각자 자기 짐은 알아서 챙기기로 했다.

이번 여행의 촬영은 캐논과 소니 카메라를 사용하기로 했다. 일단 메인은 소니 Z-1으로 촬영하지만 인서트는 캐논5D가 색감이 좋아서 미국 날씨에 딱 맞았다. 전성민 교수가 니콘 카메라와 캐논으로 사진 촬영을 하기로 했다.

우리는 종종 카메라와 테이프, 노트북과 스캐너 등 많은 장비들과 선교사에게 줄 선물 보따리 탓에 짐에 깔린 채로 시간을 보내기도 했다. 원래 선물은 로스앤젤레스에서 블랙마운틴으로 미리 택배로 보내려고 했으나 한국과 달리 택배 요금이 엄청 비싸 보낼 수 없었다. 하는 수 없이 짐들을 나눠서 각자 끌고 다녔다. 우리는 짐에 치일 때마다 한국의 신속하고 저렴한 택배를 그리워했다. 그리고 할 수 없이 개인 짐은 기내에 가지고 들어갈 정도의 양만 챙겼다. 겨울에 3주나 여행을 하면서 기내 사이즈로 짐을 싸야 한다는 게 참 벅찼다.

SPEED
LIMIT
10
MPH

02

인생의 황금기를 바치다

루이즈 그러브 Louise Grubb

긴 비행의 여독을 풀지도 못한 채 우리는 첫 번째로 인터뷰할 선교사를 만나러 가야 했다. 로스앤젤레스에서 머물 이틀 동안 총 다섯 명의 선교사를 만나기로 되어 있었다.

먼저 북장로회 소속의 루이즈 그러브(서수복) 선교사를 만나러 갔다. 이분의 남편은 40년간 대구와 안동에서 활발히 선교 활동을 펼친 구의령(혹은 구의련, William A. Grubb) 선교사다. 구의령 선교사가 기독교 불모지인 대구와 안동 등지에서 사역을 하셨다는 사실이 흥미로웠다. 한국에서 자료를 수집하면서 이분들의 행방을 찾기 위해 대구와 안동 노회에 전화해 봤는데 아무도 알지 못했다.

루이즈 선교사는 로스앤젤레스 북쪽의 웨스트민스터가든이란 곳에서 북장로회 소속 은퇴 선교사들과 모여 살고 있었다. 이곳에서 그녀는 유일하게 한국에서 사역한 선교사다. 북장로회 은퇴촌인 웨스트민스터가든은 아주 넓었다. 건강하신 선교사들은 타운하우스에 살고 계셨고, 실버 타운 본관에는 몸이 불편한 선교사들이 간병인들의 집중적인 도움을 받으며 머물고 계셨다. 루이즈 선교사님은 간병인이 붙어 있어야 할 정도로 건강이 안 좋으셨다. 이 점을 알고 있던 우리는 루이즈 선교사님을 돕고 있는 분에게 메일을 보내 질문할 사항과 촬영 장소 및 시간을 정하는 데 도움을 받았다.

　　90세가 넘은 루이즈 선교사님은 귀엽게 생기셨고, 손톱에 고운 매니큐어를 칠하고 계셨다. 우리가 온다고 예쁘게 치장하고 기다리셨다는 것이다. 그녀는 목소리가 작고 흔들렸으며 기억력도 가물가물했고 무엇보다 앞을 잘 보지 못하였다. 잘 보지도 듣지도 못하는 그분과 대화하기 위해 우리는 그녀 가까이 모여 앉았다. 마치 할머니 주위에 옹기종기 모인 손자 손녀들처럼 그녀의 발치에 모여 앉았다.

　　우리를 대표해서 배덕만 교수님이 이야기를 시작하셨다.

　　"그동안 많은 선교사님들이 한국에서 헌신하셨습니다. 하지만 우리는 그 헌신과 희생에 적절한 감사와 경의를 표하고 기억해야 할 의무를 잘 감당하지 못했습니다. 이제 찾아와서 인터뷰를 하고 증언을 듣는 것이 좀 늦긴 했지만, 몇 가지 질문을 통해 선교사님들이 오늘의 한국 교회에 들려주시고 싶은 말씀을 전해 듣고자 합니다."

그녀는 독일어와 스페인어, 한국어를 조금씩 할 수 있었지만 지금은 모두 잊어버렸다고 했다. 그리고 남편 구의령 선교사가 있었다면 무척 좋아했을 거라고 몇 번이나 말씀하셨다. 남편은 한국어를 유창하게 했다면서 자신이 한국어를 잊은 것을 미안해하셨다. 활발하고 사람을 좋아해서 많은 이들에게 인기가 좋았던 구의령 선교사님은 얼마 전 세상을 떠나셨다고 한다.

그녀는 프린스턴 신학교 교내 식당에서 추수감사절 저녁 식사 때 우연히 구의령 선교사 옆자리에 앉게 되었다. 구의령 선교사는 곧 한국에 갈 거라며 한국에 함께 가자고 청했다. 당시 루이즈는 물리치료사로 일하고 있었다. 구의령 선교사는 전쟁 중인 한국 사람들에게 물리치료가 큰 도움이 되리라고 했고, 그녀는 결국 한국을 찾았다. 한국은 전쟁 중이라 온통 폐허였고 그 비참함은 눈 뜨고 볼 수 없을 정도였다. 그런데 그 전쟁의 폐허를 한국 사람들이 빠른 속도로 복구하는 것이 참으로 놀라웠다.

그녀와 구의령 선교사는 한국에서 결혼한 후 대구로 내려갔다. 그녀와 남편은 계명대와 영남대에서 영어와 성경을 가르쳤다. 그리고 구의령 선교사는 미 공군에서 군목도 하고 교회도 개척하고 다양한 협력 사역도 하셨단다. 한편 그녀는 직업은 간호사였지만 시간이 날 때마다 한센병 환자가 있는 곳에 가서 방직과 미용 등 다양한 기술을 가르쳐서 그들이 사회로 나가 독립할 수 있도록 도와주었다.

그녀는 한국에서 있으면서 세 자녀를 낳고 길렀다. 그녀는 그것이 무척 잘한 일이라고 몇 번이나 말했다. 1950-60년대 한국은 자식을 낳아 기르기에 좋은 환경은 분명 아니었을텐데 한국에서 아이들을 낳고 다양한 경험을 아이들에게 줄 수 있어 감사하다고 하여 놀라지 않을 수 없었다. 자제 분들은 대전외국인학교에서 공부했는데, 다들 그 시절이 행복한 경험이라고 추억한다는 것이다.

그녀는 인터뷰 내내 "한국 사람들은 친절하고 좋은 사람들이다.", "그들을 잊을 수 없다.", "그들과 무척 행복했다.", "내삶 중에 가장 중요하고 행복한 시간은 바로 한국에 머물렀던 40년이었다"라고 몇 번이나 말했다. 한국이 당신에게 어떤 의미냐는 질문에 그녀는 눈물을 글썽였다. 그리고는 좋은 사람들과 행복한 시간을 쌓아 갔던 곳이라며 한국인들을 사랑하지 않을 수 없다고 했다. 그녀의 진심 어린 대답에 우리도 눈물을 흘

젊은 시절의 루이즈 그러브 선교사

렸다. 70대의 이만열 교수님도, 40대의 젊은 교수들도, 그리고 촬영하던 30대들도 모두 눈물을 흘렸다. 그녀는 인생의 황금기인 20대에 선교 활동을 시작하여 60대 중반이 되어서야 한국을 떠났다. 낯선 땅에서 힘들었을 그 시절을 가장 행복했던 시간으로 기억하고 한국 사람들을 무척이나 사랑한다고 하는 그녀. 진심으로 눈물을 흘리며 한국인을 좋은 친구, 좋은 그리스도인, 친절함과 배려심이 깊은 사람들이었다고 하는 그녀. 심지어 은퇴해서 미국에 온 것이 너무 아쉽다고 할 때 나는 결국 펑펑 눈물을 쏟고 말았다.

우리 한국인이 그렇게 좋은 사람들이던가? 그들이 와서 인생의 황금기를 보내고 무척 행복했고 잘했다고 할 만큼 현재 우리는 남을 위해 도움을 베푸는 존재인가? 나는 아무 대답을 하지 못하고 가슴이 먹먹하기만 했다. 그녀는 우리가 가져간 선물이며 포장지, 편지 하나까지 무척이나 감사하다며 귀하게 받았다. 그녀는 자신의 마지막 소원은 북한에 가보는 것이라고 했다. 북한에 갈 수만 있다면 그곳에서 다시 사역을 하고 싶다고 했다. 그녀를 보며 나는 더욱 더 끊을 수 없는 그리스도의 사랑을 느꼈다.

누가 우리를 그리스도의 사랑 안에서 끊으리요. 환난이나 곤고나 박해나 기근이나 적신이나 위험이나 칼이랴 (롬 8:35)

Q: 언제 한국에 가셨고 얼마나 머물러 계셨습니까?

A: 기록해 두지 않아서 정확히 언제 갔는지는 기억이 나지 않아요. 선교사로 은퇴할 때까지 40년 동안 한국에 있었지요. 은퇴 후에도 6개월 동안 세 번이나 한국을 방문했습니다. 한국을 완전히 떠나지 못했지요.

Q: 한국에서 주로 어떤 일을 하셨는지요?

A: 대구에서 일주일에 네 번 대학생들을 모아 영어 성경공부를 했습니다. 학생들은 대부분 영어를 배우러 왔지만, 성경을 교재로 사용했지요. 학생들이 학교 공부를 마친 뒤 피곤하고 배고픈 가운데 오기 때문에, 간식거리도 주면서 성경을 가르쳤습니다. 내가 3년 정도 가르치고, 이후 남편이 가르쳤지요. 복음을 전하는 좋은 기회였어요.

Q: 한국 역사의 격동기와 함께하셨는데, 특별히 기억에 남는 역사적 사건은 무엇입니까?

A: 남북으로 분열되는 것을 보고 마음이 아팠습니다. 내가 아는 한, 남한은 나름대로 잘하고 있습니다. 그러나 아직도 북한에는 해야 할 일이 많습니다. 그런데도 북한 정부는 그들이 신뢰하지 않는 사람은 들여보내 주지 않고 있지요. 북한 정부가 신뢰하는 한국인 여자 선교사님을 알고 있어요. 그녀와 북한에 가면 안전하다더군요. 가능하면 그녀와 함께 북한에 가보고 싶습니다.

Q: 특별히 친분을 나눈 한국인 친구가 있었나요?

A: 한국 친구들 모두와 친하게 지냈어요. 한국인들은 친절하고 사랑스럽고 도

움이 필요할 때마다 우리를 도와줬어요. 한국인들은 늘 사려 깊고, 돕기를 좋아하지요. 세계 곳곳에서 한국인 선교사들이 활발히 활동하고 있다지요. 아마도 다른 나라에 비해 한국에서 많은 선교사가 배출되는 이유가, 돕기 좋아하는 민족성 때문인 것 같아요. 그리고 각 사역지에서 한국 선교사들이 매우 잘하고 있다는 이야기도 들었어요. 한국인들은 참 대단한 사람들입니다. 복음도 잘 전하고 사람들도 잘 섬기니까요. 한국 친구들이 자랑스럽습니다.

Q: 한국에서 선교사로서 맺은 열매는 무엇이라고 생각하십니까?

A: 우리가 도운 학생들이지요. 그들은 고등학교, 대학교, 신학교로 진학했습니다. 한 젊은이가 찾아와서는 자기 할아버지가 우리 도움으로 유명한 목사가 되었다며 감사를 표하더군요. 이런 일이 우리가 맺은 열매지요. 교육을 받게 하고, 신학교로 진학시켜 교회를 섬기게 한 것 말입니다. 우리는 최선을 다했지요. 한국에서 뛰어난 설교자들이 배출되는 것을 보면 기쁩니다.

Q: 한국 교회를 위해 하실 말씀이 있으십니까?

A: 일단 잘하고 있다고 생각해요. 난 늘 한국을 위해 기도하고 있어요. 한국 그리스도인들과 한국 교회가 이웃을 잘 돌아보고 세상을 향한 그리스도의 사랑을 증거하기를 바랍니다. 모두 선한 일을 하고 이웃에게 좋은 친구가 되어 주시기 바랍니다. 한국 친구들이 우리에게 보여 준 것에 늘 감사해요. 모두 무척 그립습니다. 우리 집안일을 도와주던 여인에게서 긴 편지를 받는데 안타깝게도 잃어버렸어요. 한국 친구들은 형편이 좋지 않아도 늘 좋은 면을 보려는 긍정적인 사람들이었어요.

03
오직 순종으로 행하다

아쉬움을 뒤로 하고 우리는 떠나왔다. 돌아오는 차 안에서 모두 한동안 말을 꺼내지 못했다. 다들 같은 마음이었던 것 같다. 루이즈 선교사님의 아이같이 순수한 마음이 우리에게 그대로 전해져 왔던 것이다.

나는 온몸에 식은 땀이 났다. 앞으로 또 어떤 만남이 우리를 기다리고 있을지 기대되었다. 사실 루이즈 선교사님에 대해 잘 알고 찾아뵌 것은 아니었다. 그러나 인터뷰를 진행하면서 마음이 뜨거워지는 강한 느낌을 받았다. 선교사님은 한국에서의 활동에 대해 정확한 지명이나 명칭, 날짜나 시간, 내용 등은 거의 기억하지 못하셨지만, 여전히 한국에 대한 깊은 사랑을 간직하고 계셨다. 그 사랑은 우리의 마음을 울리고도 남았다.

무슨 사역을 어떻게 했느냐는 우리의 질문이 무슨 의미가 있을까? 우리는 그런 식의 질문이 중요한 것이 아님을 깨달았다. 그분들이 행하신 한국에서의 사역 증언도 중요하지만 무엇보다 그분들의 삶을 통해 우리에게 남기고 싶은 마지막 말들을 잘 들어야겠다고 생각했다.

루이즈 선교사님의 헌신의 삶이 묻어나는 은색 머리카락과 얼굴 주름들까지 아름답게 찍어 드리고 싶었다. 다큐를 찍으려다 한 편의 감성 드라마를 찍은 느낌이었다.

로스앤젤레스로 돌아와 LA영락교회 림형천 목사님과 옥성득 교수님을 만났다. LA영락교회에서 간혹 선교사님들을 초대한다는 이야기를 들어서 자료를 얻을 수도 있겠다는 기대감이 있었다. 이만열 교수님의 제자로 캘리포니아주립대에서 한국기독교학을 가르치시는 옥성득 교수님은 원래 이번 여행에 함께하려고 했지만 시간이 맞지 않아 그러지 못했다.

처음 뵙는 림형천 목사님은 낯선 우리를 반갑게 맞아 주었다. 아쉽지만 영락교회에도 선교사들에 대한 자료는 거의 없었다. 다만 옥성득 교수님이 몇몇 선교사들에 대한 정보를 주셨다. 인터뷰 첫날 우리의 모험을 기꺼이 도와주려는 두 분을 만나 반갑고 감사했다.

하루 일과를 마치고 숙소에 왔는데 갑자기 오한이 나기 시작했다. 한국을 떠나기 전부터 무리를 했고 비행기에서도 쉬지 않고 일하다가 미국에 도착하자마자 인터뷰와 저녁 모임을 하느라 몸에 탈이 났던 모양이다. 게다가 이곳 호텔은 에어컨 시설이 잘 되어 있는 반면 난방 시설이 허술해서 추웠다. 이날 밤 사이 한국에서 가져온 종합감기약을 두 번이나 먹었는데도 오한이 멈추지 않고 잠을 들지 못했다. 나는 첫날부터 호텔방에서 혼자 밤새 떨며 시름해야 했다. 절로 기도가 나왔다.

"하나님, 이 여정을 힘들고 어렵게 준비해 왔습니다. 이렇게 와서 첫 걸음을 떼려고 하는데 아프다는 것은 말이 안 됩니다. 제발 아프지 않게 해주세요. 아니, 이 일이 끝나고 아프게 해주세요."

취재를 준비하면서 읽었던 책 속의 선교사들이 갑자기 떠올랐다. 한국에 도착하자마자 풍토병으로 죽거나 몸이 아파 앓아누웠던 선교사들의 이야기가 생각난 것이다. 예전에는 샌프란시스코에서 배를 타고 한 달씩 걸려서야 한반도에 도착했다. 그리고 다시 목적지까지 기차를 타고 가면서 선교사들은 얼마나 많은 갈등과 고민에 휩싸였을까? 어렵게 왔는데 일을 시작하기도 전에 몸이 아팠으니 얼마나 힘들고 낙심했을까? 당시 선교사들이 느꼈을 헛헛한 마음이 이해됐다. 그들은 낙담과 한숨, 몸의 고통과 자괴감에 시달리면서도 오직 순종하는 마음으로 헌신하지 않았는가. 선교사들의 그 순종의 마음이 가슴 깊이 사무쳤다. 그렇게 외롭게 밤을 보냈다.

04
전도는 생활이고 삶이다

대니얼 뉴먼 Daniel Newman

밤새 죽도록 아팠다.

"하고 많은 날 중에 하필 이럴 때 아프다니, 하나님도 정말 너무해."

혼자 한탄했지만 누굴 원망하리요. 앞으로 더욱 무리한 일정이 계속되는데 이러다 쓰러지지는 않을까, 감기로 목소리가 나오지 않는 건 아닐까 무척 걱정했지만, 워낙 튼튼해 보이는 외모덕에 팀원들은 내가 아팠는지도 모르는 듯했다. 서러웠다.

어쨌든 오늘은 세 건의 인터뷰가 잡혀 있다. 오전 9시에는 윌셔의 아주사퍼시픽 대학에서 뉴먼 교수님을, 오후 2시에는 미주장신대 김인수 총장님을, 그리고 저녁 7시에는 진 언더우드 여사를 만나기로 되어 있었다.

아침 식사 후 아주사퍼시픽 대학을 찾았다. 뉴먼 교수는 한국에서 30년가량 선교사 생활을 했으며 한국어를 유창하게 하는 분이라는 정도로만 소개받았다. 막상 만나 보니 젊은 분이어서 놀랐다. 20대에 한국에 와 지금은 50세가 좀 넘었고, 잘생기고 젊어 보이는 신사 분이었다.

그곳 도서관에서 이루어진 인터뷰는 시종일관 화기애애했다. 대니얼 뉴먼 선교사는 예수전도단 출신으로, 고등학교 졸업 후 섬으로 선교를 가겠다는 뜻을 품고 있었다고 한다. 고립된 섬에 있는 사람들은 평생 복음을 들을 기회가 없다고 생각했기 때문이다. 처음에는 섬이 많은 인도와 홍콩에서 할 일이 많을 거라 생각하고 준비했단다. 그러다 한 달간 잠시 한국에 놀러 왔다가 뜻밖에도 지원한 나라에서 거절당하여 한국에 더 머물 수밖에 없었다고 한다.

그렇게 1978년 한 해를 한국에 머물면서 한국어도 배우고 주말이면 명동에 나가 전도지를 돌리기 시작했다. 당시에는 교회도, 예수님을 믿는 사람도 많지 않아 전도지라도 돌려 전도해야겠다고 시작한 인연이 1년이 되고 2년이 되어 결국 계속 한국에서 선교하게 되었다는 것이다.

이후 한국에도 섬이 많다는 것을 알고 마침내 원하던 섬 선교에 나섰다. 우연히 배에서 만난 한 아저씨가 뉴먼 선교사에게 예수가 누구냐고 묻더란다. 그 순간 그는 하나님을 전할 수 있는 기회를 얻었다는 것에 큰 감동을 받고 더욱 열심히 전도하게 되었다고 했다. 이 사건 이후 복음을 전하기 위해 더욱 열심히 한국어를 배웠고 누구보다도 한국어를 유창하게 할 수 있게 되었다고 한다.

그에게 왜 그토록 전도를 하고 싶냐고 물었다. 그는 전도란 하나님을 기쁘게 하는 일이며, 하나님이 가장 원하는 것이라서 전도를 다닐 수밖에 없다고 했다. 그 대답을 듣는 순간 너무나 당연한 것을 물은 것 같아 다들 부끄러워졌다.

그의 대답은 단순하지만 우리 삶의 중요한 의미를 곱씹게 했다. 내 욕심과 생각에 젖어 현실에 타협하는 나를 돌아보게 하는 대답. 단순하게 하나님의 인도하심을 따라가며 사는 대니얼 뉴먼 선교사의 모습은 그 자체로 도전이 되었다.

뉴먼 선교사는 한국에서 같이 일하던 한국 분과 결혼하고 목사 안수도 받았다고 했다. 이후 한국에서 영어를 가르치다 미국으로 돌아와 신학대학에서 강의를 하고 있었다.

1978년에 한국에 온 선교사. 그는 이전의 선교사들과는 사뭇 다른 느낌이었다. 뭐랄까, 그에게 선교란 하나의 생활이고 삶이며 살아가는 또 다른 방식일 뿐이라는 생각이 들었다. 누가

누구를 전적으로 돕는 것이 아니라 서로 도움을 주고받는 선교의 모습이 떠올랐다. 그래서 그는 언제 어디서나 선교할 수 있는 마음을 품고 있는 것이 아닐까 생각되었다. 뉴먼 교수님을 만나 새로운 선교사의 모습을 보게 된 것은 하나의 수확이었다.

그는 한국이 자신을 입양했다고 한다. 한국은 자신을 키워주었고 가치관을 정립해 주었으며 삶의 모태가 되었다는 것이다. 그래서 지금도 그는 한국 사람들에게 도움이 되는 일이라 생각하며 이곳에서 일하고 있다고 한다. 그는 외모는 외국인이지만 천생 한국인 같았다.

함께 기도하고 인터뷰를 마치면서 잔잔한 감동이 밀려왔다. 하나님을 함께 믿고 있다는 것이 얼마나 큰 동질감을 주는지 마음이 따뜻해져 왔다. 전 세계에 우리의 동지들이 있음에 든든했고, 하나님을 믿는 이들은 모두 형제자매라는 생각이 들었다. 더욱이 뉴먼 교수님과는 한국어로 인터뷰할 수 있어 편안한 시간이었다.

그는 한국의 1980년대와 1990년대를 경험하면서 한국 사회와 역사의 격변기 속에서 최루탄을 맞거나 피해 다니며 전도를 했다고 한다. 이만열 교수님은 격동의 한국 사회에서 기독교를 어떻게 느꼈는지 무척 궁금해했으나 그 대답은 들을 수 없었다.

우리는 젊고 멋있는 뉴먼 선교사님과 인터뷰를 마치고 간단한 점심 식사를 함께했다. 그리고 미주 장신대 김인수 총장님을 만나러 길을 나섰다.

Q: 한국에서 어떻게 선교 활동을 하셨나요?

A: 늘 기도했지요. 많은 사람들에게 복음을 전할 수 있게 해 달라고 기도하면서, 기회가 있을 때마다 전도했어요. 선교는 내가 하는 것이 아니라 하나님이 하시는 것이구나 깨닫기도 했지요. 선교는 한 사람의 힘으로는 도저히 감당할 수 없어요. 어떻게 선교를 사람이 다 할 수 있겠습니까? 하나님이 하시는 일이지요.

시골 교회를 다니면서 전도 집회를 한 적도 있어요. 내 기억에 시골 교회는 새벽기도 시간을 농사짓는 사람들에게 맞춰서 했던 것 같군요. 해 뜨기 전 다 마쳐야 밭에 나가 일할 수 있잖아요. 그렇게 헌신하시는 시골 교회 목사님들을 보면서 그분들을 존경하게 되었죠. 얼마나 훌륭하신지 하나님이 참 기뻐하실 거라고 생각했어요.

미국에서 전도하자고 하면 별로 참여하는 사람이 없어요. 전도를 안 하려고 해요. 그런데 한국 교회에는 교회 전체가 전도에 대한 열정이 있더라구요. 이러한 열정이 있다는 것은 참 멋있지요.

Q: 미국의 선교사들이 한국에 남긴 것과 그 역사적 의미는 뭐라고 생각하시는지요?

A: 그 열매는 교회예요. 그것보다 더 귀한 것은 없습니다. 발전된 한국의 여러 모습을 선교사들이 키웠다고 말하기는 어렵고 협력사역이라고 할 수 있지요. 교회는 혼자 스스로 모든 것을 감당하려고 하면 부족한 부분이 생기지요. 미국에서 왔건 아프리카에서 왔건 상관없이 선교사들은 제각각 하나님을 보는 관점이 있어요. 한국 사람이 보는 하나님과 다른 관점이에요. 사회마다 특징이 있어서 하나님에 대한 이해도 다릅니다. 사람들과 대화를 나눌 때마다 하나님

의 놀라우심과 위대하심을 새롭게 보게 되지요.

내가 한국에 갔을 때, 미국의 1970년대는 히피 시대였어요. 나도 머리를 길렀죠. 당시 미국 문화는 매우 캐주얼한 문화였어요. 'Jesus is my best friend'를 강조했죠. 한국 교회에 가면 엄숙하잖아요. 하나님의 초월성과 거룩하심을 강조하죠. 나는 예수님이 내 친구라고 생각했어요. 한국에는 하나님은 신이고 인간은 피조물이라는 개념이 강하게 뿌리 박혀 있잖아요. 저는 한국에서 하나님을 새롭게 만나게 되었지요. 교회란, 각 나라의 교회로 볼 수 있지만 교회의 보편적인 것은 있어야 한다고 봐요. 그래서 서로 대화 나누고 그리스도를 새로 만나야 합니다.

Q: 선교사님에게 한국이란 어떤 의미입니까?

A: 한국을 사랑해요. 미국에 사는 한국인 2세들이 자신을 묘사할 때 '바나나'라고 해요. 이들이 저 더러는 '달걀'이래요. 네, 사실 제가 많이 한국화됐어요. 제가 봐도 백인으로 보이지 않거든요. 교회에도 다 한국 사람이지 백인이 없습니다. 어떨 때는 "하나님, 왜 저를 미국에서 태어나게 하셨습니까?"라고 묻기도 합니다.

한국은 저를 입양한 나라입니다. 저는 한국에 빚진 자입니다. 안수도 한국에서 받았죠. 아내도 한국인이고요. 한국 가족 소속이에요. 장인어른, 장모님, 처형과 처제들 다 가족이잖아요. 그리고 한국에서 하나님을 완전히 새롭게 만났습니다. 그래서 늘 마음속으로 한국에서 부흥이 일어나기를 기도합니다. 하나님이 한국을 사랑하시길 기도드립니다. 또 세상에 승리하는 교회가 되길 기도드립니다. 저는 은퇴 선교사가 아닙니다. 저는 지금도 한국 교회를 위해 일하고 있어요.

05
순간에 깃든 영원성
윌터 존슨 Walter Johnson

김인수 총장님을 만나려는 이유는 순전히 이분의 책 때문이다. 김 교수님은 광나루에 있는 장신대에 재직하실 때 교회사를 가르치며 《간추린 한국 교회의 역사》,《한국 기독교회사》 등을 쓰셨다. 초기 기독교 역사를 연구하신 분으로 한국 교회사와 특히 선교사들에 대해 잘 아는 분이다. 직접 찾아뵙고 이야기를 듣고 싶어 김 교수님을 수소문했다. 그러다 미국에 계시다는 말을 듣고 미주 장신대에 전화를 걸고 메일을 보냈다. 그러나 내가 알고 있던 메일 주소가 잘못 되었는지 답이 오지 않았다. 미국으로 떠나기 바로 전 주에 간신히 연락이 닿아 이렇게 뵙게 된 것이다. 김인수 교수님은 장신대에서 은퇴하시고 미주 장신대에 총장으로 일하고 계셨다. 그의 연구실에는 한국 선교사들에 대한 책들이 많이 있었다.

김 총장님은 특유의 유쾌한 입담으로 인터뷰 내내 선교사들에 대한 다양한 에피소드를 들려주셨다. 지금도 초기 선교사들의 편지를 번역하여 책으로 내는 작업을 계속한다고 하신다.

김인수 총장님은 그간 연구해 온 많은 선교사들 중에서도 월터 존슨이라는 선교사가 가장 기억에 남는다고 하셨다. 월터 존슨은 우리나라 개화기에 입국한 선교사다. 그가 누구이며 무슨 일을 했는지는 잘 알려져 있지 않다. 한국 초기 기독교 역사를 공부한 몇몇 사람들만이 그에 대해 알 뿐이다.

선교 전략에서도 효용 가치가 없는 폐쇄적이고 위험한 조선이라는 나라. 월터 존슨 선교사는 복음이 전해지지 않은 어둠의 땅이란 것에 마음이 끌려 선교를 결심했다. 그는 20대 초반의 젊은 부인과 함께 샌프란시스코를 출발해 70일간 배를 타고 요코하마에 도착했다. 그런데 항해 도중 불행히도 그의 아내가 중이염에 걸리고 말았다. 항생제나 소염제만 있었다면 쉽게 고칠 수 있는 병인데 배 안에는 약이 없었다. 결국 그의 아내는 요코하마에 도착하자마자 죽고 만다. 그들의 목적지인 조선이 코앞인데 그 문턱에서 생을 마감하고 만 것이다. 선교지에 도착하기도 전에 그는 아내의 장례를 치르는 아픔을 겪어야 했다.

이런 고난에도 불구하고 월터 존슨 선교사는 미국으로 돌아가지 않고 일본에 아내를 묻고는 한국으로 들어갈 것을 결심한다. 아까운 생을 마감한 아내의 몫까지 다 하기로 결심하며 그는 선교 여정을 이어 갔다. 그러나 한국에 도착해 현지에 적응하기도 전에 그는 천연두에 걸려 죽고 만다. 몇 년을 준비해 도착한 선교지에서 3개월 만에 죽음을 맞이하다니 얼마나 기가 막힌 일인가? 아마도 당시 조선 사람 중 그의 복음을 들은 사람은 거의 없을 것이다.

그의 죽음은 우리에게 어떤 의미가 있을까? 사실 이와 비슷한 운명을 맞이한 선교사가 또 있다. 제너럴셔먼호를 타고 온 토마스 선교사도 어처구니 없이 생을 마감한 분이다. 그는 조선에 들어오자마자 대동강변에서 조선 군관에 의해 목이 베였다. 그토록 염원하던 조선 땅에서 머문 시간은 채 하루도 되지 않았을 것이다. 그러나 놀랍게도 그가 주고 간 성경을 통해 조선 사람들은 하나님을 영접하게 되었다.

멀리 타국까지 와서 복음을 전해 보지도 못하고 싸늘한 죽음을 맞이한 선교사들. 월터 존슨의 부모님과 주변 사람들의 눈물과 아픔을 어찌 헤아릴 수 있으랴. 김인수 총장님은 월터 존슨 선교사의 죽음을 누군가는 기억해야 할 것 같아 기독교 역사를 공부했다고 하셨다. 자기조차 그를 기억해 주지 않으면 너무 슬플 것 같아서 말이다. 김 총장님과의 만남은 우리에게 청량제처럼 상쾌했고 힘을 북돋아 주었다.

뜻깊은 만남을 뒤로하고 이만열 교수님을 뵙고자 하는 제자 목사님을 만나러 갔다. 목적이 있는 여행이기에 개인적인 만남은 최대한 줄이고 있었지만, 연락을 안 하면 너무 섭섭해 할 분이라 저녁식사를 대접받게 되었다. 알고 봤더니 그분은 가정 형편이 어려워 공부를 지속하기 힘들었는데, 이만열 교수님이 장학금을 보내 주어 무사히 학위를 받게 되었다고 한다. 세상 곳곳에는 알게 모르게 자신의 몫을 나누어 누군가의 삶을 풍성하게 해주는 손길이 있음을 새삼 깨달았다.

김인수 총장의 저서들

o6

누군가의 희망이 되기 위해
버려야 할 것은 무엇인가?

진 언더우드 Jean Underwood

미국에 온 지 이틀밖에 안 됐는데 벌써 많은 분들을 만났다. 우리는 하루에 세 팀꼴로 인터뷰하는 일정이었는데, 오늘의 마지막 인터뷰는 진 언더우드 여사다.

미국에 오기 전 이분에 대한 정보를 모으려 했지만 거의 찾을 수 없었다. 다만 우리는 그녀가 언더우드 가문의 한 사람이며 언더우드의 조카며느리가 아닐까 짐작했다. 플로리다에 계신 헌틀리 선교사 부부는 이분을 인터뷰해 보라며 광주에서 함께 사역한 분이라고만 알려 주셨다. 자신의 청춘을 바쳐 헌신한 수많은 선교사들. 이들에 대해 너무도 알지 못하는 우리 신앙의 후배들. 이름도 빛도 없이 사그라져 간 선교사들의 희생을 되짚어

보고 마음에 새기리라 결심했다.

저녁 8시가 되어서야 글렌데일 근처에 있는 선교사님 댁에 도착했다. 60대 정도라 짐작했는데 막상 뵙고 보니 생각보다 연세가 있는 분이었다. 1928년생. 은발의 짧게 커트한 머리가 단정해 보였다. 집 안에 들어서자마자 한국풍으로 꾸며놓은 거실을 보고 다들 놀랐다. 작은 자개장과 병풍, 각종 집기류가 한국 냄새를 물씬 풍겨 도리어 서양화된 우리의 집을 생각나게 해 머쓱했다. 집 안 풍경만으로도 이분의 한국 사랑을 느낄 수 있었다.

사실 진 언더우드 여사는 우리에 대해 거의 들은 바가 없으셨다. 그저 우리가 한국에서 왔다는 것만으로 인터뷰에 응해 주신 것이다.

그녀는 외동딸로 캘리포니아 포모나에서 태어났다. 대학에서 비올라를 전공했고, 졸업하면 필리핀의 한 대학에서 음악을 가르치려던 참이었다. 그렇게 선교사 준비를 하던 중 우연히 존 토마스 언더우드를 만나게 되었다.

존은 신학교들을 돌면서 한국전쟁의 참상을 알리고 선교사 지망생들에게 동참을 촉구하고 있었다. 당시 그녀는 한국에 대해 아는 것이 거의 없었고 전쟁이 난 나라 정도로만 알고 있었다. 그의 강연에 감동을 받은 진은 한국에 대해 더 많이 알고 싶어 존을 만나게 되었고 결국 한국에 선교사로 지원하게 되었다. 그

호남신학교에서 교회음악을 가르치던 시절의 진 언더우드

녀는 자신보다 열 살 정도 많은 존과 1954년 결혼하여 선교사 생활을 시작했고, 1993년 은퇴할 때까지 거의 40년간 한국에 있었다. 그녀의 남편 존은 잘 알려진 원일한 박사의 쌍둥이 형제 원요한 선교사다. 존이 호러스 그랜트 언더우드의 손자이니, 진 언더우드 여사는 우리의 짐작과는 달리 언더우드의 조카며느리가 아닌 손자며느리였던 것이다.

1954년의 한국은 온전한 것이 하나도 없었다. 집 없이 파괴된 건물이나 다리 밑에서 사는 사람, 고아와 장애인 등으로 들끓는 피폐한 나라였다.

그녀와 남편 존 언더우드는 할아버지가 선교하러 온 나라를 떠나지 않고 그 헌신을 이어 갔다. 그들은 평생 한국을 위해 봉사하며 한국에서 살았다. 그녀의 두 자녀도 한국에서 태어나 지금도 한국에 살고 있고, 2000년생인 손녀딸도 한국에 살고 있다. 아들 톰은 한국 주재 미국 대사관에서 일하고 있다고 한다. 그녀는 아이들을 한국에서 키우면서 학교를 보낼 수 없어 홈스쿨링을 했다.

나에게 가장 큰 희생은 뭘까? 그것은 나 자신이 아닌 내 자식에 관한 일일 것 같다. 자식이 희생되는 것만큼 가슴 아픈 것은 없다. 아이의 정체성을 찾아 주지 못하는 부모는 평생 죄인이 된다. 그것을 알고도 그 길을 가는 사람은 값으로 따질 수 없는 희생을 감수한 것이다. 자신의 어려움은 스스로 선택했으니 기꺼이 감수하겠지만 자식에게 그 부담을 안겨 주는 일은 아무나 할 수 없는 일이다.

인터뷰가 길어지면서 그녀를 힘들게 하는 것은 아닌지 내심 미안했다. 그녀는 여러 번 심장수술을 해서 건강이 좋지 않았다. 남편 존은 은퇴 후 1년 만에 하늘나라로 갔다고 했다. 그래서인지 미국은 그녀에게 왠지 낯선 곳, 남편 없이 살아야 될 외로운 곳이라는 생각이 든다고 했다. 그녀는 우리에게 자신이 갖고 있는 자료를 보여 주었다. 그리고 인터뷰 후 창고에 내려가 사진도 촬영했다. 진 여사를 혼자 남겨두고 떠나는 게 마음에 걸렸다. 취재만 하고 돌아가는 것 같아서 죄송했다. 말벗도 되어 드리고, 식사도 함께하며 이야기를 들었어야 했는데 일정에 쫓겨 취재만 하고 나오니 뒤통수가 간질거렸던 것이다.

진 언더우드 여사의 삶을 보며 나도 누군가의 희망이 되려면 어떤 것을 포기해야 할까 자문해 보았다.

Q: 청주에서 하신 사역에 대해 말씀해 주셔요?

청주에 가자마자 맹인학교 학생들이 밭에서 배추 같은 채소들을 찾는 모습을 보았어요. 거기서 수확이 나면 뭔가 먹을 수 있었던 거죠. 하지만 뭔가 나오기라도 하면 주변 사람들이 몰려와서 아이들 먹을 채소들을 다 가져갔어요. 다들 배고픈 시절이었죠.

우리는 구호 활동을 시작했습니다. 우리 집에는 늘 많은 사람들이 찾아왔어요. 그리고 당시 청주에는 아직 전화 시설이 갖춰지지 않아서 집집마다 다니며 구호 물품을 전달해야 했죠. 전쟁 직후라서 처음 5년 동안은 복음을 전할 수 없었어요. 더욱이 제가 한국어도 못했고, 의식주에 대한 사람들의 필요가 절대적이었지요. 존은 주일마다 지방 교회를 순회 방문했어요. 오전과 오후와 저녁에 한 교회씩 방문하고 나서야 밤늦게 집에 돌아왔죠.

1960년부터 저는 성서학원이라는 곳에서 아이들을 가르치기 시작했지요. 지방을 돌며 함께 아이들을 가르칠 팀을 구성하기 위해 일단 2–3년 동안 성서학원에서 가르쳤습니다. 1967년에는 청주에서 광주로 이주하게 되었어요. 원래 광주는 남장로교가 사역하던 곳인데 서로 교단을 바꿔서 사역하자는 움직임이 있었어요. 북장로교 출신인 존과 저는 호남신학교에서 사역을 하게 되었어요. 남편은 신학을 가르쳤고, 저는 기독교 교육과 음악을 가르쳤죠. 저는 1993년 은퇴할 때까지 25년간이나 계속 호남신학교에서 사역을 했지요. 그러고 보니 한국에서 40년을 사역하며 살았습니다. 교회음악과 기독교 교육에 대한 책을 쓰기도 했고요.

Q: 오랫동안 한국에 계시면서 한국 교회가 변하고 있다는 것을 알 수 있었나요?

A: 저는 신학교에서 기독교 교육학을 가르쳤어요. 학생들에게 유년기에 가졌던 신앙에 대한 생각을 써 보라는 과제를 내곤 했습니다.

처음 부임해 갔을 때 학생들 중 절반 이상이 1세대 신앙인들로서, 그리스도인 가정에서 자란 경험이 없는 학생들이었습니다. 그들이 교회에 처음 발을 디딘 까닭은 친구들 때문이거나, 재미있는 성경 이야기, 아니면 교회에서 부르는 노래 때문이라는 글이 많았습니다. 한 친구는 학교를 가기 위해 산을 넘어야 했는데, 그 산에 귀신 들린 나무가 있었고 사람들이 그 나무에 막 돌을 던지곤 했답니다. 수업이 끝나면 깜깜한 밤이 되어 산을 넘는 게 무서웠다고 합니다. 그런데 친구가 주일에 산을 넘어 교회에 오라고 초대했죠. 그래서 주일마다 주일학교를 가기 위해 산을 넘어 다니다 보니 자연스럽게 귀신 나무를 두려워하지 않게 되었답니다. 당시 학생들은 자신들의 신앙을 이야기하고 전도하는 데 열정이 있었습니다. 가족들 중 누구라도 믿지 않으면 꼭 전도를 했지요.

시간이 지나면서, 학생들 중 많은 사람들이 2세대 그리스도인이었고, 가끔 3세대도 등장하기 시작했습니다. 3세대 그리스도인인 한 친구는 자신이 세 살 때 아버지가 커서 꼭 목사가 되라고 했다는 것입니다. 그 친구의 신앙에 대한 기억은 아쉽게도 그런 것뿐이었습니다. 3세대 그리스도인들은 점점 미국의 그리스도인들처럼 되어 갔죠. 신앙에 대한 흥미도 잃고 그저 모태 신앙인으로서 신앙을 받아들이게 된 거죠.

그러나 처음에는 그렇지 않았습니다. 엄청난 역동성이 있었지요. 1세대 그리스도인들은 그리스도가 없는 삶이 어떤 것인지 잘 알고 있었습니다. 예수님이 그들의 삶에 찾아오시고 성령님이 오시면서 변화가 일어나는 것을 알았고 큰 열

정도 품고 있었습니다. 2대째에 이르면서 열정이 조금 사그라들며 신앙은 '머리'의 문제가 되었습니다. 3대째는 미국 그리스도인들과 크게 다를 바 없게 되었지요. 1세대는 열심이었지만 3세대는 미지근하다고 해야 할까요? 인구 대비 그리스도인들의 비율은 계속 증가하고 있었지요. 하지만 9·11 사태 이후 한국을 방문하고 그런 비율이 허상임을 알게 되었습니다.

Q: 어떻게 하면 선교사님들이 전해 준 복음과 신앙을 회복할 수 있을까요?

A: 미국 사람들은 실질적이며 과학을 숭배합니다. 그런데도 하나님의 존재를 믿는 사람들이 있습니다. 아인슈타인 같은 많은 과학자들은 신의 존재를 믿는 기독교인입니다. 제가 한국에 있을 때 많은 한국 사람들이 미신을 믿더군요. 귀신이 질병을 일으킨다고 믿죠. 과학이 발달하지 않아 보이지도 않는 세균의 존재를 알 리가 없으니까요. 그래서 한국 사람들은 영적인 존재를 받아들이는 데 별다른 거부감이 없었습니다.

그런데 한국 사람들이 과학을 신봉하면서 영적인 개념을 버리더니 신에 관한 개념도 버리더군요. 한국은 미신적인 요소를 버림과 동시에 하나님에 대한 신앙도 포기한 게 아닌가 합니다. 참 안타까운 일이죠.

Q: 오랫동안 한국에서 사역하셨는데 한국 교회에 하실 말씀이 있으십니까?

A: 현재 한국 교회의 상태는 잘 모릅니다. 하지만 저는 늘 교회 사람들에게 관심이 있었습니다. 교회가 곧 사람이니까요. 한국 목사들이 차를 타고 돌아다니

며 사치스러워지는 게 좀 속상했습니다. 속상해서는 안 되는 건지도 모르겠군요. 부유하고 넉넉해도 더 원하는 게 사람의 속성이니까요. 그렇다 해도 한국 목사들은 으레 다른 사람이 돈을 내고 대접해 주기를 바라는 것 같았어요. 그게 참 속상했습니다. 미국에서는 목사들이 회중만큼 잘 살지 못하는 게 일반입니다. 그런데 최근에 이르러 한국 대형 교회 목사들은 회중보다 훨씬 부유하게 살고 있지요. 그런 것이 안타깝습니다.

Q: 당신에게 한국은 어떤 의미입니까?

A: 제가 준 것보다 받은 것이 더 많습니다. 특별히 한국인들의 열정과 새신자들이 제게 준 기쁨이란 정말 대단했습니다. 한국인들은 그리스도인이 아닌 삶이 어떤 것인지 알고 있었습니다. 새로 그리스도인이 된 사람들을 보는 기쁨이야말로 가장 큰 희열이었지요.

2011. 2. 2

07

우리에겐 고향이 없다

도널드 클라크 Donald Clark

로스앤젤레스에 도착한 지 이틀 만에 이곳의 따뜻한 날씨를
뒤로하고 텍사스로 향했다. 우리는 아침 8시 비행기에 몸을 실
었다. 비행 시간은 3시간. 로스앤젤레스와 시차는 2시간이다.

텍사스에 도착하니 벌써 오후였다. 클라크 교수는 우리의 스
케줄을 보고 미친 게 아니냐고 했고, 나도 차츰 그게 실감이 났
다. 미국의 여러 도시를 다니는 것을 대전이나 경주 가는 것쯤으
로 생각하고 비행기로 이동하는 걸 뭐 대수냐란 생각에 당일치
기로 일정을 잡았으니……. 난 이 엄청난 일을 벌여 놓고서도 닥
치기 전까지 몰랐던 것이다. 겨울에 눈만 한번 제대로 와도 비행
기가 결항되기 일쑤인데 예측을 못한 채 그냥 서울에서 인천 가

듯 일정을 잡은 것이다.

우리는 피곤한 심신을 이끌고 클라크 교수를 찾아가기로 했다. 그는 텍사스의 산안토니오에 위치한 트리니트 대학교에서 역사를 가르치는데, 그는 지금도 한국을 오가며 한국에 관련된 일을 꾸준히 하고 있다. 그의 할아버지와 아버지는 한국에서 선교사로 활동했고 그도 한국에서 살았던 적이 있다. 그는 1980년부터 선배 선교사들을 인터뷰했는데 그 자료가 있다고 했다.

클라크 교수의 할아버지는 미국 북장로교에서 파송한 찰스 알렌 클라크(Charles Allen Clark) 선교사로 한국 이름은 곽안련이다. 승동교회를 세워 20년간 목회를 했고, 평양신학교에서 학생들도 가르쳤다. 삶의 절반인 40년을 한국에서 선교사로 산 것이다. 클라크의 외할아버지는 한국 이름 나부열로 불리는 로버츠(Stacy L. Roberts) 선교사다. 나부열 선교사는 오산학교와 평양신학교 교장을 역임했다. 클라크의 아버지 곽안전(Allen D. Clark) 선교사는 서울에서 태어나 만주와 청주에서 활동했다. 우리는 쟁쟁한 선교사의 자손이 어떻게 살고 있는지 내심 궁금했다.

텍사스 공항에서 30-40분을 달려서야 트리니티 대학교에 도착했다. 그곳은 매우 한적하고 조용했다. 하지만 생전 처음 방문한 텍사스는 우리에게 호의적이지 않았다. 따뜻한 날씨로 유명한 텍사스가 이날따라 춥고 음산했다. 다행히도 한국에서 매서운 추위를 한참 느끼다 가서인지 많이 춥지는 않았지만 왠지 쓸쓸한 느낌이었다.

근처에서 간단히 식사를 하고 먹고 교수님을 뵈러 갔다. 이만열 교수님은 1980년대에 그를 만난 적이 있다고 하셨다. 클라크 교수님은 훤칠한 키에 체격도 컸다. 연세가 있으신데도 활력 있어 보였고 흰 머리는 학자를 연상케 했다. 특히 천장 끝까지 책으로 뒤덮여 있는 그의 연구실은 무척 흥미로웠다. 한국 책들이 많이 있었고 그 밖에 중국과 일본 책들도 사방에 꽂혀 있었다.

클라크 교수님은 학생들에게 종교사회학, 동아시아지역 종교학, 선교학 등을 강의하고 계셨다. 한국에서 태어난 그의 아버지는 한국을 사랑하고 한국인으로 사셨다고 한다. 그의 아버지는 평양에서 자랐으며 평양외국인학교에서 공부했다. 아버지의 친구들과 가족들은 모두 여전히 한국에 있다고 했다. 아버지의 어릴 때 추억 역시 고스란히 한국에 있다고 덧붙였다. 그런데 그의 아버지는 신사참배를 거부했기 때문에 일본에 의해 추방당하여 다른 나라로 갈 수밖에 없었다. 그래서 클라크 교수는 콜럼비아에서 태어났고 그곳에서 열 살까지 살다가 한국전쟁이 끝난 뒤 한국에 돌아왔다.

한국에 오기 전 그곳이 얼마나 아름다운지 아버지가 늘 말해 줬기 때문에 그는 한국이 정말 아름다울 거라 생각했단다.

그러나 1954년, 10세 아이가 한국에 와서 본 것은 전쟁의 후유증을 앓고 있는 땅, 죽어 가는 많은 사람들과 무질서의 현장 그 자체였다.

그의 부모님은 한국에서 계속 선교 사역을 하셨다. 그 또한 한국에서 4·19혁명과 5·16쿠테타, 그리고 1980년대 한국 역사의 격동기를 겪었다. 영어도 가르치고 한국사 공부도 했으며 이후 하버드 대학에서 학위를 마쳤다. 그리고 지금은 텍사스에서 한국과 일본, 중국에 대해 강의하며 사회학적으로 기독교와 다른 종교들을 비교·연구하고 가르친다. 그는 한국어가 유창했다. 그러나 더 정확한 인터뷰를 위해 영어로 묻고 답했다.

그의 가장 큰 자산은 할아버지와 아버지에 대한 자료들이다. 한국 어디서도 구할 수 없는 역사적 자료이고 한국 기독교 역사 그 자체였다. 그 자료들을 광나루에 있는 장신대에 보낼 예정이라고 했다.

그는 선교사들을 높이지 말라고 이야기 내내 강조했다.

"제 경험으로 선교사들은 겸손합니다. 존경받고 칭찬받는 것에 어색해하지요. 그들은 하나님의 명령과 고국 교회의 파송으로 사역을 시작했지요. 그러나 막상 한국에 가면 무슨무슨 행사라고 해서 엄청나게 높여 주곤 하죠. 그래서 때로 선교사들은 한국 방문을 망설입니다. 제 부모님도 은퇴하신 후 초청을 받았는데 가지 않으셨습니다. 가게 되면 당신과 그 일에 대해 높임을 받게 되니까요. 존경받아서는 안 된다는 게 아닙니다. 하지만 칭찬과 존경은 받기 꺼려지는 게 사실입니다. 칭찬받기 위해 한 것이 아니라 하나님이 부여하신 의무를 행하기 위해 했기 때문입니다.

한국의 양화진 묘지에 가보면 매우 잘해놨습니다. 그러나 그곳은 제겐 위대한 곳이라기보다는 겸손케 만드는 장소입니다. 그저 인간으로서, 하나님의 종으로서 적절하게 존경받고 기억되어야 하겠지요."

그는 지금도 2년에 한 번 북한을 방문한다. 북한 돕기 운동을 하고 있기 때문이다. 할아버지가 살던 평양과 대동강을 보면 감개무량하다고 했다. 할아버지와 아버지가 북한에 가보았다면 좋아했을 것 같다고도 했다. 할아버지와 아버지에 이어 자신도 한국과의 인연 속에서 살아가고 있다는 교수님. 태어난 곳을 떠나 오랫동안 타국에서 헌신한 선교사들에겐 돌아갈 고향이 없다고 하는 그에게서 쓸쓸한 속내를 읽으며 인터뷰를 마쳤다.

Q: 이전 세대 선교사들을 가까이서 보셨는데요, 그분들이 왜 한국에서 삶을 바치고 헌신했다고 생각하십니까?

A: 제 할아버지 곽안련 선교사와 외할아버지 나부열 선교사 시절에는 장로교가 상당히 확장되던 시절이었습니다. 그러니까 100~120년 전 이야기죠. 당시 미국에서는 해외로 사람들을 보내 문명화해야 한다는 사고가 지배적이었지요. 즉, 다른 나라 사람들은 뭔가 부족하다고 생각했어요. 그건 타국인에 대한 오만한 태도였어요. 그런데 이러한 사고가 교회 안의 젊은이들에게도 영향을 미쳤습니다. 바로 그게 문제였죠. 이들은 한국을 공부할 기회가 없었어요.

아무것도 모른 채 조부모님도 한국에 가셨죠. 언어와 문화도, 역사와 지리도 모른 채 뭔가 그냥 기여하기 위해 갔다는 겁니다. 우선 처음 가서는 몇 년 동안 언어를 배워야 했습니다. 어떤 면에서 그건 위험한 모험이었죠. 파송 교회에서는 선교사란 목사 이상으로 최고로 헌신하는 일이라고 말합니다. 제 할아버지 곽안련 목사의 개인 기록에 근거해 보면 원래 할아버지는 목사가 되려고 했는데 하나님이 선교사가 되기 원하셨다고 합니다. 가고 싶지 않다고, 얼어 죽거나 병들어 죽을지도 몰라 보내지 말아 달라고 하나님께 기도드렸대요. 그러나 그럴수록 하나님이 더 가라고 하시는 것 같았답니다. 결국 엄청난 강요를 느끼고 한국에 선교사로 가셨대요.

어딘지도, 어떤 나라인지도 모른 채 가서 40년을 보낸 거죠. 어떻게 보면 정신 나간 일이었죠. 그러나 파송한 교회에서는 할아버지를 위대하다고 여겼어요.

"이 훌륭한 젊은이를 보라! 그는 삶을 바쳤다. 그는 영웅이다!"

그러나 7년 동안이나 사역을 하고 안식년에 고향에 와 보니 사람들이 자신들을 다 잊었다는 거예요. 그리고 그로부터 7년 후 와보니 당신들을 파송한 많은 사람들이 이미 세상을 떠났습니다. 그렇다면 조부모님, 그러니까 그런 선교사님들의 고향은 어딥니까? 아무도 그들을 기억 못하는데 그들의 고향이 어딥니까? 조부모님들은 자신들의 고향이 평양이라고 했습니다. 물론 한국인들은 어떻게 저 외국인들의 고향이 평양이 될 수 있겠냐고 하겠지요. 2, 3대에 걸쳐 한국에 머무르면 아예 고향이 없게 됩니다. 한국인도 아니고, 그렇다고 미국이 편안한 것도 아니고, 미국에 친구들이 있는 것도 아니고요. 이런 게 심리학적으로 흥미로운 부분입니다.

조부모님은 당시 사명에 대한 확신과 순종으로 떠났습니다. 그들이 떠난 이유는 그렇게 떠나고 도전하는 것이 매력적으로 여겨졌기 때문입니다. 그러나 한국에서의 삶이 쉽지는 않았지요. 양화진에 묻혀 있는 저의 가족들은 어린아이였을 때 죽었습니다. 한국은 어린아이들에게 안전한 곳이 아니었지요.

Q: 교수님의 결론은 무엇입니까?

A: 음, 저는 선교사의 자녀이자 손자로서 사람들의 평가를 받고 싶지 않았습니다. 성령이 하셨던 거고, 우리는 단순히 성령의 도구들이었을 뿐입니다. 재미있는 이야기가 하나 있습니다. 평양에 있는 학교에 모펫 동상을 세운다고 했을 때, 모펫 박사는 새들이 자기 머리 위에 똥을 싸는 게 싫다며 거절했다고 합니다. 연세대학교에 에비슨 박사의 동상이 세워졌는데, 만약 박사께서 아셨다면 놀랄 일일 겁니다. 그런 걸 위해 연희전문학교와 세브란스병원에 삶을 바치신 건 아니니까요.

Q: 그렇다면 교수님의 조부님과 부모님의 선교 사역을 개인적으로 어떻게 평가하십니까?

A: 그들이 한 일 덕분에 저는 매우 흥미로운 삶을 살고 있습니다. 저는 그들이 한 일에 늘 감사하는 마음입니다. 매우 열심히 일하셨고요. 저에게 경제의식, 절제, 정직, 신앙 등 좋은 습관들도 가르쳐 주셨습니다. 그들은 제게 좋은 선생님들이셨지요. 아버지와 양가 할아버지들을 매우 존경합니다. 물론 할아버지가 살아 계셨을 때는 제가 어렸을 때지만요.

제가 평양에 가서 이 지역에서 사역했던 선교사의 자녀라고 하면, 사람들의 반응은 첫째로는 믿지 않고, 둘째로는 선교사들을 끔찍한 사람들이라고 생각합니다. 북한에서는 좋은 일이 아니지요. 도움이 안 되니까요. 반대로 남한에서는 존경과 명예를 받지만요. 그분들께서 하신 사역에 부끄럽지 않게 살고 싶습니다.

Q: 한국 그리스도인들이 선교사들을 어떻게 기억해 주면 좋겠습니까?

A: 오랫동안 한국에 머물며 한국을 정신적 고향으로 여기고 살았던 겸손하고 성실한 사람으로 기억해 주면 좋겠네요. 은퇴하고 미국으로 왔을 때, 그들은 외로움을 느끼고 한국으로 돌아가고 싶어 했습니다. 오랫동안 한국에 있었으니까요. 요즘에는 쉽게 왔다갔다 할 수 있지만 그때는 힘들었잖아요. 저는 축하라든가 칭송이라든가 이런 것은 하지 않았으면 좋겠어요. 가끔 그들과 그들이 한 일을 우상화하려는 경향이 있어요. 그들이 실제로 했던 것 이상으로 좋게 얘기할 수 있죠. 그들도 사람이었습니다. 다투기도 하고 싸우기도 하고 문제도

생기고 늘 좋지만은 않았지요. 그들의 인간적인 면을 알기에 하는 말입니다. 그래서 저는 신사참배 문제로 서로 얼마나 치열하게 다퉜는지를 책에 쓰고 있습니다. 이만열 교수님도 알고 계시겠지만 서울 연희전문학교와 평양 숭실학교를 세우는 문제에 몇몇 사람들은 거의 미쳤습니다. 이 문제로 서로 치열하게 다퉜으니까요. 완전한 사람들이 아니라 그들도 불완전한 인간입니다. 이들이 인간으로 기억되기 바랍니다. 어떤 이들은 자랑스러웠고, 어떤 이들은 고통당했고, 어떤 이들은 비극적인 삶을 살았고, 어떤 이들은 성공한 삶을 살았죠. 그들을 좀더 잘 알았으면 좋겠습니다. 그게 제가 하는 일이기도 하고요.

Q: 한국 기독교인들을 향한 그들의 소망은 무엇이었습니까?

A: 모든 교단과 선교사들은 한국 기독교인들이 자립하기를 바랐습니다. 해방 이전이나 이후에도 한국 교회가 자립하고 튼튼해지기를 바랐습니다. 자신들이 사역을 끝내고 돌아가도 한국인들이 스스로 서기를 기도했지요.

Q: 한국 교회가 자립은 했지만, 한국 기독교가 순전하지 않은 것도 사실입니다. 어떻게 생각하십니까?

A: 인간들이니까요. 할아버지는 처음에는 배우는 게 아니라 기독교를 가르치고 전하려고만 했습니다. 그러나 차츰 선교사들은 한국에 대해 많은 것을 배웠습니다. 그러다 그들이 변하게 된 거죠. 변화를 이끌기 위해 갔지만 스스로가 변화된 것입니다. 선교사들은 이런 경험을 통해 더 깊어졌고, 더 많이 알게 되었고, 세심해지고 배려하게 되었지요. 한국 선교사들도 마찬가지일 겁니다. 결국 변할 겁니다. 인도네시아나 아프리카에 가서 스스로 변화되고 다른 사람이 되어 올 수 있습니다.

o8

역사가 우리를 어떻게 평가하는가?

찰스 헌틀리·마르다 헌틀리 Charles Betts Huntley·Martha L. Huntly

외국인 선교사가 쓴 한국 기독교사 관련 도서 가운데 압권
은 《새로운 시작을 위하여》란 책이다. 900페이지가 훌쩍 넘는
아주 두꺼운 책인데도, 초기 기독교의 모습이나 조선 말기 왕
실 상황, 선교사들의 이야기 등이 새롭게 조명되고 있어 무척
흥미롭다. 광주에서 사역한 신문기자 출신의 미세스 헌틀리 선
교사가 10년간의 자료 수집과 15년간의 집필을 통해 세상에 나
온 소중한 책이다.

오늘은 그 헌틀리 선교사 부부를 인터뷰하러 플로리다까지
왔다. 한국을 떠나기 전 호남신학대학교 차종순 총장님이 헌틀
리 부부를 추천해 주셨다. 우리는 헌틀리 부부가 어떤 분이며

무슨 사역을 했는지 몰랐다. 다만 헌틀리 부부가 광주민주화항쟁 때 중요한 역할을 했다는 이야기를 듣고, 그들이 경험한 광주민주화항쟁은 어떠했는지 듣고 싶었다.

세계적인 휴양지인 플로리다는 후텁지근했다. 우리는 내심 비행장을 나서면 바로 해변이 보이고 비키니 입은 여자들과 선글라스 낀 멋진 남자들이 있으리라 기대했다. 그러면서 우리가 가장 우중충해 보이지 않을까 우려도 했다. 그런데 웬걸, 여느 공항과 비슷했다.

헌틀리 선교사님께서 우리를 보고 바로 한국에서 온 사람들임을 알고 웃으셨다. 우리가 렌트한 차와 교신하기 위해 워키토키도 가져오셨다. 그분의 차를 타고 가는 내내 그의 유쾌한 유머를 마음껏 들을 수 있었다. 점심식사를 하러 가는 길가에 핀 무궁화를 보시고 한국의 국화임을 알아보며 좋아하셨다. 점심식사 후 우리는 선교사님 댁으로 갔다. 2층으로 된 타운하우스로, 집 뒤에 정글처럼 숲이 우거져 있어 인상적이었다.

한국풍 가구들이 많이 있었고, 보호가 필요한 아이들이나 도움이 필요한 사람들도 머물고 있었다. 인터뷰를 준비하는 동안 동양인 청년이 들어왔는데 아들인 마이클이었다. 한국에 있을 때 입양한 아들이라고 했다.

교회 일을 마치고 오신 헌틀리 여사와 인터뷰를 시작했다. 두

분 모두 유쾌하고 순수하셔서 인터뷰하는 내내 울고 웃으며 강한 동질감을 느낄 수 있었다.

헌틀리 선교사 부부는 1965년 한국에 왔다. 한국에 도착한 첫 주부터 매주 월요일에 '미세스 헌틀리 영어 성경공부'를 시작했다. 그들은 서울에서 연세어학당을 다니며 학생들이나 영어에 관심 있는 사람들에게 영어를 가르치며 성경공부를 함께 하는 사역을 시작했던 것이다. 1985년 한국을 떠날 때까지 20년간이나 계속했다고 한다.

그녀는 자신의 월요 성경공부 모임에 나왔던 한국 학생 중 한 명이 나중에 로스앤젤레스 근방 슬럼가에서 '미세스 헌틀리 월요 영어 성경공부'를 시작하는 것을 보고 큰 보람을 느꼈다고 한다. 헌틀리 부부는 사역의 중심은 '일'이 아닌 '관계'라고 했다. 사람을 사랑하고 그들에게 관심을 가지면 그들의 삶이 변할 수 있다는 신념으로 사역했다고 한다. 사람에 대한 작은 관심은 헌틀리 부부에게 사역의 중심이었다.

헌틀리 부부는 순천을 거쳐 광주에 정착했다. 남편은 호남신학대학교에서 독일어와 목회 상담학을 가르치고 병원에서 목사로도 사역했다. 이들이 광주에 와서 가장 먼저 한 것은 입양이었다. 영양실조에 걸려 몸은 비쩍 마르고 배만 튀어나온 한 아이를 입양했다. 그 아이가 지금의 마이클이다. 그들의 집에는 늘 도움이 필요한 사람들이 살았다. 집이 없는 아이들, 입양을 기다리는 아이들, 그 외에도 당장 뭔가 급한 사람들이 머무르며 삶을 나누었다.

헌틀리 부부의 도움이 빛을 발한 것은 5·18 광주민주화항쟁 때였다. 헌틀리 부부는 광주의 비참한 모습을 가까이서 보았다. 그때부터 그들은 광주에 있는 한국인들을 돕기 위해 노력했고, 그 상황을 해외에 알리기 위해 최선을 다했다. 외신 기자들은 그들의 집에 몰려들었고, 그 후 15개월간 전 세계의 각 매체에 인터뷰 자료를 보내며 광주의 실상을 알렸다. 그뿐 아니라 두려움을 느낀 사람들은 이들 집에서 기숙했고 그러다 보니 20여 명의 사람들이 늘 그 집에 머물렀다.

자신들의 경험을 이야기하면서 헌틀리 부인는 많이 울었다. 광주민주화항쟁은 헌틀리 부부에게도 잊지 못할 슬픔으로 남아 있었던 것이다. 그들이 가르쳤던 학생들의 죽음과 수많은 죄 없는 목숨들이 죽어 가는 것을 봐야 했기 때문이다. 그들은 광주를 빠져나갈 기회가 있었지만 갈 수 없었다고 했다. 그들이 사랑하는 사람들과 그들의 삶과 사역을 버리고 갈 수 없었던 것이다. 그들은 포탄이 터지더라도 광주에 있기로 했다. 그들의 결정은 아이들에게는 상처가 되어 아직도 한 아이는 그 결정이 이해되지 않는다고 말한다고 했다. 그들은 광주 사람들을 많이 사랑했다. 눈물 섞인 이야기가 끝나고 광주에서 촬영한 사진을 보여 주었다. 얼마나 잔혹했는지 사진에서도 느낄 수 있었다. 이분들에게 지금도 광주민주화항쟁 운동본부에서 소식지와 자료를 보내 주고 있었다.

이분들과의 만남은 남달랐다. 성령의 강한 역사로 하나가 된 느낌이랄까? 이전에 만난 선교사님들은 연세가 있으셔서 그런지 평온하고 현역에서 물러난 느낌이었다. 그런데 헌틀리 선교사 부부는 여전히 사역의 중심에 있다는 생각이 들었다.

우리는 밤이 깊어 가도록 뜨거운 열기에 싸여 있었다. 저녁도 먹지 않은 채 6시간이 넘도록 이야기는 계속되었다. 밤새도록 끝나지 않을 듯하던 인터뷰가 끝나고 헌틀리 여사는 자신의 책에 사인을 해서 주었다. 이토록 한국을 사랑하는 분들을 평생에 한 번 더 뵐 수 없을 것 같아 마음이 울컥했다. 늦은 저녁을 먹고 자정이 돼서야 숙소에 들어왔지만 감동은 좀처럼 진정되지 않았다.

한국에서 사역할 당시의 헌틀리 부부.
찰스 헌틀리 무릎 위에 앉은 아이가 한국인 입양아 마이클이다.

Q: 처음 한국에 왔을 때 그곳 상황이 어땠나요?

A: 막상 한국에 대해 아는 것도 없었는데 가게 되었지요. 1965년 서울은 전기가 완전히 깔리지 않은 상태였고 고속도로도 없었어요. 당시 한국 사람들은 시계나 자전거를 갖고 싶어 했지요. 건물에 하수도 시설을 갖춘 곳도, 가정에 냉장고도 없었습니다. 한국전쟁으로 인한 피해가 아직 많이 남아 있었지요. 우리는 연세 한국어학당에 있었습니다. 도착한 첫 주 월요일 밤부터 영어 성경공부를 열었지요. 연세대 근처에는 학생들이 많았으니까요. 학생들이 영어를 몹시도 배우고 싶어 했습니다. 상황이 좋지 않은 것은 뭔가를 증거할 수 있는 좋은 기회라고 생각했어요. 오히려 모든 것이 좋으면 나눌 것이 없잖아요.

Q: 한국에서 교류한 사람들 중 기억에 남는 사람이 있습니까?

A: 연세대 진입로 끝에 엿을 파는, 배가 나온 한 씨 노인이 있었습니다. 숟가락에 옥수수엿을 담아 팔았는데, 아이들이 1환에 숟가락을 빨곤 했습니다. 한 씨는 그걸로 가족을 부양하고 있었죠. 여섯 딸들이 있었고, 막내아들이 있었습니다. 연세대를 오갈 때마다 그를 보았는데, 하루는 아파 보여 선교 간호사에게 모셔 갔더니 폐렴이라고 했습니다. 영양 공급이 충분치 못하다고 하여 저희 집에 있는 쌀과 보리 가마를 문지기 편으로 그의 집에 전해 주었습니다.

금방 회복한 그는 달걀을 줄에 달아 저희 집을 찾아왔습니다. 당시엔 큰 선물이었죠. 그와 앉아서 이야기를 나눴어요. 그는 원래 지방에서 살았는데, 막내아들이 똑똑해서 서울로 상경했다더군요. 그 막내아들이 연세대에 입학했대요. 아들을 위해 온 가족이 서울로 온 거죠. 아들의 학비를 위해 가족 모두가 일해야만 했어요.

저희 집 문지기 조 씨가 그의 집에 약과 쌀을 가져가자, 그가 이게 다 뭐냐고 누가 보냈냐며 묻더랍니다. 선교사가 보냈다고 하니 선교사가 뭐냐고 물었대요. 조 씨는 선교사란 돌아다니면서 예수에 대해 가르치는 사람이라고 했습니다. 그랬더니 그가 예수가 누구냐고 묻더랍니다. 조 씨가 예수에 대해 이야기해 주자, 그는 왜 예수에 대해 말하고 다니냐고 궁금해 하더랍니다. 그래서 조 씨가 선교사들이 예수를 사랑하고 한국인을 사랑하기 때문이라고 했답니다.

한 씨는 한국인 가운데 누구도 자기한테 쌀이나 약을 가져다 준 적이 없었다며 선교사들이 다니는 교회에 다니고 싶다고 했답니다. 예수를 알고 싶다는 것이었지요. 그래서 그와 그의 아내, 여섯 딸들, 그리고 막내아들 모두 기독교인이 되었습니다.

한 사람의 인생을 변화시키는 데 꼭 많은 일을 할 필요는 없다는 것을 배웠습니다. 성령이 역사하시지요. 성령께서 파도를 몰고 오시면, 아주 작은 것 하나가 변화를 일으키게 됩니다.

Q: 광주민주화항쟁을 겪을 당시의 상황에 대해 말씀해 주십시오.

A: 군부 입장에서는 미국인을 다치게 하고 싶지 않았을 것입니다. 그랬다간 매스컴의 관심이 온통 쏠릴 테니까요. 또한 시민들이 우리를 보호한 것은 우리를 통해 해외에 이 사건을 알리기 위함이었죠. 5월 18일 밤에 격렬한 총격전이 오갔고, 모든 통신이 두절되었습니다. 그러나 기자들은 연락이 가능했어요. 광주에 영어를 할 줄 아는 사람이 많지 않았기 때문에 외신 기자들이 우리를 찾아왔습니다. 그들은 5월 19일부터 15개월가량 저희 집에 머물렀습니다.

전두환은 학생 반란이 일어나길 원했습니다. 그래야 자신이 반란을 진압하고 국가의 구원자가 될 수 있으니까요. 이미 대통령 자리를 차지할 속셈이 있었던 것이지요. 처음에는 학생들을 감옥에 집어넣고 공산주의자라고 했습니다. 말도 안 되는 소리였죠. 그래 놓고 다음에는 김대중 씨가 학생들을 선동했다고 하기 시작했어요. 당시 김대중 씨는 가택연금 상태였습니다. 김대중 씨와 함께 스물세 명의 사람들이 반란 선동죄로 체포되었지요. 이들은 기독교인들이었고 교육자들이었으며 우리와 함께 일하던 사람들이었습니다. 아무런 혐의가 없는 사람들이었지요. 이들은 구금되고 처음에는 선동죄로 사형선고를 받기도 했습니다.

처음으로 저희 집으로 찾아온 가족은 김기복 씨 부부였습니다. 그는 당시 전남대 의대 학장이었는데, 의대 건물 옥상에 밤낮없이 총격을 퍼붓는 헬리콥터를 공격하기 위해 기관총을 설치했지요. 의대 안에는 헬리콥터의 총격으로 부상당한 시민들로 가득 차 있었어요. 학장이었기에 그는 잡히면 그 일에 대한 책임을 물어 사형 선고를 받게 될 수도 있었습니다. 그 부부와 두 아들에게 남편의 서재를 내주었습니다.

부상자들이 즐비했습니다. 하지만 군인들은 부상자를 병원에 데려오지 않았어요. 학생들이 학교 버스를 끌고 다니면서 부상자들을 호송했지요. 그런데 학생들이 운전을 할 줄 몰라 도로 온 사방을 헤집고 다녔습니다.

병원은 부상당한 아이들과 학생들로 가득 찼습니다. 병원에 처음으로 호송된 일곱 명이 학생들이었습니다. 첫 아이는 중학생인데 머리에 총을 맞았고, 두 번째 아이는 고등학생인데 얼굴에 총상을 입었지요. 이들은 전두환 씨 말대로 선동된 것도 반란을 일으킨 것도 아니었어요! 우리 모든 선교사들은 헌혈을 했습니다. 시민들이 너무 많은 피를 흘렸으니까요. 사실 광주에 있던 목사님들의 역할이 컸습니다. 목사님들은 시민들과 군대 사이에서 협상을 했죠. 병원에 있는 부상자의 치료 비용을 대고, 사망자 가족들에게 피해 보상을 하고, 특정 날짜 전까지 총격을 하지 말며, 포로로 감금하고 있는 광주 시민들과 학생들을 돌려보내고 사실 그대로를 시인하고 보고하라는 등의 조건이었죠. 그러나 군부는 하나도 지키지 않았어요.

월요 성경공부에 참석하는 아들 같은 학생이 있었는데 사관학도였어요. 군
부는 그 친구를 스파이로 보내 미국 선교사들이 무엇을 하는지 감시하게 했
죠. 매일마다 전화를 해서 보고를 해야 하는데, 우리가 그렇게 하도록 허락했
습니다. 하루는 전화를 해서 보고하고 있는데, 내가 직접 말할 테니 수화기를
달라고 했죠.

수많은 루머들이 퍼졌습니다. 나중에 광주 산정리에 위치한 공군 기지에서 일
하던 친구에게서 폭탄을 장착한 폭격기가 대기 중이었다는 사실을 들었습니다.
그게 사실인지는 확실히 모르겠습니다만, 만약 사실이라면 우리는 광주 사람
들과 같이 죽어야겠다고 생각했습니다. 우리의 사람들이니까요.

Q: 한국에서 20년 동안 사역하셨는데요. 은퇴하신 후에 드는
생각이 궁금합니다.

A: 선교 사역에서 은퇴하지는 않았습니다. 한국 선교사로서의 사역은 은퇴했
지만, 지금도 한국 친구들이 있고 설교도 가끔 합니다. 한국을 떠나는 것이 힘
들었습니다. 살이 찢어지는 느낌이었죠. 온 마음을 두고 있었기 때문입니다. 우
리는 한국인은 아닙니다. 한국어를 잘하지도 못해요. 그러나 한국인을 향한 동
정심과 애정이 있어요. 우리 아이들이 자란 곳이죠. 처음 갔을 때 큰애가 아기
였는데 돌아올 때는 대학생이 되었어요.

미국에 오고 3년 동안 슬펐습니다. 한국인과 한국에 관한 것들에 강한 친밀감
이 있었으니까요. 한국을 떠난 이유는 부모님을 돌봐 드려야 했고, 자녀들도
대학을 가고 가정을 꾸려야 했기 때문입니다. 목회상담학을 가르칠 수 있는 사
람도 이제 한국에 많구요. 그래서 1985년에 떠났습니다. 저는 한국에 있었던
것이 저의 특권이었다고 생각합니다.

2부

–

파란 눈의 한국인 마을

09
블랙마운틴으로 가다

사우스캐롤라이나에 있는 콜롬비아국제대학(CIU)은 전통 있
는 기독교 학교다. 이곳을 취재하고 싶어 전성민 교수와 촬영 팀
과 함께 새벽에 사우스캐롤라이나로 향했다. 그리고 배덕만 교
수님과 이만열 교수님은 하루 더 플로리다에서 지내기로 했다.

콜롬비아국제대학 촬영을 마치고 오늘 오후, 노스캐롤라이
나 샬롯 공항에서 이만열 교수님과 배덕만 교수를 만났다. 두
남자가 재미있게 시간을 보냈는지 궁금했는데, 남자 둘이 양
복 같은 옷을 입고 해변가에 앉아서 바다 좀 보다 왔다고 했다.
맛있는 식사라도 하셨냐고 했더니 눈앞에도 없는 한병선 눈치
가 보여서 먹지도 못했다고 농담을 하신다. 그래도 두 분이 한

방을 쓰면서 많이 친해진 것 같았다. 어쨌든 모든 팀원들을 다시 만나니 무척 반가웠다. 단 하루 동안 떨어져 있었을 뿐이었는데도 말이다.

비행기에 내려 차를 렌트했다. 우리는 많은 짐을 싣고 다녀야 했기 때문에 큰 차가 필요했다. 여행 내내 각 공항에서 7인승 시보레 벌컨이란 차를 렌트했다. 한국이라면 기름 값 때문에 엄두도 못낼 차였다. 앞 칸에 두 명, 중간에 세 명 그리고 뒷칸에 한 명이 앉아서 다녔다. 한국에 돌아와서 사진을 보니 긴장하고 다닌 티가 역력했다. 낯선 사람과 장소를 만나고 다녀서인지 다들 경직되어 있었다.

블랙마운틴으로 향했다. 옛날에는 낯선 지역을 찾아가는 일이 얼마나 힘들었을까. 지금의 우리는 위성에서 전송한 것을 미리 다운받아서 아이폰으로 네비게이션을 찍어 운전하고 옆에선 맥북으로 확인까지 하며 가는데 말이다.

블랙마운틴은 자연경관이 뛰어난 청정지역이다. 은퇴한 분들이 많이 사는 곳으로, 안락한 휴식처란 느낌이 들었다. 평일 낮에도 돌아다니는 사람을 거의 찾아볼 수 없을 만큼 조용했다. 이곳 블랙마운틴 하이랜드팜에 남장로회 선교사들의 은퇴촌이 있다.

은퇴촌은 아름다웠다. 꽤 넓은 지역으로, 중앙에 호수가 있

블랙마운틴에 있는 우편함

고 집들은 듬성듬성 떨어져 있었다. 마을 가장 외곽에는 침실이 두 개인 타운하우스가 있고 그 안쪽으로 원룸 식 타운하우스와 중앙 본부 및 아파트가 있었다. 중앙 본부는 중증 환자를 위한 병원 겸 숙소로 쓰였다.

우리는 블랙마운틴 외곽에 숙소를 잡았다. 원래는 선교사님들 집에 머무를 생각이었는데 그분들이 연로하여 집안일을 거의 못하신다기에 따로 숙소를 마련했다. 숙소를 지나 한적한 마을로 들어가니 팬더 그림 간판이 있는 뷔페 식당이 보였다. 이곳에서 선교사님들을 만날 예정이었다.

그곳에 들어가니 열 명 정도의 선교사님들이 가슴에 이름표를 붙이고 앉아 계셨다. 얼마나 반가웠는지 가슴이 뭉클했다. 모두들 우리의 손을 붙잡고 잘 왔다며 환영 인사를 해주셨다. 연로하셔서 일어서기도 힘들고 걷기도 불편한 와중에 지팡이를 짚고서 만면에 미소를 띤 선교사님들. 얼마나 감동적인지 가슴이 끓어올랐다.

처음 뵙는 분들인데도 몇십 년 만에 친구를 만난 것처럼 우리를 맞아 주셨다. 한국이란 나라와 하나님이란 매개체로 처음 뵙는 이분들을 이미 알던 사람들처럼 기쁨으로 대할 수 있다니 가슴이 뜨거워졌다.

이곳의 반장 격은 마리엘라 탈메이지 프러보스트 여사였다.

탐방팀을 환영하기 위해 블랙마운틴 내 식당에 모인 선교사들

90세 가까운 나이인데도 인터넷을 어렵지 않게 하고 자원봉사를 아끼지 않는 할머니다. 이곳에서 이분은 선교사님들을 전화로 챙기고 일정을 정리하는 중간 책임자 역할을 하셨다. 우리도 이분께 메일을 보내고 전화하여 세세한 일들을 조정했다. 마리엘라 여사의 지휘로 우리 팀은 각 테이블에 흩어져 앉아 선교사님들과 식사를 하고 이야기를 나누었다. 먼저 우리가 온 이유를 설명하고 촬영 내용을 말씀드렸다. 선교사님들과 교제를 나누며 천국에서 사람을 만나면 이런 마음이 아닐까 하는 충만감이 느껴졌다. 한편으로는 우리가 좀더 일찍 왔더라면 더 많은 선교사님들을 뵐 수 있었을 텐데 하는 아쉬움도 남았다. 우리 중에 원로이신 이만열 교수님이 적게는 10년, 많게는 20~30년 이상 나이 차이가 있는 신앙의 선배들과 함께 있으니 상당히 젊게 느껴졌다. 이곳 선교사님들은 이만열 교수님을 청년이라고 부르기까지 했다.

식사를 하면서 서로의 시간을 맞추고 스케줄을 짰다. 오전, 오후, 저녁으로 시간을 배분하고 우리가 집으로 찾아가겠다고 말씀드렸다. 그리고 내일부터 4일 동안 촬영하기로 했다. 식사 후 선교사님들이 음식 값을 내시겠다는 것을 끝까지 말리느라 실랑이를 벌였다. 그런데 결국에는 100달러를 주고 가셨다. 한국의 대접 문화가 이분들에게도 남아 있는지, 우리가 멀리서 왔고 당신들이 나이가 많기 때문에 당연히 음식을 사야 한다고 하셨다. 오늘 말고도 선교사님들이 계속 식사비를 내줄 거라고 하셔서 조금 민망했다. 더치페이가 정석인 이곳에서 이분들의 한국식 정을 느낄 수 있어 새삼스러웠다. 앞으로 며칠간 이분들과 함께할 시간이 더욱 기대되었다.

그날 저녁, 모처럼만에 짐 가방을 풀었다. 늘 트렁크를 열다가 금세 닫았는데 오늘은 짐을 꺼내서 놓기도 하고 자리를 잡기도 했다. 그리고 간만에 편안한 잠을 청했다.

IO

열정이 세상을 변화시킨다

마리엘라 탤메이지 프러보스트 Mariella Talmage Provost

늘 새벽에 깨어 이동해야 했기 때문에 비행기 놓치면 어쩌나 조바심을 내며 자야 했다. 그런데 어제는 그런 불안감 없이 푹 잘 수 있어 행복했다. 주일인 오늘, 우리는 이곳의 유명한 장로교회 두 곳에 각각 팀을 나눠 예배를 드리기로 했다. 나와 전성민 교수, 신영이가 한 팀이 되어 마리엘라 선교사님을 따라 갔다. 그리고 이만열 교수님과 배덕만 교수, 신동이가 한 팀이 되어 로이스 린턴 선교사님을 따라갔다.

우리가 방문한 교회는 보수적인 남장로회 분위기였다. 독특한 점은 평신도들이 예배 중에 많이 참여한다는 것이었다. 설교 전에 한 가족이 나와서 간증을 했다. 그 시간은 경건하면서도 소탈하게 다가왔다. 오늘 설교 주제에 대해 어린아이부터 청소년, 부모들까지 자신의 삶을 나누는 모습이 보기 좋았다. 한국 교회처럼 아이들 따로, 어른들 따로 드리는 예배가 아니라 할머니와 할아버지와 어린아이들이 다 같이 드리는 예배의 모습이 자연스럽게 느껴진 것이다. 광고 시간에는 중고등부가 콩트를 하면서 오늘 자신들이 후원하는 곳의 자금을 마련하기 위해 바자회를 연다고 홍보를 했다. 바자회 물건을 많이 사 달라고 전하는 모습이 적극적이었고 어른들도 열린 마음으로 기꺼이 응해 주었다.

그토록 많은 선교사들을 후원할 수 있었던 원동력이 여기 있었구나 싶었다. 하지만 한 가지 안타까웠던 점은 교회에 노인들이 많다는 것이었다. 청년들과 젊은 부부는 좀처럼 찾기 어려웠다. 초등학생들과 유아들이 아주 없는 것이 아니어서 다행스럽긴 했다. 우리가 한국에서 왔다고 하니 먼저 말도 걸어 주고 자연스럽게 대해 주었다. 교회는 무척 아름다웠다. 한때는 많은 성도들로 북적댔지만, 지금은 100명 정도가 모여 예배를 드리고 있었다.

점심식사는 은퇴촌에 있는 식당에서 했다. 로이스 린턴 선교사님을 따라간 팀이 아직 오지 않아, 우리 셋은 먼저 식사를 하고 오후부터 한 분씩 인터뷰를 하기로 했다. 선교사님이 우리에게 맛있는 점심을 사 주셨다. 식탐이 마구 생겨 살이 찔 것만 같았다. 린턴 선교사님은 다섯째 아들 앤드류와 며느리인 하이디와 함께 왔다. 하이디는 전날 식당에서 선교사님들과 만날 때 본 적이 있어 한결 친숙했고, 앤드류는 잘생기고 친절했다. 린턴 집안에서 북한 돕기를 하다가 지금은 며느리인 하이디가 도맡아 하고 있었다.

날씨가 좋아서 마리엘라 선교사님의 골프 카트를 타볼 기회가 생겼다. 골프 카트는 빠르지도, 느리지도 않게 재미 날 정도로 잘 나갔다. 우리는 즐겁게 골프 카트를 타다가 잔재미를 뒤로 하고 인터뷰를 시작했다.

한국 이름 부마리아로 불리는 마리엘라 탤메이지 프러보스트 선교사. 그녀는 전남 광주 지역에서 한국 이름 타마지로 불리며 사역한 탤메이지(Talmage, John van Neste) 선교사의 막내딸이자 한국에서 부례문으로 불리는 프러보스트(Raymond Provost) 선교사의 부인이다. 한국에서 태어난 그녀는 잠시 미국에서 간호사 공부를 한 후 한국으로 돌아와 전주에서 일을 시작했다. 한국전쟁을 겪었고 병원에서 부상병을 치료하다 남편을 만났다. 이후 미국에서 결혼한 후 전쟁이 끝난 한국에 다시 와 남편과 함께 경주 문화학교를 정비하여 기독교 학교를 설립했다. 그리하여 많은 아이들에게 공부할 수 있는 기회를 주었다.

1923년 생으로 90세 가까운 나이인데도 마리엘라 선교사님

1960년대 문화학교 교장 시절의 부례문 선교사(위)
문화학원 60년사 자료집(아래 왼쪽)
마리엘라 선교사님 댁의 문패(아래 오른쪽)

은 정정하고 기억력이 좋으셨다. 오늘 선교사님 댁에서 자기로 한 내게 편한 옷도 주고 이불도 주셨다. 또 손수 뜬 작은 목도리를 선물로 주시고 주방에서 쓰라며 행주도 주셨다. 이분은 그야말로 뼛속까지 선교사였다. 그녀의 삶은 근검절약 그 자체였다. 식사도 10분 이내로 단출하게 하는 등, 시간을 아끼는 것과 모든 물건을 필요한 만큼만 사용하고 검소하게 생활하는 것이 몸에 밴 분이었다.

마리엘라 선교사님은 원룸식 타운하우스에 살고 계셨다. 왜 이곳에서 사시냐고 여쭈니 본인도 다른 사람들처럼 큰 침대가 있고 서재가 있어서 컴퓨터나 자료를 놓을 수 있는 집에 살까도 했다고 하셨다. 주위를 보니 곳곳에 수많은 자료와 비디오테이프가 있었다. 선교사님은 매일 컴퓨터로 디지털 작업을 하고 계신 듯했다. 손님이 오면 손님 방도 내줄 수 있는 곳에 살까 하다가 작은 집에 살면서 절약하여 모은 돈으로 선교지 후원금을 보내는 게 더 행복할 것 같아 이곳에 산다고 하셨다. 할머니는 절약 정신이 투철했다. 타운에서 운영하는 식당을 이용하면 편하지만 이용 횟수에 따라 돈을 내야 해서 자신은 일주일에 두 번만 이용한다고도 했다. 또 전화는 그 지역에서만 사용할 수 있는 프로그램을 선택해 기본 요금을 적게 내고 있다고 했다.

할머니는 자가용도 손자에게 주고 마을 내에서만 다닐 수 있는 작은 골프 카트를 타고 계셨다. 차가 있으면 보험료와 기름 값으로 한 달에 100달러나 드니, 그 돈 역시 모아서 선교지인 말라위로 보내고 계신다고 했다. 차가 필요하면 근처의 린턴 할머니에게 전화해서 같이 다닌다고 했다. 조금 불편하긴 하지만 돈을 모아 선교지에 보내는 것이 더 중요하다고 거듭 이야기했다.

이분은 평생 그렇게 선교사로서 살아오셨다. 한국에서 활동할 때도 미국에 와서 많은 분들에게 이렇게 말하며 헌금을 모아 가셨다.

"당신이 5달러를 내면 한국에서는 한 아이가 공부를 할 수 있습니다."

1950년 전쟁 통에 고아와 학생을 거두며 그렇게 헌금을 모아서 공부하고 싶은 아이들에게 장학금을 주었다.

그녀의 아버지 타마지 선교사는 집에서 선교하러 나갈 때 신발 끈도 묶지 못하고 뛰어나갔다고 한다. 복음을 전할 시간이 부족할까 봐 신발에 끈도 묶지 못하고 달려갔다는 것이다. 타마지 선교사는 1910년 한국에 입국하여 7남매를 낳았다. 그리고 많은 선교사들이 쫓겨날 때 가장 오랫동안 버티다 일본군에 의해 감옥에 갇히고 결국 강제 추방당했다. 그가 한국에 올 때 부인은 외동딸이라 어머니와 동행하여 한국에 왔다. 1910년 조선의 위생을 생각하면 노모는 오지 않는 것이 현명했다. 그런데도

목숨을 걸고 딸과 사위를 따라 한국에 왔다. 그리고 일곱 명의 외손자 외손녀를 길렀고, 선교사 자녀들과 한국 학생들에게 영어를 가르치며 17년 동안이나 타마지 선교사 부부를 도왔다. 덕분에 타마지 부부는 지방을 다니며 교회를 개척하고 설교도 하면서 사람을 세우는 일에 열정을 쏟을 수 있었다. 마리엘라 선교사의 외할머니 에머슨 여사는 광주 양림동 호남신학대학교 뒷동산에 묻혀 있다.

마리엘라 선교사의 둘째 오빠는 한국 이름이 타요한으로, 지금의 한남대학교 초창기 총장을 역임한 뒤 서울에 올라와 숭실대학교에서 일했다. 그녀의 언니 케티 선교사도 1948년부터 전주예수병원에서 간호사로 일하였고 이후 간호학교를 설립하여 교장을 역임했다. 케티 선교사는 간호학교에서 한국 이름 계일락으로 잘 알려진 소아과 의사 켈러(Frank G. Keller) 선교사를 만나 결혼했다. 계일락 선교사는 예수병원에서 선교활동을 이어 가다 소천하여 병원 건너편 선교 동산에 묻혔다.

마리엘라 선교사는 1948년에 전주예수병원에서 간호사로 근무했다. 한국전쟁으로 난민이 된 사람들과 고아들 및 장애를 입은 사람들을 치료하는 데 진력했다. 그녀는 전주병원에 있다가 잠시 미국에 가서 결혼하고 남편과 함께 대구로 발령을 받았다. 그녀의 남편은 원래 연희전문학교에서 영어와 성경, 화학을 가르치던 교육 선교사였다. 결혼 후 한국에 온 그들은 대구와 경주를 오가며 주로 난민 고아들을 위한 사역을 했다. 경주 문화 학교를 기독교 학교로 만들어 달라는 경동노회의 부탁을 받고 미국 교회의 헌금을 모아 학교를 재건했으며, 이 학교가 기독교 학교로 자리 잡는 데 노력했고, 공부를 계속하고 싶은 학생들에게 장학금을 주었다.

부례문 선교사와 마리엘라 선교사는 1965년 은퇴한 후에도 학생들에게 장학금을 계속 지급하는 등 고아들을 도왔다. 이후 경주시에서 부례문 선교사에게 국민훈장 모란장을 주어 그 공로를 치하했다. 부례문 선교사는 미국에서 목회를 하면서도 경주를 방문하여 문화학교가 자립할 수 있도록 후원을 아끼지 않았다. 말년에 암으로 투병하면서도 학교를 찾았고, 소천한 후에는 문화학교 뒷동산에 이장되었다.

마리엘라 선교사님 집에는 뜨개질로 만든 조각들이 쌓여 있었다. 아프리카 말라위로 보낼 담요를 뜨개질해 놓은 것이었다. 고산지대에 사는 말라위 사람들은 밤마다 추위에 시달린다. 부마리아 선교사님은 그곳 사람들에게 덮고 잘 담요가 부족하다는 소식을 듣고는 은퇴촌 할머니들에게 부탁해서 조각들을 만들고 있었던 것이다. 뜨개질로 정사각형 모양의 작은 판을 만들고 이것을 서로 이으면 담요가 되는데, 할머니는 혼자서 정사각

형 모양의 작은 판을 600개나 짜서 말라위에 보내고 있었다. 덕분에 선교사님 주변 사람들은 모두 앉으나 서나 뜨개질을 하고 있었고, 손뜨개뿐 아니라 재봉틀을 이용해서도 조각들을 만들고 계셨다. 얼마나 잘 만드는지 기술자가 따로 없었다. 그녀는 또 메일로 이 사업에 동참할 사람을 찾고 있었다. 그녀는 남편과 함께한 사역들을 프리젠테이션 할 수 있는 파일로 만들어서 사람들에게 보여 주고 한국이 이렇게 발전했으니 다른 나라도 도우면 발전할 수 있다며 선교 사업에 동참하기를 독려하셨다. 아흔이나 되신 분의 그 뜨거운 열정이 놀랍기 그지없었다.

한시도 쉬지 않고 자신에게 맡겨진 사명을 완수하고자 노력하는 마리엘라 선교사님. 이런 선교사님의 열정에 나는 감동했고, 결국 울고 말았다. 너무 부끄럽고 감사했기 때문이다.

인터뷰를 마치고 난 후 선교사님이 가지고 계신 많은 자료들을 봤다. 특히 사진 찍는 것을 좋아하셨는데, 한국 사람들을 찍은 사진집도 있었다. 선교사님은 한국에서 한 사역을 부지런히 컴퓨터로 자료화하고 계셨다. 이 자료가 다른 나라의 선교를 독려하는 데 쓰이기를 바라며 매일 자료를 만들고 계시다고 했다. 조그마한 집에 있으면서도 전 세계를 향해 선교를 멈추지 않고 계셨다.

Q: 광주에서 태어나셨는데 어릴 때 어떻게 공부하셨나요?

저는 1923년 광주에서 태어나 그곳에 있는 미국인을 위한 학교에 6학년까지 다니고, 7학년부터는 평양외국인학교를 다녔지요. 중국과 일본에 있는 선교사들과 한국 전역에 있는 선교사들이 자녀들을 그곳으로 보냈지요. 고등학교 1학년을 마치고, 안식년으로 부모님과 미국에 갔습니다. 1년 후 일본과의 상황 때문에 부모님은 제가 돌아가지 않는 게 좋다고 하셨습니다. 그래서 목사였던 셋째 오빠 집에 머무르다가 대학에 들어갔지요. 대학에 들어가고 1939년 2차대전이 발발했습니다. 당시엔 일본의 통제 때문에 아무런 소식을 들을 수 없었습니다.

그 다음 해 여름, 남아공에서 미국에 있는 일본인들과, 중국과 한국과 일본에 있는 미국인들의 포로 교환이 이루어졌다는 소식을 들었습니다. 1942년 가을에는 돈도 없었고 학교도 가지 못했습니다. 가족들이 돌아오기만 기다렸죠. 그리고 가을 학기를 등록하기엔 이미 늦었는데, 학교에서 특별히 간호학교를 열었습니다. 그래서 간호학교에 등록했지요. 간호학교를 졸업하고 자격을 취득한 후 선교회에 한국으로 가겠다고 등록을 했습니다.

Q: 아버님이 일본 치하에 있을 때 고생하셨다는 이야기를 들었습니다. 그 이야기 좀 들려주세요.

A: 일본은 선교사들더러 모두 떠나라고 했지만 당시 선교재단의 대표였던 아버지는 가지 않기로 하셨습니다. 어머니도 아버지와 한국에 있기로 하셨습니다. 모든 자녀들은 미국에 있었어요. 아버지는 2차대전이 발발했으니 이불을 들고 경찰서로 오라는 얘기를 들었답니다. 그 길로 감옥에 갇히셨죠. 곡물죽이나 계란 두 개를 주는 식으로 하루에 두 끼만 먹을 수 있었답니다. 협박당하긴 했어도 부당한 대우를 당하지는 않으셨대요. 하지만 같은 감방에 있던 몇몇 사

람들은 끌려가서 폭행을 당하기도 했대요.

아버지는 많은 시간을 독방에서 보내셨습니다. 그러다 어느 봄에 풀려나셨지
요. 포로 교환을 하겠다고 발표했다더군요. 그때까지는 가택연금을 해서, 집 밖
에 나갈 수 없었대요. 7월이 되었는데 가방 두 개를 챙기라는 말에, 한 가방에
는 재산증서를 넣고 다른 가방에는 수집한 우표를 넣으셨대요. 어디에 가서 얼
마나 머물지 모르기 때문에 팔에다 담요를 감으셨고요. 7월이라 더운데도 위에
는 코트를 입고 팔에다는 담요를 감고 가방 두 개를 양손에 들었답니다.

일본에 도착하면서 아버지는 하나님께 좋은 형사를 만날 수 있게 해달라고 기
도했습니다. 재산증서를 담은 가방을 깔고 앉아 있는데, 다행히 형사들이 다른
가방들은 검사했지만 그것은 열어 보지 않았다고 합니다. 재산증서와 귀중한
우표들을 미국에 보낼 수 있었지요. 그래서 돌아왔을 때 선교 재단 소속 땅들
을 되찾을 수 있었고요. 토지 측량을 해놓았던 것들도 다 보존했고요. 미국으
로 왔다가 어머니와 한국으로 되돌아갔지만, 어머니의 건강이 좋지 않아서 오
래 계시지는 못했습니다. 이후 몬트리트에 한동안 계시다가 텍사스로 옮기셨
습니다. 아버지는 훌륭한 선교사였습니다.

Q: 2차대전 때문에 미국에 가셨다가 1948년 한국에 다시 오셨지
요, 그때 사역에서 기억에 남는 것이 있다면요?

A: 어려서 천연두로 완전히 시력을 잃어버린 아홉 살 어린이와의 인연입니다.
어머니는 죽고 아버지는 재혼했는데, 새어머니가 아이를 시장에다가 버렸답니
다. 당시 경찰이 우는 그 아이를 발견하고 고아원에 데려다 주었습니다. 그때
전주예수병원에서 몇몇 여고생들과 주일학교를 운영하고 있었지요. 갑영이라
는 그 아이가 주일학교에 와서 오르간 반주에 맞춰 부른 〈예수 사랑하심을〉
이란 노래를 들었습니다. 하루는 그 아이가 다음 주까지 주일학교를 기다리는

것이 힘들다고 하더군요. 예수님의 사랑을 더 배우고 싶기 때문이라는 것이었습니다. 이후 아이에게 점자를 가르쳤습니다. 새로운 가능성이 열리게 되었죠. 그리고는 그 아이를 대구에 있는 월드비전 농아학교에 보냈습니다. 농아학교를 졸업하고 나서 뭘 하고 싶냐고 물었어요. 그랬더니 성경학교를 다니고 싶다고 했습니다. 그런데 성경학교에 가서 맹인 한 사람을 데려오려 한다고 했더니 난색을 표하는 거였어요. 고심 끝에 우리가 도우미를 고용할 테니 공부하게 해달라고 했습니다. 갑영은 당시 돈이 없어서 거의 모든 걸 우리가 내줬지요. 점자 성경으로 학교에서 공부하고, 우리 집에 오면 제가 도와주고 그렇게 공부를 했습니다.

청년으로 성장한 갑영은 결혼할 아내를 찾아줄 수 있겠냐고 했습니다. 갑영은 당시 시골 교회에서 성경말씀을 가르치고 설교도 했는데, 어떤 여자분이 그의 설교를 들었습니다. 그녀는 하나님이 갑영과 결혼할 마음을 주셨다고 했습니다. 하나님이 갑영의 기도에 응답하는 방식이 참으로 놀라웠습니다. 그리고 우리 집에서 결혼식을 했습니다. 그들은 서로에게 빛이었어요. 매우 행복했죠. 물론 어려운 삶을 살았습니다. 저도 그의 필요를 전부 지원해 줄 수는 없었습니다. 이후 그는 장로교회에서 안수를 받지 못하고 다른 어느 교단에서 안수를 받았어요. 작은 교회도 개척했죠. 그가 강단에서 설교하는 사진을 찍어 준 기억도 있습니다.

하루는 그의 부인이 제게 재봉틀을 사게 도와줄 수 있냐고 편지를 보내 왔어요. 재봉틀로 집에서 일하면 돈을 좀 벌 수 있겠다는 거에요. 재봉틀을 선물해 주자 부인이 제게 재봉틀로 만든 스웨터를 선물했습니다. 그들은 마사지를 하거나 재봉틀로 옷을 만들어 생계를 유지했습니다. 저는 일곱 살 때부터 계속 뜨개질을 해왔는데 재봉틀이 뜨개질의 재미를 빼앗아 갈 것 같아 배우지 않았어요. 미국에 오고 나서 어떤 여자 분이 직물 가게를 하는데 제가 흥미로워하자 재봉틀을 가져가서 사용해 보라고 했어요. 그때부터 재봉틀을 쓰기 시작했습니다. 그걸로 돈을 벌어 말라위 선교에도 쓰는데, 아기들 스웨터나 모자와 스카프 등을 떠서 바자회 때 팔아 번 돈을 모두 말라위로 보내고 있습니다.

Q: 남편분은 한국에 대해 어떤 마음을 갖고 있었나요?

1965년 한국 선교사를 은퇴하고 미국에서 사역을 시작했는데, 이후 19년 동안 한국에 여러 번 방문했습니다. 한국을 무척 사랑했지요. 결혼 전, 남편이 혼자 한국에 왔을 때 호러스 언더우드 박사 가정에 머물렀습니다. 언더우드 박사는 남편에게 한국을 돕기를 원한다면 교육을 받을 수 있게 도우라고 했습니다. 그때부터 남편은 학생들을 맡아 가르쳤는데, 이후로도 우리는 계속 학생들이 교육을 받도록 도왔습니다. 지금도 우리한테 장학금을 받았던 학생들을 만나고 있습니다.

남편은 1996년 9월에 암에 걸렸다는 판정을 받고 다음 해 2월에 죽었지요. 돌아가시기 전에 새로 지은 문화학교를 보기 위해 남편과 한 번 경주에 방문했습니다. 남편에게 좋은 시간이었지요. 그때 남편이 그곳에 묻히고 싶다고 했습니다. 그래서 유골을 한국으로 보냈어요. 아름다운 묘비도 만들고 그 위에 남편의 삶에 대해 영어와 한국어로 기록해 두었지요. 물론 십자가도 세우고요. 그리고 남편 사후에도 2~3년 동안 계속 남편 이름으로 한국 학생들을 지원했습니다.

Q: 마지막으로 하실 말씀 없으신가요?

하나님이 부르시면 꼭 대답하십시오. 어디든지 하나님이 부르시면 가십시오. 어디를 가든 그분이 함께하실 것입니다.

11

유진 벨과 린턴가의 끝없는 헌신

로이스 린턴 Lois Linton

마리엘라 선교사님과 인터뷰를 마치고 한가하게 쉬고 계시는 로이스 린턴 선교사님의 아파트를 방문했다. 로이스 린턴 선교사님은 마리엘라 선교사님과 하루에도 몇 번씩 전화 통화를 하는 '절친'이다. 두 분은 같은 단지에 살고 계시다. 린턴 여사는 원래 차로 15분 정도 거리에 있는 전망 좋고 널찍한 집에 사셨다고 한다. 그런데 그만 한국에 나와 계실 때 갑자기 집에 화재가 나서 모두 타 버렸단다. 그래서 지금은 혼자 아파트에서 살고 계셨다. 린턴 여사는 사랑스럽고 친절하고 아름다운 분이다.

늘 웃음 띤 얼굴 하며 특히 한국 사람을 만났을 때 적절한 스킨십과 한국어로 말씀하시는 모습이 인상적이었다. 친절한 성품으로 사랑을 나누려는 자세를 갖춘 분이다. 누가 봐도 그리스도를 닮아 있음을 느낄 터였다. 린턴 여사를 소개하기 전, 남편의 외할아버지 유진 벨에 대해 말하지 않을 수 없다.

한국 이름 배유지로 잘 알려진 유진 벨(Eugene Bell)은 미국 남장로회 소속 선교사다. 1894년 목사가 되었고 결혼한 뒤 1895년 부산에 도착했다. 서울에서 어학 훈련을 받고 1897년부터 전라도 사역을 시작해 목포와 광주에 선교부를 개설하여 전라남도 선교의 개척자 역할을 했다. 한국에서 선교하는 동안 그는 두 명의 아내와 아들을 잃는 슬픔을 겪었다. 그도 1925년 뇌졸중으로 쓰러져 죽음을 맞았다. 한국에서 보낸 27여 년 동안 사람들에게 복음을 전하고 세례를 주고, 교회를 개척하고, 학교를 세우고, 성경을 번역하는 등 다양한 사역을 펼쳤다. '호남 기독교 선교의 아버지'라고 불릴 만큼 전라도 지역 선교 사역의 기틀을 잡는 데 일조하신 분이다.

호남신학대학교 동산에 가면 유진 벨 선교사와 그의 두 부인의 묘소가 있다. 유진 벨은 조선 백성을 보면서 복음 외에는 더 이상 희망이 없다고 편지에 쓸 정도로 미신이 창궐하던 열악한 시대에 선교를 펼쳤다.

그의 큰딸 샬롯 벨(인사례)은 윌리엄 린턴(인돈)과 결혼하여 대전, 전주, 광주 등에서 한국 기독교 교육에 투신했다. 이들의 자녀

들과 손자들도 한국에서 선교 사역을 했다.

1995년은 유진 벨 선교사가 한국에 도착한 지 100년이 되는 해였다. 유진 벨 선교사의 후손들은 '유진 벨 100주년 기념 재단'을 설립하여 지금까지 북한에 식량 지원과 의료 지원 사역을 하고 있다.

오늘 인터뷰하는 로이스 린턴 여사는 린턴가의 며느리다. 그녀의 시어머니는 유진 벨 선교사의 딸인 샬롯 벨이고 시아버지는 윌리엄 린턴이다. 로이스는 그들의 아들인 휴 린턴(인휴)과 결혼하여 순천으로 와서 사역을 하였다. 남편의 외할아버지가 바로 유진 벨 선교사다. 그녀의 남편은 한국에서 자라나 대학을 다니기 위해 미국에 갔다가 그녀를 만나게 되었다.

한국에서 인애자란 이름으로 유명한 린턴 여사는 한국어를 곧잘 하셨다. 한국어를 유창하게 했는데 1994년 미국에 와서 더 이상 쓰지 않으니까 거의 잊어버렸다고 하셨다. 그래도 의사소통을 하는 데는 문제가 없어 보였다. 더욱이 쾌활하고 상냥하셔서 나이가 든 분처럼 느껴지지도 않았다. 또 80세가 넘은 연세라고 느껴지지 않을 만큼 건강하셨다. 무릎이 아파 지팡이를 사용하시고, 귀가 어두워 보청기를 쓰실 뿐, 또래보다 젊어 보였다.

로이스 린턴 여사는 1927년생으로 28세에 한국에 왔다. 미국에서 공부하면서 같은 대학에 다녔던 휴 린턴을 알게 되었고, 대학을 졸업한 지 5일 만에 결혼하였다. 원래는 브라질에 선교사로 가려고 하였으나 그 길이 막혀 대신 한국의 어려운 실정을 알고 1954년 한국으로 오게 되었다. 이미 그녀의 시부모님은 대전에 한남대를 세우느라고 한국에 와 있었다. 그녀 부부는 몇 주 대전에서 지내다가 순천에서 본격적인 의료 사역을 시작하였다.

린턴 여사는 처음에는 집에서 진료를 했다. 많은 사람들이 치료를 받기 위해 그녀의 집 마당에 줄을 서서 기다렸다. 그녀는 한국 사람들이 앓고 있는 결핵을 퇴치하는 일이 시급하다고 생각했다. 지속적인 치료가 필요한 결핵 퇴치에 책임감을 느껴 1960년부터는 결핵 퇴치운동도 시작하였다. 그리고 1963년에는 순천 결핵 진료소를 개설하였고, 1965년에는 무의탁 결핵 환자를 위한 결핵 요양소를 열었다. 이후 결핵 환자 호스피스인 요양원 마을을 만들어 환자들이 죽을 때까지 편안히 지낼 수 있게 도왔다. 지금도 순천 결핵 진료소와 결핵 요양원에서 사람들이 치료를 받고 있다. 이런 그녀의 헌신적이 노력에 보답하기 위해 한국 정부는 국민훈장 목련장과 적십자 봉사대상 및 호암 사회봉사상 등을 그녀에게 수여했다. 그녀는 의료품 지원이나 환자들의 진료 여건 조성은 자신이 할 수 있는 일이라 했을 뿐, 큰일이 아니라고 하였다.

그녀의 남편은 교회를 개척하고 복음을 전하고 사람들을 세우는 복음 전도사의 삶을 살았다. 그리고 1948년 한국에서 사역한 지 30년 만에 불행히도 순천에서 교통사고로 세상을 떠났다. 남편이 세상을 떠난 후 그녀는 10년을 더 사역하다 40년간의 선교사 생활에서 은퇴했다.

그녀는 예수의 종이자 그리스도인임을 늘 삶으로 살아내고 계셨다. 그래서 자신이 한 일은 대부분 겸손으로 가리고 오히려 한국 사람을 칭찬하고 격려하셨다. 그녀의 사랑스럽고 긍정적인 마음이 우리에게도 전해져 어떻게 사람을 대해야 하는지를 생각하게 했다.

그녀는 여섯 명의 자녀를 두었는데, 그중 세 명이 지금도 한국에서 선교 활동을 하거나 한국 관련 일을 하면서 부모 세대가 남겨 놓은 일을 해나가고 있었다. 셋째 아들 제임스는 대전 한남대에서 일하고 있고, 인요한으로 잘 알려진 막내 존은 연세대학교 세브란스 국제진료센터 소장으로 있다. 그리고 넷째 아들 앤디 린턴의 아내 하이디는 북한 의료지원 사업을 하고 있다.

멀리서 온 나그네, 유진 벨과 린턴가. 어려운 사람들에게 다가와 자신들이 할 수 있는 최선을 다한 사람들. 그 여정을 감사와 행복으로 받아들이는 사람들. 린턴 여사는 자신은 늘 사랑받고 있다고 했다. 특히 한국 사람들이 자신을 무척 사랑해 줘서 감사하다고 했다.

마리엘라 할머니와 로이스 할머니와 함께 패스트푸드점에 가서 식사를 했다. 우리가 사 드리려고 했는데 나이 많은 사람이 사겠다고 하셔서 결국 대접을 받고 말았다. 늘 끊임없이 주는 것이 생활이 된 두 할머니들……. 우리는 무엇을 나누어야 할까.

Q: 의료 사역을 하셨는데, 구체적으로 어떤 사역을 하셨나요?

A: 광주기독병원 의사가 우리 지역 환자들을 검진해도 되겠냐고 물어 왔어요. 몇몇 지역 사람들이 광주기독병원에 가서 진단받은 후 소식이 들려오지 않아 의사들이 궁금해했던 거예요. 무료로 약도 주고 잘 돌봐 주려고 했는데 말입니다. 당시 결핵은 전염병이었습니다. 저에게 가서 알아보라고 하기에 명단을 받았는데 100명 정도 되더군요. 그게 전부인 줄 알았는데 시작에 불과했어요. 한국인 친구와 함께 시골 곳곳을 방문하기 시작했지요. 둘러보니 결핵 환자들 뿐만 아니라 다른 많은 질병을 앓고 있는 환자들이 치료를 받지 못한 상태였어요. 그래서 저희는 의사들에게 일주일에 한 번씩 이 환자들을 돌봐 달라고 요청했지요. 그들은 그렇게 하겠다고 했어요.

처음에 한 일은 환자들을 차에 태워 광주기독병원으로 보낸 것이었습니다. 그러자 수많은 사람들이 도움을 청했어요. 결국 그중 몇 명을 뽑아 데려가야 하는데, 누구를 데려가야 할지 몰라 가장 아파 보이는 사람을 데려 갔습니다. 그러나 곧 그것이 현명한 일이 아니란 걸 알았습니다. 두 명의 환자가 죽게 된 사건이 있었지요. 길도 험했고요. 한 명은 태우고 가다 죽고, 또 한 명은 병원에 도착하자마자 죽었습니다. 그래서 의사들에게 순천으로 와달라고 했습니다. 광주에서 의사들이 목요일 밤에 와서 자고 금요일에 진료를 했습니다. 중증 환자는 기차에 태워 데려가고, 순천에서 치료 가능한 환자들은 진료하고요. 그게 순천기독병원의 시작입니다.

Q: 병을 앓고 있는 사람들이 집에 찾아왔을 때, 선교사로서 이웃으로서 어떤 느낌이 들었나요?

A: 하나님을 증거할 수 있는 좋은 기회구나 싶었습니다. 왜냐하면 사람들이 부족함 가운데 있을 때는 들으려고 하기 때문이죠. 초기부터 우리와 함께한 간호사 한 명, 복음 전도 부인 한 명이 있었습니다. 우리는 그저 우리가 할 수 있는 것을 했습니다. 그들의 필요를 채워 주는 작은 부분이었지요. 환자들에게 필요한 약을 제공했습니다. 그러나 가장 중점을 둔 것은 영원한 생명에 대해 말해 주는 것이었습니다. 우리는 우리가 줄 수 있는 가장 중요한 것이 복음임을 늘 상기했습니다.

Q: 힘든 여건 속에서 여러 세대 동안 계속 한국에 머물며 사역할 수 있었던 원동력이 무엇입니까?

A: 처음에 힘들었던 점은 고통당하는 수많은 이들을 지켜보는 것이었습니다. 하지만 그게 기독교인의 소명이라고 생각합니다. 남편은 한국에 가서 복음을 전하라는 소명을 받았지요. 저도 복음을 전하는 게 제 소명이라고 느꼈습니다. 한 번도 후회한 적은 없어요. 처음 1년이 힘들긴 했습니다. 아니 2년 정도 힘들었지요. 그때는 적응하느라 힘들었고 아프기도 자주 아팠습니다. 한국의 균들에 적응이 안 되어 면역이 생기는 데까지 시간이 좀 필요했죠.
차츰 상황이 나아지면서 할 수 있는 것은 최선을 다하고 나머지는 주님께 맡겼습니다. 그게 제가 할 수 있는 전부였죠. 이후에는 늘 편안했고 한국인들로부터 엄청난 사랑을 받았습니다. 한국 사람들은 따뜻하고 친절했어요. 병원에서 기다리는 환자에게 복음 전도지를 주면 기꺼이 읽었습니다. 그러나 여기서는 그렇게 할 수가 없어요. 사람들은 방해받기 싫어하죠. 한국 사람들은 복음에 열려 있었어요. 그럴 때야말로 정말 열심히 일해야 할 시기죠. 예수님에 대해 진솔하게 말해 주었어요. 한국 사람들의 필요를 채워 줄 수 있다는 것이 늘 감사했고 힘이 되었어요.

Q: 선교사로서, 선교사 부인으로서 드는 생각은 무엇입니까?

A: 한국 생활은 행복했습니다. 원하는 만큼 한국어를 이해할 수는 없었지만요. 언어 능력이 부족했는데도 한국인 친구들과 진정한 우정을 느꼈어요. 따뜻함을 경험할 수 있었지요. 남편은 사역을 행복해했습니다. 저도 행복했죠. 그의 사역을 조금이라도 도울 수 있어서 좋았습니다. 남편이 다른 지방에 가면, 저는 순천에 남아서 도왔죠. 다른 지방에서 도움을 필요로 하는 아픈 사람들을 보면 남편은 순천 병원으로 보냈죠. 그들은 순천에서 도움을 받았습니다. 그런 면에서 저는 선교팀의 일원이라는 느낌을 받았습니다. 그 시절이 행복한 기억으로 남아 있습니다.

Q: 가장 어려웠던 순간은 언제였습니까?

A: 대다수 선교사들이 직면하는 어려움은, 자녀들이 대학에 가기 위해 부모와 떨어져 미국으로 돌아가는 것일 겁니다. 모국이지만 아이들에게 전혀 친숙하지 않은 곳이잖아요. 물론 아이들은 미국인이기 때문에 지구 반대편 모국에서 사는 법을 배워야 하지요. 그런데도 아이들의 교육 문제는 늘 어렵게 다가오더군요. 다른 하나는 모든 일을 할 수 있을 만큼 충분한 재정이 없다는 것이었습니다. 교회에서의 사역과 의료 사역에서 늘 재정이 어려웠죠.

Q: 친구로서, 기독교인으로서 한국인들에게 하고 싶은 말씀이 있다면요?

A: 처음에 저는 한국인들의 신앙의 순수성과 단순성에 큰 감명을 받았습니다. 그런데 지금은 한국이 엄청난 경제 발전을 이루어 제가 처음 갔을 때와는 전혀 다른 나라가 되었지요. 물질주의가 여러분의 신앙을 오염시키지 않기를 기도할 뿐입니다. 한국 교회가 완벽하지는 않죠. 제가 처음 갔을 때도 완벽하지는 않았어요. 하지만 분명히 성령의 역사하심이 있었습니다. 한국인의 기도 생활은 제게 큰 감동을 주었지요. 저는 그 기도가, 하나님 나라를 위한 큰 기여라고 여겼습니다. 물질주의가 한국인의 기도 생활을 망치지 않기를 소원합니다.

12

조선의 그리스도인 벗들

하이디 린턴 Heidi Linton

하이디 린턴을 만나러 가는 길이다. 하이디 린턴은 린턴 여사의 며느리로 북한 선교를 펼치고 있는 아름다운 젊은 여성이다. 블랙마운틴에 도착한 첫날 만났는데, 매우 열정적으로 자신의 일을 하는 분으로 보였다.

하이디가 일하는 곳은 조용한 단층집으로 '조선의 그리스도인 벗들'(Christian Friends of Korea)이라는 단체다. 원래 인터뷰 예정 시간은 1시간이었으나 하이디는 오전 시간을 모두 할애해 주었다.

조선의 그리스도인 벗들은 유진 벨 한국 선교 100주년을 맞이하여 유진 벨 기념 재단으로 시작되었다. 휴 린턴의 아들들이 설립했으며 1995년부터 본격적인 사역을 시작했다. 1992년과 1994년 빌리 그레이엄이 북한을 방문하면서 북한과의 관계에 물꼬를 텄다. 1995년 7월 북한에 홍수가 나서 국제 사회에 구조를 요청했을 때 유진 벨 재단이 도움의 손길을 내밀었다. 당시 빌리 그레이엄 목사가 유진 벨 재단이 북한을 돕도록 중간 역할을 했다. 빌리 그레이엄 목사는 남장로회와 깊은 인연이 있다. 그의 처제가 대전외국인학교 교사로 일했고 아내도 한국 선교사들과 우정을 나누고 있다. 이곳 은퇴촌도 빌리 그레이엄의 도움으로 일부 조성된 것이며, 이 근처에 살면서 지속적인 교류를 하고 있었다.

하이디 린턴에게 북한에 복음을 전하는 일이 가능하냐고 물었다. 그랬더니 사역은 가능하지만 복음을 직접 전하는 일은 불가능하다고 했다. 자신들의 삶과 헌신으로 간접적으로 보여 주는 것밖에 복음을 전할 방법이 없는 것이다. 그래서 북한에 갈 때는 더 조심하고 마음을 다할 수밖에 없다고 했다.

그녀는 왜 이렇게 북한에 열심일까? 북한에서 태어나지도, 자라지도, 도움을 받지도 않은 데다가 도움을 줄 때면 오히려 그들이 밀어내기만 하고 트집을 잡아 복음을 전하지도 못하는데 왜 벗으로 다가가 도움을 주려는 걸까?

그녀는 배 고플 때 먹을 것을 주고 갇힐 때 돌봐 주며 아플 때 도와주고 어려운 사람들을 돌보라는 마태복음 28장의 말씀에

근거하여 살고 있다고 했다. 바로 그것이 자신의 소명이라는 것이다. 자신은 많은 북한 사람들에게 도움을 주어 그들이 하나님을 알고 하나님의 뜻을 이루어 가기를 바란다고 했다. 이곳 선교사님들의 헌신으로 한국이 성장하고 선교강국이 된 것을 보면 언젠가 북한도 그럴 날이 오리라고 확신했다. 때로는 우리도 사랑하기 힘든 북한 동포들. 정치 이데올로기 탓에 헐벗은 북한 동포를 구제조차 못하는 남한의 동포로 사는 것이 부끄러워졌다.

인터뷰가 끝나고 사진을 보여 주었다. 북한에 세운 병원들과 그곳에서 일하시는 분들의 사진이었다. 이곳 은퇴촌에 계신 선교사님들은 북한 사역에 열심이란다. 북한은 자신들이 도왔던 과거 남한과 같은 실정이라 그 처지를 누구보다도 염려하신다는 것이다. 그들에게는 북한이나 남한 같은 특정 지역이 의미가 있는 것이 아니라, 도움이 필요한 곳에 헌신하겠다는 소명만이 있을 뿐이었다.

조선의 그리스도인 벗들의 북한 사역은 크게 두 가지로 나뉜다. 하나는 병원을 세우고 의사를 교육하고 의료 기기를 갖추고 응급환자를 돌보는 간이 방문 진료 시스템을 갖추는 일이다. 다른 하나는 일반인들의 환경 개선, 즉 식량 구호, 품종 개량, 식수 사업 같은 일이다.

조선의 그리스도인 벗들에는 여성 세 분이 일하고 계셨다. 그

중 한 분이 우리에게 간이 의약용품 가방을 보여 주셨다. 병원이 없는 오지에 가방을 갖고 다니며 응급처치를 하거나, 오지로 가방을 보내 스스로 사용하게 한다는 것이다. 여기에도 마리엘라 선교사님이 짠 모자가 보였다. 아기들에게 줄 모자였다. 순간 마음이 찡해졌다.

우리는 하이디와 함께 로이스 린턴 여사의 불탄 집으로 향했다. 산 위로 한참 가니 널찍하고 아름다운 공간이 나왔다. 전망이 빼어난 곳인데 모두 타버려 중앙에 난로만 덩그러니 있었다. 린턴 여사는 아들 제임스가 올해 집을 지어 줄 거라며 집이 완성되면 꼭 와서 보라고 하셨다. 내심 그날이 기대되었다.

우리는 산을 내려와 하이디와 점심을 먹었다. 하이디는 혹시 가고 싶은 곳이 있냐고 물었다. 이만열 교수님이 몬트리트에 가 보고 싶다고 하셨다. 몬트리트는 비교적 가까운 거리다. 남북전쟁 때 미국 장로교회는 북장로회와 남장로회로 나뉘었다. 북장로회는 필라델피아에 박물관을 만들었고, 남장로회는 몬트리트에 박물관을 만들어 자료를 보관했다. 그러다가 몇 년 전 북장로회와 남장로회 박물관이 합쳐지면서 남장로회 모든 자료가 북장로회 필라델피아 박물관으로 옮겨 갔다.

이 교수님은 군사정권 시절 해직 당시 몬트리트에 와 한 달간 먹고 자면서 자료를 촬영하고 복사한 적이 있다고 하셨다. 아쉽

게도 몬트리트 박물관은 월요일이라 열지 않았지만 교회를 방문할 수 있었다. 웅장하진 않지만 포근한 느낌의 교회였다. 이곳 교회는 내장재로 나무를 많이 써서 그런지 자연스럽고도 편안한 느낌을 주었다. 천장이 높지 않고 아늑해서였는지 기도하고 싶은 마음이 절로 들어 우리는 기도부터 드렸다. 교수님은 30년 전에 왔던 곳을 다시 찾은 감회가 새로운 것 같았다. 사진 촬영을 하면서 우리는 교수님의 시간여행에 함께했다.

Q: 한국인 입장에서 봤을 때 북한은 위험한 국가인데, 북한에서 사역하는 데 어려움은 없습니까?

A: 북한이 위험한 곳이라고는 생각하지 않습니다. 이라크나 아프가니스탄처럼 물리적 위험이 있는 곳이 아니지요. 식수가 더럽다거나 도로 환경이 좋지 않아 운전하기 어렵다는 것 외에는 위험하지 않습니다. 정부의 요구사항을 준수하고 가이드의 지시를 잘 따르면 실제로 위험은 거의 없습니다. 그들은 우리의 안전을 잘 지켜주며 최대한 호의를 베풀고 있습니다.

Q: 남한에는 북한에 대한 정확한 정보보다는 소문이 많습니다. 북한을 실제로 가 보니 현재 북한의 생활 수준이나 상태는 어떻던가요?

A: 북한도 여느 나라와 다를 것이 없습니다. 생활 수준은 차이가 심한데, 어떤 교육을 받고 정치적 연결이 있는지 여부에 따라 다르긴 합니다. 평양 사람들은 대부분 잘살고 큰 집에서 살더군요. 하지만 대부분의 북한 사람들은 가난합니다. 그들은 정치적 연결이 없겠죠. 엄청나게 가난합니다. 그들이 하루하루를 어떻게 사는지 10분만 보게 되면 마음이 녹아서 어떻게든 최선을 다해 도와주려 할 것입니다. 해결책은 장기적 관점에서 제시되어야 합니다. 지난 20년간 북한은 극심한 가뭄에 시달렸습니다. 수많은 사람들이 영양실조와 질병에 시달리고 있습니다. 이런 사람들을 우리가 돕는 것입니다.

Q: 10년 동안이나 '조선의 그리스도인 벗들'에서 사역하셨지요. 그동안 겪은 어려움이나 위기에 대해 몇 가지 예를 들어 주실 수 있습니까?

A: 어려운 사역이지요. 하지만 가장 보람 있는 일입니다. 하나님의 사랑을 보여 주는 도구로 쓰이기 때문입니다. 북한은 복음에 저항하는 문화지만, 그들을 진리와 은혜로 최대한 사랑하려고 노력하고 있습니다. 어려움은 늘 있어요. 기반 시설이 좋지 않습니다. 예를 들어 9월에 시골을 방문하려는데 7–8월에 일어난 홍수 때문에 도로가 사라져 있기도 해요. 오해와 소통의 어려움도 큽니다. 서로 소통하고 이야기하면 잘되고 문제가 없어요. 그러나 우리가 여기 있고 그들이 거기 있으면서 3–6개월 동안 소통 없이 지내면 일이 어려워지죠. 상당한 어려움이 가중됩니다. 하지만 수년의 경험을 통해 배운 것은 계속 시도하며 신뢰를 형성해 가고 약속을 지키면…… 아, 우리가 약속을 만들지는 않아요. 우리는 그저 기도하겠다는 약속과 최선을 다해 돕겠다는 약속을 할 뿐이죠. 필요가 있으면 기도하며 하나님이 채워 주시기를 기다립니다. 그러면서 그들의 말을 잘 들어주고, 최대한 의미 있게 대답하도록 노력합니다. 이런 식으로 몇 년 동안 서로 신뢰를 쌓아 갔습니다. 그래서 어려움이 생기면 함께 헤쳐 나가고 이겨 낼 수 있습니다. 네, 물론 수많은 도전들이 있었고 앞으로도 있겠죠. 하지만 그것을 극복할 수 있음을 알게 되었습니다.

Q: 사역에 대한 북한 정부의 반응이나 태도는 어떻습니까?

A: 초기에는 밀어내려고 했습니다. 우리 이름을 맘에 들어 하지 않았어요. 십자가도 거슬려서 적십자 모양처럼 줄이라고 했죠. 그러나 이게 우리라고 했습

니다. 그리스도의 사랑 때문에 여기 왔다고 했지요. 이걸 바꾸면 우리는 우리가 아니게 된다고 했습니다. 그들은 서서히 이해하고 받아들였습니다. 요양소나 병원을 방문하면 위대한 지도자가 필요한 모든 것을 채워 준다고 하거나 정치적으로 모두 미국 잘못이라는 등 그런 이야기들을 했어요. 하지만 더 이상 그런 얘기를 듣지 않습니다. 우리가 보내 준 것에 감사해하고, 무엇을 받았는지도 이야기하고, 나가서 보여도 주며, 필요한 것을 얘기하는 등 건설적인 이야기를 하게 되었습니다. 우리는 기부자들에 대해 이야기하죠. 그들이 기도하고 있다는 것과, 하나님과 당신들에 대한 사랑으로 기부한다는 것을 이야기해요.

지난 10월 놀라운 일이 있었죠. 기술 팀을 데려가서 깨끗한 식수를 촌락에 공급하도록 수백 미터 땅을 파는 프로젝트를 하고 있었어요. 3일 동안 해야 하는 일인데 시간이 모자랐어요. 3일째 되는 날, 차를 타고 현장으로 가는데 30명의 군인들이 우리 프로젝트의 배수를 위해 땅을 파고 있는 거에요. 매우 놀라운 광경이었지요. 북한 정부가 그렇게 지원했다는 게 믿기지 않았습니다. 우리 관계가 어느 정도까지 왔는지를 보여 주는 예라고 봐요. 이런 일도 가능하게 된 거죠. 기적입니다.

Q: 일반 주민들의 반응은 어떠했습니까?

A: 초기에는 의심하고 두려워했습니다. 예를 들어 촌락에서 배수공사를 할 때, 엄마들은 아이들을 자신들 뒤편에 앉혔어요. 우리에게 호기심이 있었지만 막상 가까이 오기는 두려워했죠. 그러나 둘째 날에는 같이 일했습니다. 땅도 파고 관도 같이 묻고요. 마지막 날 놀라운 일이 일어났는데 같이 모여 사진을 찍었습니다. 함께 일하며 식수를 얻은 것에 크게 기뻐하는 모습이었어요. 다 과정

입니다. 초기에는 불신과 두려움이 있겠지만, 함께 일하면서 기뻐하고 즐거워하는 거죠. 물론 시간이 걸립니다. 신뢰를 쌓으려면 시간이 걸리죠.

Q: 예전에 한국에서 선교사님들이 하신 사역, 즉 병원이나 학교 사역은 예수님에 대한 사람들의 마음을 여는 데 기여했습니다. 북한 사역을 통해 기대하는 바는 무엇입니까?

A: 우리는 이중의 화해를 기대합니다. 우리와 하나님 관계, 우리 사이의 관계, 남북관계, 북한과 미국의 관계 말이죠. 이 관계들은 오직 서로 용서하는 것을 배울 때 가능합니다. 서로 이해하고 우리가 모두 은혜의 보좌 앞에서 도우심을 필요로 한다는 것을 알 때 가능하죠. 우리 스스로 저지른 흉측한 일로부터 구원자를 필요로 한다는 것을 알아야 합니다. 북한도 마찬가지죠. 오랫동안 북한의 마음은 굳어졌어요. 남한과 미국과 일본을 향해 오해와 미움을 키워 왔어요. 그렇게 수많은 사람들을 비난의 대상으로 삼았죠. 그 결과 한반도에서 참혹한 일이 일어나고 있습니다. 그러나 오직 하나님만이 그들의 마음을 바꾸실 수 있습니다.

북한에 복음을 설교할 수는 없습니다. 기독교와 미국인에 대한 엄청난 오해와 소문들이 무성합니다. 어떤 것은 사실이고 어떤 것은 거짓입니다. 그들의 마음을 부드럽게 할 유일한 길은, 그들이 뭔가 다른 것을 경험하는 것입니다. 거짓과 오해가 모두 드러나고, 진리를 숨길 수 없다는 경험 말입니다. 우리가 섬기는 하나님은 진리와 은혜의 하나님이십니다. 이것을 우리는 보여 줘야 합니다. 우리가 빛과 소망을 가져오는 자들이고, 복음의 소망을 보여 준다면 국가와 개인의 마음을 변화시킬 수 있을 것입니다.

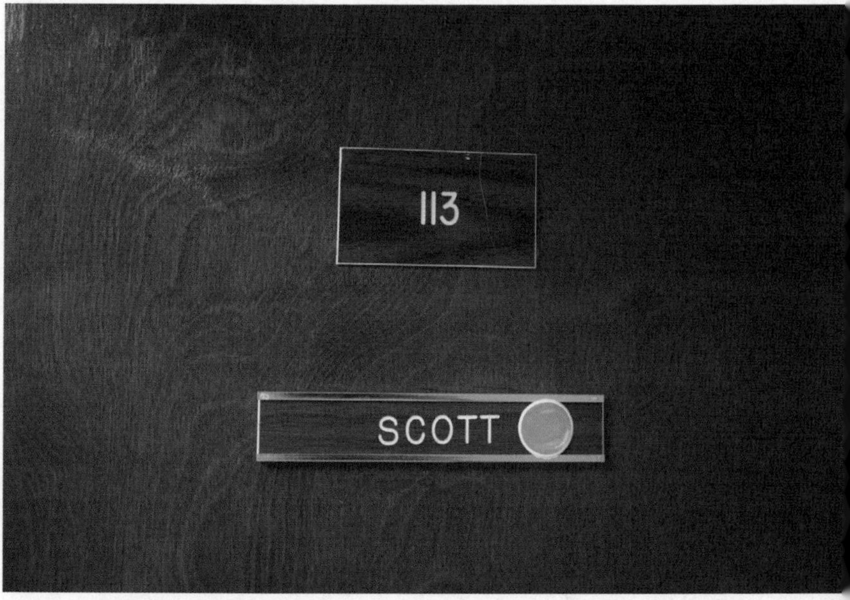
113
SCOTT

13

평생 순종

케니스 스콧 Kenneth Scott

케니스 스콧 선교사님을 만나러 갔다. 그는 은퇴촌 본부 근처의 아파트에 머물고 있는데 이곳은 간호사들이 24시간 대기하는 곳이다. 그의 아파트 문 앞에는 한국 자개 화병과 그림이 전시되어 있었다. 우리가 도착했을 때 그의 아드님이 와 있었다. 아들이라고 하지만 젊은 분은 아니고 60대의 쾌활한 분이다. 근처에 살면서 자주 아버님을 찾아와 식사하는 것을 도와드리며 돌봐 주고 계셨다. 보기 좋은 광경이었다.

스콧 선교사님은 북장로회 출신의 의료 선교사로, 부모님은 중국 선교사로 사역했다. 그는 1916년 중국에서 태어났고 열한 살 때 중국에서 추방당해 한국에 오게 되었다. 청소년기를 평양외국인학교에서 보냈는데 그때 하나님께 자신의 삶을 드리기로 서원했다고 한다. 96세라는 나이에 깜짝 놀랐다. 귀가 좀 안 들려서 보청기를 낀 것과 걷는 것이 불편한 것 외에 기억력은 좋은 편이어서 인터뷰하는 데는 지장이 없었다.

미국에서 대학을 다녔는데 프린스턴 신학교에 다닐 때 한경직 목사님과 동기였다고 한다. 킹슬리(Kingsley) 선교사와 한경직 목사, 그리고 밥 피어스(Bob Pierce) 목사와 함께 찍은 사진을 보여 주셨다. 대학을 다니면서 의료 선교사가 되기로 결심하여 필라델피아에 있는 장로교 병원에서 의대 인턴십을 하였다. 그때 간호과장인 부인을 만나 1941년 결혼했는데, 결혼하자마자 태평양전쟁 때문에 군의관으로 입대하였다. 그리하여 2년 반 동안 부인을 만나지 못한 시기도 있었다. 부인의 젊은 시절 사진을 보니 영화에 나오는 여주인공처럼 예뻤다. 전쟁이 끝나고 중국에 가서 선교를 시작했지만 중국이 공산화되면서 곧 쫓겨나 한국으로 오게 되었다. 1952년 한국전쟁 중에 온 것이다.

첫 선교지는 대구 동산병원이었다. 그의 부인도 같은 병원에서 간호사로 근무했다. 1952-1963년까지 한국에서 사역했고 그 후 인도와 미국에서 사역했다. 스콧 선교사님은 북인도에서 11년 동안 사역하다 은퇴하여 노스캐롤라이나 주정부에서 일하며 사람들의 건강을 챙기고 돕는 일을 지금까지도 하고 계신다.

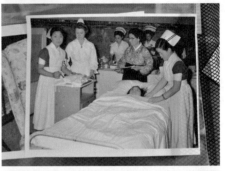

케니스 스콧 선교사의 부인 안나 스콧은 간호사로 사역했다.

선교사님은 향기가 나는 분이었다. 평생 하나님의 말씀에 순종하고 감사하는 삶을 살았기 때문에 그러신 것 같았다. 선교사님은 계속 '한국 사람은 대단하다, 한국 사람들에게 배웠다, 한국에서 더 많은 것을 하지 못해 미안하다, 한국 사람들은 부지런하고 강하다' 등의 칭찬을 하셨다. 한국 생활에서 불편한 것과 어려운 것, 화나는 일이 없었으랴마는, 이분은 감사함과 축복함으로 늘 최선을 다하시는 것 같았다.

아버지와 아들에 이은 선교사의 삶. 우리는 이분의 이야기를 들으며 감사할 뿐이었다. 한국에 있으면서 후회되는 것이 병원과 학교 사역에 뛰어들기 전에 한국어를 배우지 못한 것이라고 하셨다. 기억 나는 한국 노래는 주일학교에서 부르던 노래 하나밖에 없다며 노래를 부르셨다.

"하나님이 세상을 이처럼 사랑하사 독생자를 주셨으니 누구든지 주를 믿으면 멸망하지 않고 영생을 얻으리로다 영생을 얻으리로다."

스콧 선교사님은 지금 미국 교회는 무너지고 있다며 한국 교회가 오히려 미국인들에게 말해 줄 것이 많을 거라고 하셨다. 당신들이 한국 사람에게 말할 것보다 한국 사람들이 자신들에게 말해 줄 것이 많을 거라는 선교사님. 그런 겸손하신 선교사님을 보며 우리가 말할 수 있는 것은 무엇일까 하는 생각에 잠겼다.

Q: 한국에서의 어린 시절 추억이 있나요?

저는 졸업하지는 않았지만 4년 동안 평양외국인학교를 다녔습니다. 당시 한국에 있던 모든 선교사들을 알고 있지요. 마지막 겨울방학을 북쪽 지방인 강계라는 곳에서 보냈습니다. 강계는 아주 추웠어요. 매일 밤 영하 40도였습니다. 낮에 해가 쨍쨍해도 영하 15도밖에는 올라가지 않았어요.

Q: 한국에 파송받을 때 상황을 말씀해 주시겠어요?

A: 뉴욕의 선교위원회에서 우리를 한국으로 파송할 때 기뻤습니다. 무척 행복했어요. 한국과 한국인들에 대한 기억이 따뜻했기 때문이죠. 그래서 한국의 대구로 갔습니다. 그런데 전쟁중에 내버려져 있어서 병원 상태가 좋지 않았어요. 동산병원은 우리 북장로교 선교회에 남겨진 유일한 병원이었습니다. 나머지 병원들은 북한에 있었거든요. 어쨌든 수술하느라 바쁜 시간을 보냈습니다.

Q: 처음 한국에 오셨을 때 어떤 상황이었고 한국인들은 어떠했습니까?

A: 한국인들은 늘 우리가 하는 일을 열정적으로 도와주었습니다. 기쁨과 감사가 많은 사람들이었습니다. 제가 큰 감명을 받았던 점은 한국인들이 소련의 북한 공산주의화와 일본의 식민지 정책을 이겨 냈다는 것입니다. 전 세계 사람들은 한국 기독교인들이 일본의 식민지화로부터 조국을 지켰다는 것을 잘 모르죠. 기독교인들 덕분에 한국 전체가 일본화되는 것을 막을 수 있었습니다.
일본인들은 한국 목사들을 싫어했습니다. 흔히들 잘 모르는데 1945년 8월

17일에 일본이 한국 기독교인 지도자 500명을 포위하려고 했습니다. 총살하고 묻으려고 땅을 깊게 파놨지요. 하지만 아시다시피 8월 15일에 전쟁이 끝났습니다. 그래서 이들이 살아남았죠. 당시 살생부 명단이 있었어요. 우리는 그것이 하나님의 섭리였다고 느낍니다. 저는 2차대전 당시 군대에 있었기 때문에 이 같은 사실을 알고 있습니다.

Q: 한국에서 일하실 때 기억나는 사람들이나 환자가 있나요?

A: 기억에 남는 환자 한 명은 젊은 여인인데, 대학원에서 화학을 공부하고 있었습니다. 하지만 결핵 때문에 학업을 중단해야 했어요. 치료 방법은 폐의 일부를 제거하는 것이었습니다. 그걸 제가 했지요. 그녀가 회복 중일 때 약혼자한테 전화가 왔어요. 당시 그는 정부의 후원을 받아 워싱턴에서 공부를 하고 있었습니다. 한국에 돌아왔을 때, 저보고 결혼식 주례를 해달라고 했습니다. 1990년 한국을 다시 방문했을 때 그 부부를 만났는데 서울 체류 비용을 다 내주었죠. 지금은 한국 교회가 미국보다 더 많이 온 세계에 선교사를 파송하고 있습니다. 놀라운 일이에요. 제가 기여한 것보다 한국 기독교인들로부터 받은 유익이 더 많습니다.

Q: 의료 사역 말고 다른 사역은 안 하셨나요?

A: 대구에 있을 때 애락원이라는 나환자촌이 있었습니다. 우리가 그곳에 가 한센병 환자들을 돌보았지요. 한 사람이 기억나는데, 애락원에 들어올 당시에는 기독교인이 아니었으나 곧 기독교인이 되었습니다. 그리고 얼마 되지 않아 한센병으로 눈이 멀었습니다. 그는 눈이 먼 상태에서 신약 전체를 외웠습니다. 그

친구 사진도 있지요. 얼굴에 온통 한센병으로 인한 상처가 가득했지만 늘 아름다운 미소를 짓고 있었습니다. 그를 알게 된 것이 큰 축복이었어요.

Q: 한국 사역 이후 어떤 삶을 사셨나요?

A: 한국에서의 사역을 두 시기로 나눈다면 먼저는 대구에서의 사역, 그 다음은 연세대학교에서의 사역입니다. 이후 세 번째 사역은 인도에 있는 의대에서 시작했지요. 사실 인도는 전혀 생각지도 않았던 곳이에요. 2차대전 중에 9개월을 인도에 있었는데 그리 좋은 기억은 아니었습니다. 인도로 부르심을 받을 당시 저는 출애굽기 앞부분을 읽고 있었습니다. 모세는 떨기나무 앞에서 하나님을 대면하여 이집트로 가라는 명령을 받죠. 하지만 모세가 변명합니다. 하나님은 분노하셨죠. 저는 하나님이 제게 분명하게 열어 주시는 길을 저버림으로 그분을 분노케 하면 안 된다고 생각했지요. 하나님은 모세에게 '반드시 너와 함께하겠다'고 말씀 하셨습니다.

당시 인도 북동쪽에 큰 기독교 의료 교육센터가 설립되었는데 책임자 없이 18개월이나 방치된 상태였습니다. 그곳에서 제가 오기를 바랐지요. 이렇게 하여 11년 동안이나 인도에 있게 되었습니다. 잘한 일이었죠. 다른 교단들을 연합시키는 북인도 교회 형성에 도움을 줄 수 있었기 때문입니다. 그 위원회에서 저만 인도 사람이 아니었습니다. 그들은 제게 의료 분야의 이사장이 되어 달라고 부탁했습니다.

주님이 제 삶을 늘 인도해 오셨습니다. 한 번도 다음엔 뭘 해야지 하고 스스로 결정한 적이 없습니다. 제게 특별한 것은 없고, 주님이 원하시는 것을 순종할 뿐입니다. 주님은 제게 은혜로우셨습니다. 제 자신에게 특별한 가치가 없음을 잘 압니다. 그러나 제 삶 내내 인도하시는 그분의 손길을 보는 것은 큰 기쁨이었습니다.

14

축복의 통로가 된 여성 의료선교사

로베르타 라이스 Roberta G. Rice

케니스 스콧 선교사님과 인터뷰가 끝나고 저녁식사는 감리교 여자 선교사들 은퇴촌에서 하기로 했다. 로베르타 라이스(나옥자) 선교사님이 우리를 초대해 주셨다. 감리교 여자 선교사들의 은퇴촌이 있는 내쉬빌은 블랙마운틴에서 차로 30분 이내의 별로 멀지 않은 곳이다. 초기 한국 기독교 역사 책을 보면 빈번하게 내쉬빌이 언급된다. 아마 당시 미국 신학생들의 메카였던 것 같다.

은퇴촌은 여자 선교사님들만 있어서인지 입구부터 아기자기했다. 우리를 초대한 라이스 선교사님과 다른 두 분 선교사님을 만났다. 한 분은 백발의 호호 할머니인데 허리와 걸음이 불편해서 보조 기구를 밀며 이동하셨다. 이곳에서는 저녁식사가 5시부터 시작된다고 하셨다. 월요일이라 한산해서 여유 있게 식사할 수 있었다. 라이스 선교사님이 다른 여자 선교사님들에게 우리를 소개해 주셨다. 한국에서 온 사람들이라고 할머니 선교사님들이 우리를 무척 친절하게 대해 주셨다. 자신들의 사역지였던 한국의 옛 사람들을 떠올리시는 것 같았다.

백발의 호호 할머니 선교사님은 배화여고에서 1년간 영어 교사로 계셨다고 한다. 수줍음을 많이 타시는 어떤 분은 물리치료 사역을 하신 맥스웰(Lela Johnston Maxwell) 여사인데 기억이 흐릿하여 한국에 대한 기억은 거의 잊어버리셨다.

맥스웰 여사는 자신이 일한 곳이나 당시 상황도 잘 기억하지 못하셨다. 우리가 한국에서 왔다고 하니 반가워 만나러 오신 것 같았다. 맥스웰 선교사님은 1961년에 한국에 가 언어를 배우며 아이들에게 물리치료를 하였다. 첫 5년간 세브란스병원에서 일하면서 아주 즐겁게 지냈던 것이 기억에 남는다고 하셨다. 선교사님은 5년 동안 한국에 있다가 선교 보고를 위해 미국을 다녀와서부터는 각 가정을 돌며 물리치료를 하였다. 당시에는 차도 없고 병원까지 오는 것이 힘든 아픈 사람들에게 방문치료가 큰 도움이 되었다. 그녀는 물리치료를 더 공부하러 미국에 갔으나 선교회에서는 베트남에 가라고 해서 2년 3개월 동안 베트남에서 일했다. 그러다 아버님이 돌아가셨다는 연락을 받고 귀국해

세브란스병원에서 물리치료사로 있었던 맥스웰 선교사

서는 계속 미국에 있었다. 그 후 결혼을 하게 되었는데 남편은 외국에서 살 생각이 없다 하여 계속 미국에서 생활하다, 남편과 사별 후 이곳에 머물게 되었다고 하신다.

오늘 우리가 인터뷰할 분은 라이스 여사다. 1917년 생인 그녀는 90이 넘은 고령인데도 허리가 꼿꼿했다. 검은색 바지 정장과 흰 블라우스가 잘 어울리는 분이었다. 발음이 정확하고 목소리가 우렁차서 인터뷰가 쉬웠고 요점을 잘 말씀해 주셨다. 그녀의 집에는 한국에서 온 연하장들이 많이 있었다. 지금도 한국 분들과 교류가 있어 보였다.

라이스 선교사님의 아버지는 목사님이었다. 그녀는 미네소타 주에서 태어났는데, 근처에 한국에서 선교하신 분이 있어서 동양에 대해 알게 되었다고 한다. 그분은 해주에서 활동하셨는데, 동양에서는 여자아이를 무시한다고 하였다. 어린 마음에도 그녀는 하나님이 여자아이들도 사랑하신다는 걸 알려 줘야겠다고 생각했단다. 주변에 유명한 병원이 있었는데 그 병원을 보면서 의사가 되어 동양 사람들에게 여자도 의사가 될 수 있다는 생각을 심어 주고 싶어 의사가 되기로 결심하였다.

미네소타 의대를 거쳐 외과 의사가 된 뒤 세브란스병원에서 일하려고 한국에 갔는데, 한국전쟁이 터져 돌아올 수밖에 없었다. 후에 교회 사람들의 지원을 받아 다시 한국으로 갔다.

1953년 한국에 도착하여 처음 2년간 언어를 배우면서 주말에는 세브란스병원에서 외국인 병동 일을 도왔고, 그 후에는 인천 기독병원에서 일하게 되었다. 이후 세브란스병원과 이화여대 의과대학에서 일하시다 1975년 은퇴했다.

그녀는 한국에서 사역하며 모아 둔 편지며 자료 사진 등을 미처 정리하지 못했는데, 이제 정리하여 내쉬빌에 있는 대학 선교 자료실에 보낼 거라고 했다. 그녀는 한국에서 일하면서 돈을 받지 않았다. 세브란스병원에서 받은 것은 환자들을 위해 썼고 감리교 교단에서 준 후원금만으로 생활했다. 인터뷰 마지막에 한국 찬송가를 부르셨는데 얼마나 좋았는지 우리 모두 합창하면서 서로 격려하고 기도해 주었다. 그야말로 활기 넘치는 90대 선교사님이다.

라이스 선교사님은 고령임에도 여전히 은퇴촌에서 일을 찾아서 하시고 지역사회에서 봉사도 하셨다. 우리는 많은 도전을 받았다. 한국에선 40대와 50대가 주로 일하고 70이 넘으면 일선에서 손을 떼는데, 이곳에서는 70대도 80대도 90대도 맡은 사역을 계속하고 계셨다. 우리는 너무 빨리 일하고 너무 빨리 늙고 너무 빨리 현장을 떠난다. 하지만 이곳에선 나이 든 사람의 경험에서 우러나오는 노하우를 충분히 활용하고 협력한다. 그리하여 사업이 연속성을 띠며, 나이 든 분들의 지혜를 빌릴 수 있는

좋은 기회 같아 보였다.

이번 여행에 교수님들을 동행한 이유는 두 가지였다. 하나는 인터뷰에 대한 검증이고, 다른 하나는 이 이야기를 학문적으로 구축하기 위해서였다. 이 인터뷰가 학문적 자료로 만들어져 교수들의 연구로 이어졌으면 하는 소망이었다. 이만열 교수님은 선교사님들에 비해 젊은 당신이 앞으로 할 일이 무궁무진하다는 것과 그분들의 정열적인 모습에 많이 놀라셨다. 앞으로 교수님의 새로운 연구가 기대된다.

오늘도 한밤중에 숙소에 들어갔다. 저녁에 가끔 배덕만 교수님과 전성민 교수는 이야기꽃을 피웠다. 어떻게 하면 이렇게 힘들고 고생스럽게 전해진 복음이 한국에서 변질되지 않고 그 고유성을 이어 갈 수 있을까 하는 것에 초점이 맞춰졌다. 각자 위치에서 어떤 일을 해야 할지에 관해서도. 우리는 하나님 나라를 위해 일하는 동역자로서 과연 어떤 일을 할 수 있을까?

Q: 처음에 한국에서 한 일을 기억하시나요?

A: 제가 처음 했던 수술 중 하나는 허리 수술이었는데 수술 도중 조명이 나가 버렸습니다. 손전등을 켜고서야 수술을 마칠 수 있었습니다. 한국의 1956년은 여러 면에서 낙후해 있었습니다. 저는 종종 그 시절에 대해 '사람들의 얼굴에 전쟁의 진흙더미들이 묻어 있었다'고 말합니다. 모든 사람들이 전쟁으로 고통 받고 있었습니다. 그리고 저는 경제개발 5개년 계획이 실행되는 것도 보았습니다. 한국은 계획대로 모두 달성했고, 아니 목표를 넘어섰습니다. 그래서 한국이 전쟁의 진흙을 떨쳐 내고 아시아와 세계에서 지도적인 국가가 되었지요. 한국에서 유엔 사무총장이 나왔다는 것을 자랑스러워해야 합니다.

Q: 한국에 오셨을 때 사회 전반적 상태는 어땠습니까?

A: 다들 경제적으로 어려운 시기였죠. 서울엔 하꼬방이 넘쳐 났습니다. 사람들이 살아남으려고 몸부림쳤습니다. 우리의 큰 기쁨 중 하나가 사람들이 사업을 하도록 도와주는 것이었습니다. 사과를 몇 바구니 사 줘서 길거리에서 팔 수 있게 해주었습니다. 별별 작은 사업들을 하도록 도와주었습니다. 전쟁 과부들을 위해 수공 일을 가르쳐 주는 프로그램이 있었습니다. 그들은 상당히 일을 잘하여 돈을 벌 수 있었습니다.

Q: 의료 사역 말고 다른 사역은 없었나요?

A: 저는 동대문감리교회 교인이었습니다. 당시 이화여대 의대 캠퍼스가 동대문에 있었습니다. 대학생들을 위한 영어 성경공부를 했죠. 당시 동대문교회는

90개의 계단 위에 있었는데, 계단 입구에 한 거지 소녀가 앉아 있었습니다. 그날은 우리가 선한 사마리아인에 대해 공부하고 난 주일 오후였습니다. 저는 "선한 사마리아인 이야기를 공부했는데, 이제 우리가 무엇을 해야 할까요?"라고 물었습니다. 한 학생이 우리가 서울에 있는 모든 거지들을 도울 수는 없다고 했습니다. 저는 서울의 모든 거지들을 얘기하는 것이 아니라 저 계단에 앉아 있는 소녀를 말하는 것이라고 했습니다. 그래서 몇 명이 그 소녀와 얘기해 보고 제가 살고 있는 정동으로 그 아이를 데려오기로 했습니다. 올지 안 올지 몰랐습니다. 그런데 그 소녀가 왔습니다. 절름발이였고 집에서 버림받은 열한 살짜리 아이였습니다. 그 구걸하던 아이를 깨끗이 씻기고는 돌봄 받을 수 있는 고아원으로 데려갔습니다. 이런 경험을 하고 나서 한 학생이 이제야 선한 사마리아인 이야기가 자신에게 의미를 갖게 되었다고 했습니다. 그렇게 동대문교회에서 대학생들과 함께 사역했지요.

Q: 한국에서 사역하면서 개인적인 어려움은 없으셨나요?

A: 있었지요. 하지만 행복했던 시간들에 대해 이야기하겠습니다. 저는 미국 연합감리교회의 세계 선교 여성분과위원회 소속으로 한국에 파송받았습니다. 연합감리교회가 저를 지원해 주었죠. 그들이 지원해 준 것 중 하나는 최초의 심장 폐 수술 기계를 세브란스병원에 보내 준 것이었습니다. 오늘날 그 기계는 세브란스병원 박물관에 있습니다. 그때부터 세브란스병원에서 심장 수술을 할 수 있었지요. 새로운 수술의 발전이 계속 이루어졌습니다. 생각지도 못한 일이었죠. 지금이야 더 많은 의학적 진보들이 가능하게 되었지만요. 그때 참 행복했습니다.

Q: 한국에서 큰일을 겪으신 일은 어떤 것이었나요?

A: 1960년 4월 19일 아침이었습니다. 이화여대 의과병원에서 수술을 하고 남대문 세브란스병원으로 운전해 갔습니다. 거리에 시위 군중이 있어서 가기 어려웠죠. 세브란스병원에서 정부 관리 중 한 사람의 암 제거 수술을 하기로 되어 있었습니다. 그런데 수술이 끝나고 환자가 사라졌습니다. 이 시위 사건의 책임이 있는 그가 살해당할까봐 가족들이 그를 집에 데려갔던 거죠. 나중에 그가 감옥에 갔다는 것을 알았습니다.

그날 경찰이 총을 쏘는 소리를 들었고, 부상당한 학생들이 세브란스병원으로 실려 왔습니다. 총알이 아랫배 앞부분을 완전히 날려 버린 한 학생은 안타깝게도 수술대 위에서 죽었습니다. 그날 밤새 수술을 했어요. 머리에 부상을 입은 사람들을 우선 치료했고, 가슴과 배에 총상을 입은 환자들이 그 다음, 뼈가 부러진 환자들은 가장 마지막 순이었습니다. 간호사들이 스펀지를 빨고 말려서 다시 써야 했습니다. 수많은 학생들이 죽었던 것 아시죠. 그래도 할 수 있는 일이 있어 감사할 뿐입니다.

Q: 은퇴하시고 나서는 무슨 일을 하셨습니까?

A: 저는 두 번 은퇴했습니다. 한국에서의 일을 끝내고 귀국하여 미국의 산악 지역인 애팔래치아에 있는 병원에 갔습니다. 수술을 가르치러 간 거지요. 1986년까지 있었습니다. 그리고 또 은퇴했습니다. 은퇴 후에는 호스피스 프로그램을 도왔습니다. 시한부 인생을 사는 환자들과 가족들을 돌보는 일이죠. 몇 년 동안 호스피스 프로그램 봉사자로 섬겼습니다.

Q: 한국에 가기로 한 것을 후회하신 적은 없습니까?

A: 늘 감사했습니다. 제가 줄 수 있었던 것보다 훨씬 많은 축복들을 받았습니다. 워싱턴에 있는 한인 교회에 갔더니 제게 '축복의 통로'라고 하더군요. 주님이 저를 축복의 통로가 될 수 있도록 역사하셨습니다. 매일 감사할 뿐입니다.

15

지구촌 곳곳에 도움의 손길을 내밀다

존 윌슨 John Wilson

오늘은 선배가 만났던 윌슨 선교사를 만나는 날이다. 이 여행을 하게 한 최초의 만남이 되었던 분이라 더욱 설렌다. 오전 10시에 그의 집으로 갔다. 선교사님 댁은 호숫가 바로 앞에 있는데 흰색으로 칠한 목조 주택이었다. 은퇴촌과는 10분도 채 안 되는 거리에 있었다. 주변에 앵두나무며 감나무며 각종 한국 나무와 꽃들이 많았다. 그러나 겨울이라 선배가 본 것처럼 한국에 온 듯한 광경을 볼 수 없어 아쉬웠다.

윌슨 선교사는 '엉클 존'이라고 부르는데, 그만큼 친근하고 좋은 분이었다. 그의 아버지는 광주 기독병원 2대 원장인 윌슨 선

교사(우월순)다. 그는 1908년 한국에 도착하여 광주기독병원에서
헌신적으로 일했다. 그러다 오웬 선교사가 돌아가시면서 포사이
드 선교사가 데리고 온 한센병 환자를 치료한 것이 계기가 되어
광주 한센병 병원에서 진료했다. 1926년에는 애양원을 세웠다.
순천과 여수 사이에 있는 이곳은 일본이 돌려준 부지에 지은 것
이다. 그곳으로 한센병 환자들과 이주해 살다가 1963년 83세에
돌아가셨다. 그의 헌신적인 삶과 환자들을 향한 사랑은 많은 사
람들에게 감동을 주었다.

그의 어머니는 1907년, 여성으로는 최초로 성경선교사로 한국에 오신 분이다. 1910년 결혼하여 일곱 명의 아이를 낳았다. 존 월슨 선교사는 일곱 아이들 중 1918년에 태어난 여섯 번째 아들이다.

월슨 선교사는 아버지 월슨 이야기를 많이 해주셨다. 당시 한국의 의료 수준은 한약방과 무당이 전부라서 환자들은 거의 손쓸 수 없을 만큼 나빠져서 왔다고 한다. 소화가 잘 안 되는 여자에게 무당이 긴 막대기를 뱃속에 넣으라고 해서 그것을 먹은 여자를 수술한 적도 있다고 했다. 그녀 뱃속에는 거의 20센티미터가 넘는 나무토막이 들어 있었다. 그 외에도 말도 안 되는 수술과 사건이 있었다고 하니, 불과 100년 전 한국의 상황이란 짐작하고도 남을 만한 것이었다.

선교사님은 아버지가 쓰신 편지들을 보여 주셨다. 한국에 간지 얼마 안 되었을 때 미국의 의대 동기들에게 쓴 편지였다.

……한국으로 오라. 이곳에는 수술을 할 기회가 많다. 지난주에는 20년 동안 앞을 볼 수 없었던 여인의 눈을 수술했다. 그녀는 볼 수 있게 되었다며 매우 기뻐하며 집에 갔다. ……

이런 내용의 많은 편지가 있었다. 이 편지들을 본 이만열 교

존 윌슨 선교사의 큰누나 사라 탈메이지 선교사

수님은 무척이나 흥미로워 하시며 이 편지들을 읽고 스캔하느라
하루 종일 그 집에 머물러 계셨다.

    윌슨 선교사는 근처 요양원에 있는 큰누나 사라 탈메이지
(Sarah Elizabeth Talmage) 선교사를 모셔 왔다. 그녀는 1910년 생으
로 100세가 되신 할머니였다. 그녀는 타마지 선교사의 며느리
로, 전날 취재한 마리엘라 선교사님의 새언니였다. 광주란 작은
곳에서 서로 친하게 지내다 사돈이 된 것 같았다.

그녀는 어릴 때는 광주에서 지냈고 평양외국인학교를 다니다 졸업한 뒤 미국에 가서 음악을 전공했다. 그리고 다시 평양외국인학교에 와서 음악 교사를 하다 미국에 가 타마지 선교사의 아들과 결혼하였다. 평생 교회를 섬기며 사시다 몇 년 전 남편과 사별하고 이곳으로 오셨다.

윌슨 선교사님은 네 형제와 두 자매가 있는데 형제 넷은 모두 의사가 되었다. 형제 모두 전 세계를 다니며 의료선교를 했는데, 형은 광주기독병원과 전주예수병원에서 오랫동안 사역했다. 그도 전주예수병원에서 일했다.

존 윌슨 선교사는 초등학교 때까지 광주에서 지내다가 졸업 후 평양외국인학교에 입학하여 1935년에 졸업하였다. 모펫 선교사의 요청으로 1929년에 평양외국인학교에 기숙사가 생겼고 중국과 일본, 한국 등지의 선교사 자녀들이 다니게 되었다. 빌리 그레이엄의 부인 루스 그레이엄이 고등학교 2년 후배라고 했다. 평양외국인학교 시절은 행복하고 즐거웠단다. 농구와 축구, 아이스하키도 즐겼다고 했다. 1935년 떠날 때까지 한국은 그가 태어나고 자란 고향이었다.

그가 기억하는 한국은 일본의 탄압으로 많은 고통을 당하는 모습이었다. 그것이 안타까움으로 남아 다시 한국에 선교사로 지원하게 되었다. 1935년 귀국하여 기독교 대학인 데이비슨 대

학을 졸업했다. 이후 필라델피아 의대와 리치먼드에서 의학 공부를 마치고 소아과 전문의가 되었고, 군의관으로 참전한 뒤 다시 한국을 찾게 되었다.

윌슨 선교사님은 1946년 공군 군의관 시절 수송기를 타고 우리나라에 왔다. 아버지 윌슨이 미 군정의 한센병 고문관이 되었을 때 아버지와 같이 소록도에 근무하면서 우리나라 한센병을 위해 큰 공헌을 했다.

윌슨 선교사는 전주에 와서는 병원에서 일하지 않고 의료 지원이 되지 않는 산에서 일했다. 그는 1960년대 한국의 농촌에서 화장실 개조, 식수원 공급 등 농민들의 낙후된 환경을 개선하고 건강을 증진하는 일에 집중했다. 전 세계에서 유래를 찾아볼 수 없을 만큼 전북 지역 농촌을 변화시켰다. 그는 의사지만 환자 치료에 그치지 않고 환자들의 삶이 변화될 수 있게 도왔다. 지금도 그는 식물 품종개량 연구를 하고 있다. 식량난으로 어려움을 겪고 있는 북한에 보탬이 되려는 것이다.

월슨 선교사님 집에는 그분이 일한 곳이 표시되어 있는 지구본이 있었다. 세계 어려운 곳을 많이 다니시며 의료 선교를 펼쳤음을 알 수 있었다. 한국에도 있었지만 캄보디아와 미국의 탄광촌을 비롯하여 남들이 가기 싫어하는 오지 등을 찾아다니며 선교를 하셨음에 놀라웠다. 지구촌 곳곳을 다니며 하나님의 사랑을 전한 월슨 선교사님. 그분의 열정에 우리 마음도 뜨거워졌다.

Q: 아버지의 사역에 대해 말씀해 주세요.

A: 아버지는 열정적인 분이셨습니다. 굶주리고 아픈 사람들을 그냥 지나치지
못하셨어요. 광주기독병원에서 일하셨는데, 집에 돌아와 점심을 간단히 드시
고 15분 동안 낮잠을 주무신 후 다시 종일 일하셨습니다.

하루는 다리가 없는 한 젊은이가 지팡이를 짚고 바닥을 기어다니는 모습을 보
셨어요. 아버지는 다음 날 그 젊은이에게 대나무로 의족을 만들어 주셨습니다.
아버지는 어머니를 만나기 전에 한국인 고아들과 살며 공부도 가르치셨지요.
그들 가운데 몇몇은 간호사가 되었고 어떤 이들은 병원에서 일하게 되었지요.
한 명은 서울의 한 의과대학으로 진학했어요. 그는 의사가 되어 돌아와 아버지
와 함께 광주에서 일했습니다.

아버지는 교사이기도 했습니다. 직업이 필요한 사람들에게 일거리도 주셨지요.
병원에서 바닥 청소도 하게 했습니다. 이런 식으로 가난한 사람들을 늘 도우
셨습니다. 전쟁 이후 우리 가족은 소록도에서 2년이 조금 안 되게 살았습니다.
소록도에는 한센병 환자가 8천 명이나 있었습니다. 아버지는 아픈 사람들이 너
무 많다며 의대를 설립해야겠다고 하셨습니다. 열두 명에게 의학 공부를 가르
쳤고, 그중 한 명은 애양원 원장이 되었습니다.

Q: 선교사님이 보낸 유년기의 한국 사회는 어떠했나요?

A: 여섯 살 때 함께 놀던 오모기라는 소년이 있었습니다. 오모기는 다섯 번째
모기라는 뜻이랍니다. 아버지가 그 아이의 부친에게 왜 이름을 그렇게 지었는
지 묻자 질병에서 보호하기 위해서라고 했습니다. 그는 여덟 명의 자녀를 두었
는데 이름이 일모기부터 팔모기까지 있었습니다. 마을에 천연두와 같은 유행

병이 돌면 많은 아이들이 병들고 눈이 멀기도 했는데, 한국에서는 천연두를 '손님'이라고 불렀습니다. 악령을 노엽게 하지 않기 위해서였죠. 손님이 마을에 왔을 때 좋은 이름을 들으면 그 아이를 병들게 하거나 죽게 한다고 생각했지요. 하지만 손님이 오모기와 같은 이름을 들으면 더 좋은 대상을 찾아 그 아이를 건너뛸 거라는 것이지요. 당시의 이런 상황이 우리가 한국에 복음을 전해야겠다고 결심하게 한 좋은 예입니다.

Q: 의과대학을 마친 후 한국에 돌아와 무엇을 했습니까?

A: 전주예수병원에서 3년 동안 소아과 과장을 했습니다. 처음에 예수병원에 왔을 때 훌륭한 한국인 의사가 이미 소아과 과장을 하고 있었습니다. 내가 필요하지 않았기 때문에 대신 의료 지원이 되지 않는 전주 북쪽의 산으로 올라갔습니다. 우리는 지프차를 타고 어깨에 멜 수 있는 엑스레이 기계를 가져갔고 발전기도 가져가서 전기가 없는 산속에서도 엑스레이를 찍을 수 있었습니다. 작은 엑스레이 기계는 제가 오사카 세계 박람회에서 산 것이지요.

Q: 한국에서 선교할 때 가장 어려웠던 점은 무엇입니까?

A: 재정적인 문제였습니다. 홀트아동복지회의 말리 홀트가 당시 전주에 있었지요. 우리는 주말에 함께 고아원에서 일했습니다. 한국전쟁 이후 미군 혼혈 아들이 많이 태어났습니다. 고아원들이 곳곳에 생겨났고 사업가의 돈벌이 수단이 되기도 했습니다. 미국 정부는 고아원에서 돌보는 아동 한 명당 한 달 혹은 일주일에 8달러씩 지원해 줬습니다. 많은 사람들이 고아원을 열어 열 명 정도의 아이들을 데려다가 먹이곤 했는데 그리 좋은 일이 아니었어요. 이런 고

아원에서는 아이들이 늘 아팠고 보모는 가끔 고아들의 음식을 가져다가 자기 아이들에게 먹였습니다. 사진에도 보면 고아원 아이들은 말랐는데 보모의 아이들은 크고 뚱뚱합니다. 고아원은 '나쁜 장사'였습니다. 말리 홀트와 저는 고아원에서 많은 시간 일하며 보냈습니다. 우리는 실제로 미국 본부에 의뢰해서 한 고아원을 폐쇄시키게도 했습니다. 그 고아원이 아이들을 굶기며 돈을 벌고 있었기 때문입니다.

Q: 한국에서 사역할 때 가장 보람된 일이 있다면요?

A: 많은 일들이 생각나지만 전주에서 흥미로운 일이 있었습니다. 당시 아기들은 주로 집에서 태어났어요. 아기가 태어나면 할머니가 탯줄을 끊는데, 소독한 도구를 써야 한다는 걸 몰라서 낡고 지저분한 칼이나 가위를 썼습니다. 그래서 많은 아기들은 파상풍에 걸려 입도 열지 못하고 죽어 갔지요. 그들을 치료해 주었습니다.

전주예수병원에는 폐렴이나 장티푸스에 걸린 아기들이 아픈 사람들과 모두 한 방을 썼습니다. 그래서 또 미국에 있는 친구에게 돈이 필요하다고 연락했더니 1000달러를 보내 줬습니다. 그래서 소아과병동을 짓고 아기들을 다른 환자들로부터 격리시킬 수 있었습니다. 돈 있는 사람이 좋은 일을 해 예수병원을 더 나은 병원으로 만든 것입니다.

Q: 3년 동안 한국에서 선교를 하시고 어디로 갔습니까?

A: 캄보디아와 미국의 수많은 빈곤 지역으로 갔습니다. 가난한 사람들이 사는 켄터키의 탄광촌에 가서 진료소를 열고 아이들을 돌보았습니다. 그 밖에도 많은 곳에서 일했지만 기억이 가물가물합니다.

Q: 왜 선교사가 되셨나요?

A: 예수님이 세상으로 나가서 복음을 전하고 병든 자를 고치고 사람들을 가르치라는 명령을 하셨기 때문입니다.

Q: 의사라면 미국에서 유복한 삶을 살 수도 있었는데 한국에 선교사로 가지 않고 미국에 남고 싶은 유혹은 없었는지요?

A: 우리는 모두 유혹을 받습니다. 하지만 우리 삶에서 가장 중요한 것은 예수님의 명령을 따르는 것입니다. 네 형제들과 두 자매들이 있는데 형제 넷은 모두 의사입니다. 자매들은 음악 교사와 간호사로 사역했습니다. 모두들 아버지의 뒤를 따랐지요. 지금 막내 남동생은 알래스카에서 어려운 사람들을 위해 진료하고 있습니다.

2011. 2. 8

16

한평생 사랑과 섬김으로

케니스 보이어·실비아 보이어 Kenneth Boyer · Silvia Boyer

월슨 선교사와 인터뷰를 마치고 오후에 은퇴촌 타운하우스에 살고 계신 보이어 목사님 댁을 방문했다. 우리가 도착하기 전 선교사님 내외 분이 미리 나와 맞아 주셨다. 사랑의 눈빛이 가득 넘쳐나는 분들이었다.

우리를 위해 거실에 선교 사역 자료를 꺼내 놓고 계셨다. 사실 우리는 이분들에 대해 거의 알지 못했다. 나중에 자료를 찾아보니 선교 사역이 한국에 어느 정도 자리잡을 무렵에 왔기 때문에 사람들이 기억하지 못하는 게 아닌가 싶었다.

케니스 보이어 선교사(부계선)는 한국 이름 보이열(Elmer T. Boyer) 선교사님의 아들이다. 아버지 보이열 선교사님은 교육과 의료

담당 선교사로 1926년부터 1965년 은퇴할 때까지 40년 동안 전주와 무주와 순천에서 일한 분이다. 그분은 주로 농촌 순회선교를 하셨다. 순회선교사란, 목회자가 없는 곳에 가서 복음을 전하고 교회를 세우고 지속적으로 돌보는 것이다.

보이열 선교사님은 초기에 전주 신흥학교와 순천 매산학교에서 학생들을 가르치셨다. 이후 일본이 선교사들을 쫓아내자 미국에 계시다가 해방 후 한국으로 들어와 여수 애양원에서 윌슨 선교사님 후임으로 원장을 지내셨다. 그리고 후기에는 대전 지역을 위한 사역을 하셨다.

아들 케니스 보이어 선교사님은 전주예수병원에서 1930년에 태어났다. 한국에서 자랄 때가 2차대전 발발 직전이어서 미국 국무성의 권고로 귀국했다. 그는 미국에서 대학을 졸업하고 신학교를 나와 목사가 되었다. 그 후 1957년 미혼으로 한국에 선교사로 왔다. 처음에는 대전에서 일하며 한국어를 배웠다. 그러던 중 한국에 새로 오는 선교사들을 도우러 가라는 부탁을 받았는데, 그때 아내 실비아를 만나게 되었다.

실비아는 버지니아주 덴버에서 1933년에 태어났는데, 여섯 살 때 부모님이 돌아가셨다. 다섯 살 때 교회에서 한 중국 선교사를 만났는데, 그때 그녀는 예수님을 모르는 중국 사람들에게 선교하러 가겠다고 결심했다. 대학에서 간호학을 공부했으며,

대학병원에서 일하다가 1959년 한국에 오게 되었다.

보이어 선교사님은 실비아와 새로 오는 다른 선교사들이 세관을 통과하도록 도와줬다. 한국에 의료 사역을 하기 위해 온 실비아는 광주로 갔다. 당시 보이어 선교사는 목포에 살고 있었고 실비아 선교사와 결혼하기까지 수년이 걸렸다고 한다. 실비아 선교사가 마침내 프로포즈를 받아들여 광주에서 둘은 결혼했다.

보이어 선교사님은 27년간의 한국 선교 사역을 마치고 귀국했다. 미국에서 보이어 선교사님은 목사로 13년간 일했고, 실비아 선교사님은 돈을 벌어야 했기에 병원 중환자 집중실에서 일했다.

인터뷰를 마치고 보이어 선교사님 부부는 우리의 사역과 우리를 위해 기도해 주셨다. 우리는 그 기도를 들으면서 울고 말았다. 한국을 향한 그분들의 사랑과 사람에 대한 사랑 때문이다. 따뜻한 시간이었고 위로의 시간이었다. 목회하시는 배덕만 교수님은 어떻게 교회에서 사역해야 할지 마음으로 느끼는 시간이라고 하셨다.

Q: 보이어 선교사님, 아버지 보이열 선교사님은 어떤 분이셨나요?

A: 아버지는 미혼으로 1921년 한국에 가셨습니다. 그리고 전주에서 사역하셨죠. 아버지가 신학교에 계실 때 여름에는 캐나다의 보리밭에서 일하고 주일에는 설교를 하셨답니다. 그곳에서 한 소녀를 만났는데 관심이 있으셨죠. 그래서 캐나다에 있는 그 소녀에게 성탄절 기간에 만나러 가고 싶다고 편지를 썼대요. 소녀는 반듯한 성격이라 보호자로 친구를 데리고 나왔고요. 몇 년 후 우리 어머니가 된 여인은 그 보호자였습니다. 아버지는 만나러 갔던 소녀가 아니라 그 보호자와 결혼하신 거죠.

어머니는 중국 감리교 선교사였어요. 당시 중국에서는 공산당이 소란을 일으키고 있었습니다. 번번이 공산당에게 쫓겨나오자 감리교단에서는 그만 사역을 접고 캐나다로 돌아오라고 명했지요. 어머니는 아버지께 캐나다로 돌아간다고 전보로 알렸대요. 아버지는 안 된다고 하시며 상하이에서 만나 결혼하자고 하셨지요. 아버지는 한국을 나와 상하이로 가서 마침내 어머니와 결혼하셨습니다.

해방 후 아버지는 한국에 돌아갈 수 있었고 애양원의 관리자로 임명받았습니다. 여수·순천사건이 일어났을 때 어머니는 미국에 계셨고 항쟁은 제주도에서 시작되어 순천까지 올라왔지요. 아버지는 그 혼란 속에 계셨습니다. 한번은 집 주변에 시체가 너무 많아서 땅에 묻기 시작했대요. 그런데 그때 갑자기 총알이 날아와 시체들을 넣은 구덩이 속으로 뛰어 들어야 했답니다. 무서운 시절이었지만 아버지는 계속 바쁘게 일하셨어요. 당시 아버지의 주 임무는 순천에서 교회를 돌보며 한센병 환자들의 사역을 하는 것이었습니다.

아버지는 1965년 귀국하셨고 이후 목사로 사역하셨습니다. 그러니까 1926년부터 1965년까지 한국에서 사역을 하셨지요. 잊히지 않는 어릴 적 기억이 있어요. 아버지가 예순다섯 군데의 교회를 방문하려 다니셨는데 당시엔 차가 없었기 때문에 흙길을 걸어서 가시는 바람에 발톱이 모두 빠진 일이 있지요.

Q: 실비아 선교사님, 결혼 후의 사역에 대해 말씀해 주십시오.

A: 광주의 간호대학에서 1년간 학생들을 가르쳤습니다. 그 후 우리는 목포로 이사 갔고 섬에서 진료소를 시작했지요. 남편은 섬에 가서 예배를 드렸고, 저는 의사와 간호사들을 데리고 진료소에 갔습니다. 초기 진료소에서 중점을 둔 것은 기생충 문제였습니다. 세계보건협회가 제공하는 의약품을 이용했지요. 예방 접종도 많이 했고 나중에는 소아마비 예방 접종도 했어요. 한국 정부와 세계보건기구와 함께 일했습니다. 섬에 가면 평균적으로 주말에 100명의 환자를 보곤 했습니다. 하루 이틀 동안 보기에는 많은 사람들이었죠. 어떤 사람들은 광주로 데려가 수술을 하기도 했습니다. 그중 일부는 섬으로 돌아갈 수 없을 만큼 위독하기도 했지요.

한번은 다른 섬에 있는 산모가 어려움을 겪고 있다기에 한밤중에 일어나야 했습니다. 가마니를 밟고 개펄을 건너 옆의 섬으로 가야 했지요. 만약 제때 도착하지 못해 돕지 못하면 어떻게 될지 걱정되었습니다. 도착하자마자 신생아의 울음소리가 들렸습니다. 우리는 아기가 문제없이 태어난 것에 감사했습니다. 위기일발의 크고 작은 경험들이 많았지만 하나님이 함께 계셨기에 늘 기도하며 견뎌 낼 수 있었습니다. 기도나 개입을 통해 우리가 한국인들의 필요를 위해 일할 수 있도록 하나님은 돌봐 주셨습니다.

Q: 한국에서 사역하는 동안 가장 어려웠던 점과 가장 보람을
   느꼈던 일은 무엇입니까?

보이어: 한국어를 제대로 못하는 게 힘들었습니다. 격식을 차려야 하는 상황
에서 적절한 언어를 구사할 줄 몰라 애를 먹었죠. 주로 막노동하는 사람들과
지내며 사용하던 언어에 익숙해 있었으니까요. 겨울에는 참 추웠습니다. 몹시
추운 날 밤에 먼 거리를 걸을 때도 있었습니다. 하지만 그런 일들은 금방 지
나갔지요.

한국에서 좋았던 것은 많았는데, 무엇보다 한국인들을 알고 지낸 것입니다. 좋
은 친구들을 사귀었지요. 그들이 없었다면 제 삶은 공허했을 겁니다. 다음으로
는 교회가 성장하는 모습을 보는 것이었습니다. 교회를 쉽게 시작할 수 있는
것도 좋았습니다. 크거나 부유한 교회가 아니며 목회자를 둘 수 없는 상황이어
도 사람들은 나와서 예배드렸습니다. 그야말로 축복이었지요.

실비아: 좋은 일들이 많았습니다. 미혼일 때 간호사 기숙사에서 살았는데 하
루는 일을 마치고 늦게 돌아와 보니 간호사들이 저를 걱정해서 간이침대를 방
에 가져다둔 거예요. 서양인이 바닥에서 자는 것이 불편할 것이라는 생각에서
였죠. 또 간호사 기숙사에는 늘 따뜻한 쌀죽과 보리차가 있었어요. 늦게 들어
오는 저를 위해 그들이 준비해 준 거죠. 그들 덕분에 사역을 계속할 수 있었지
요. 외부인이 와서 이래라 저래라 한다고 생각할 수도 있었을 텐데, 항상 사려
깊게 돌봐주고 공손하게 대해 줬습니다.

Q: 지금의 한국 기독교인들에게 전하고픈 말씀을 해주세요.

보이어: 제가 느끼기에 한국은 미국의 나쁜 습관들을 많이 배운 것 같아요. 기독교인과 비기독교인 모두 우리가 부끄럽게 여기는 것들을 배웠습니다. 이제 한국에는 예전과 같은 고난은 없을 겁니다. 삶은 훨씬 편안해졌죠. 지금은 아마도 대중적인 활동으로 교회를 다니게 되었을 겁니다.

몇 년 동안 저는 한국이 평화롭게 하나가 되기를 기도했습니다. 또한 올바른 정부가 세워져 한국이 진정한 기독교 국가가 되기를 기도해 왔습니다. 한국의 기독교인들은 세계에 퍼져 있습니다. 제 기도제목은 그들이 일상에서 신실함을 유지하는 것입니다. 그들이 어느 나라에서 무엇을 하든지 상관 없이 선교사적인 삶을 사는 것입니다.

실비아: 우리는 노인을 공경하는 한국의 전통문화를 소중하게 여겼습니다. 두세 번 한국을 방문했는데 예전에 비해 젊은 사람들이 연장자를 덜 존중하는 모습이었습니다. 그때와는 다른 형태로 존중하는 것일지도 모르겠군요. 하지만 한국에 올 때마다 현저한 변화가 눈에 띄더군요. 한국에 돌아가 보지 않은 사람들과 이야기해 보면 예전의 한국을 기억하고 변화가 있었다는 걸 모릅니다.

감사한 점은, 한국의 교회들은 여전히 성장하고 있으며 젊은 사람들을 가르칠 수 있다는 것입니다. 그렇게 하는 것이 교회를 계속 성장시킬 것입니다. 남편과 저는 한국 교회가 신실함을 유지할 거라고 생각합니다. 미국의 교회가 신실함을 잃고 아이들을 지도하지 못해 나쁜 본을 보인 것 같아요. 한국 교회와 미국 교회가 아이들을 바른 가치관으로 지도할 때 하나님이 인도하시리라 믿습니다. 한국인들의 소중하고 오랜 유산을 소중히 하길 바랍니다.

17

기도로 하나됨을 실천하는 삶

존 서머빌 John Somerville

보이어 목사님과 인터뷰를 마친 뒤, 춥고 바람이 불었지만 함께 호숫가를 산책했다. 목사님이 사모님을 부를 때마다 "허니"라고 하셔서 참 달콤하게 들렸다. 이토록 다정한 부부는 오랜만에 보는 것 같았다. 대부분 사별하신 분들만 만나다가 사이좋게 노년을 보내고 계신 분들을 뵈니 함께 나이 들어가는 모습이 더욱 아름다워 보였다.

블랙마운틴에서의 마지막 저녁, 처음으로 우리끼리 저녁을 먹었다. 마지막 날이라 선교사님들과 저녁을 먹을까도 했지만 영어가 아닌 한국어로 말하고 싶은 욕구가 컸다. 저녁을 먹고 서머빌 선교사(서의필)를 만나러 갔다. 공부를 많이 하신 분이기에 왠지 철학자의 분위기가 날 것 같았다.

산속에 있는 선교사님의 집은 조용하고 옛스러웠다. 좀 특이하게도 문 열자마자 식당이었고, 그곳에 다양한 한국 물건들이 있었다. 1870년 평양 지도, 오래된 도자기 등이 박물관에나 있을 법한 진귀한 물건들이었다.

인터뷰가 시작되기 전 서머빌 선교사님은 식당과 거실에 있는 그림을 한 점씩 소개해 주셨다. 한국어를 잘하시는 데다가 한자도 많이 쓰셔서 좀 당황했다. 한국어로 인터뷰를 했는데, '무진년생'이라고 하셨지만 정작 우리는 그분이 몇 년 생인지 언뜻 감이 오지 않았다.

서머빌 선교사님은 1928년 사우스캐롤라이나에서 8남매 중 여섯 번째로 태어났다. 부친은 목사님이었다. 그가 태어나던 해 미국에서 대공황이 시작되었고 많은 실직자와 가난한 가정들이 생겨났다. 아버지는 돈이 없어 대학을 갈 수 없으니 자식들에게 어릴 때부터 늘 뭐든 열심히 하라고 말씀해 주셨단다. 그 말씀에 따라 열심히 한 결과 모든 자녀들이 대학에서 장학금을 받고 공부하게 되었다. 가난이 뭔지 알았고 가난에 대한 체득이 선교 현장에서 도움이 되었다고 하셨다.

서머빌 선교사님은 대학에서 화학을 전공하고 신학을 공부하러 대학원에 진학했다. 그의 동생은 한국전쟁에 참전했다. 북

한 군인들과의 충돌로 다쳤는데 처음에는 가벼운 부상인 줄 알았다고 한다. 그러나 얼마 뒤 동생은 일본의 한 병원에서 세상을 떠나고 말았다. 이 일을 계기로 신학교를 졸업하기 3개월 전 한국에 가기로 했다고 한다. 동양에 대해선 아무것도 모른 채 한국에 온 것이다.

1954년 2월 그는 한국에 도착했다. 그리고 목포에 가서 1년 반 동안 한국어를 배웠다. 운 좋게도 동갑 친구를 사귀어 생각보다 쉽게 배울 수 있었다. 목포에서 한국어를 배우고 주말이면 전도하러 다녔다. 섬에 다니며 전도하고 사역을 하면서 한자를 배워야겠다고 생각했다. 안식년을 미국에서 보내고 1959년부터 성균관대학교에서 공부하여 석사 학위를 받았다. 이후 사역을 하다 1964년 귀국, 하버드 대학교에서 한국 역사와 언어를 전공하며 석사·박사 학위를 마쳤다. 우리가 공부를 계속한 까닭을 묻자 선교할 나라의 역사와 철학을 알아야 복음을 제대로 전하고 선교를 제대로 할 수 있기 때문이라고 했다.

서머빌 선교사님은 한국어에 능통해 통역이나 번역 등 중요한 일을 늘 돕곤 하셨다. 그것은 한국에 대한 사랑 때문이었는데, 그런 열정은 그가 한국 언어와 문화를 깊이 이해하는 데 한몫한 것 같았다. 서머빌 선교사님이 사역할 당시 한국은 인권 탄압이 자행되고 민주주의가 억압당하는 상황이라 힘든 점이 있었다고 계속 말씀하셨다. 이승만 집권기를 지나 박정희 독재 시대와 전두환·노태우 시대 그리고 광주민주화항쟁에 이르기까지 그는 한국의 혼돈의 역사와 함께하며 아픔을 느낀 듯했다. 인터뷰 도중 눈물을 보이시며 인권 탄압의 현장에서 느끼던 아픔을 이야기하셨다.

그는 1953년 결혼하여 부인과 함께 사역했다. 특히 그의 부인은 한국 선교 역사에 대한 자료를 많이 모았고 그것을 정리하여 한남대학교와 호남신학대에 기증했다. 안타깝게도 부인은 몇 년 전 소천하셨다. 이만열 교수님은 사모님이 정리한 자료들이 어떻게 활용되고 있는지 궁금해하셨다. 지금 한남대학교가 공사 중이라서 공사가 끝나면 귀한 자료들을 볼 수 있지 않을까 생각된다. 교수님은 1994년까지 한남대 사학과에서 학생들을 가르치다 귀국했다.

인터뷰를 하며 서머빌 선교사님이 가끔 깜빡깜빡 하신다는 것을 알게 되었다. 예기치 않게 인터뷰가 다른 이야기로 흐를 때가 있었다. 그럼에도 한국에 대한 그분의 헌신과 배우려는 의욕과 열정은 내내 잊지 못할 것 같다.

그날 밤 숙소로 들어와서 짐을 싸기 시작했다. 잠이 오지 않았다. 블랙마운틴에서의 마지막 밤이 지나고 있었다.

Q: 한국에 와서 어떤 일을 하셨나요?

A: 하버드 대학교에서 공부를 마치고 1968년부터 대전대학(현 한남대)에서 학생들을 가르치기 시작했어요. 머리가 좋은 학생들이지만 공부를 제대로 하지 못해서 그들을 위해 매일 기도했고 대화도 많이 나눴습니다. 1960년대 독재정권 아래서 학생과 부모, 선생님들과 농민들이 많은 고생을 했죠.

저는 목포의 인권위원회 멤버였어요. 아침마다 일어날 때 시내에 있는 경찰서에 연락해서 간밤에 학생들이 잡혀 왔는지 물어보고 그들을 위해 일하기 원했지요. 한국을 떠날 때까지 인권위원회 일원으로서 한 일이 별로 없었지만요.

매일 '하나님, 이 민족은 큰 고생을 겪고 있습니다. 독재정권을 어서 속히 해결해 주십시오'라고 기도했어요. 아침뿐 아니라 학생을 가르치는 시간에도 기도드렸죠. 하나님의 도움 없이 무슨 희망이 있겠습니까.

지금 한국 사정은 그때와 비교할 수 없을 정도로 민주주의도 발전했고 경제도 좋아졌죠. 그러나 북한은 아닙니다. 제가 1995년부터 조선의 그리스도인 벗들로 북한에 갑니다. 여러분은 매일 북한을 위해 기도합니까? 천국 가기 전에 통일된 한국을 보길 소망합니다. 하나님께 그렇게 매일 기도합니다.

Q: 왜 그렇게 한국어와 한국 문화에 대해 배우려고 하셨습니까?

A: '컬처 바운드'라는 말이 있지 않습니까. 미국 사람은 외국에 가도 미국식으로 하고, 어학을 배우지도 않고, 사역하는 것을 말합니다. 난 될 수 있는 한 한국 사람처럼 어학, 철학, 역사를 배우길 원했어요. 지금도 계속적으로 배우고 있지만 죽을 때까지 배워야 할 것이 많습니다. 그래서 좀더 공부해야겠다고 생각해서 1964년부터 하버드 대학에서 공부해서 석사·박사 학위를 받았어요.

유명한 뭔가가 되려고 그런 것이 아니라 하나님께서 복음을 전파하라고 하셨으니까 그 복음을 더 잘 전하기 위해 한국의 역사, 철학 모두 다 배워야 된다고 했습니다.

Q: 40년 선교 사역을 마치고 은퇴하셨는데, 그동안 힘들었거나 보람 있었던 점은 무엇입니까?

A: 대전대학에서 가르칠 때, 우리 학생들은 다 가난했지만 굳은 신앙이 있었어요. 매일 아침 성경 읽고 기도했습니다.

언어를 배우는 것이 힘들었습니다. 어떻게 하면 학생들을 더 잘 가르칠 수 있을까 고민했어요. 학생들의 비판의 목소리에도 귀 기울였습니다. 어떤 선생님은 학생들의 이야기를 듣지 말라 했지만, 비판적인 이야기를 듣지 않으면 향상되지 않습니다. 감사한 것은 외국 사람들이 좋은 일을 하려는데 부족한 면이 있으니 한국 사람들이 더 기도하게 되는 것이지요.

Q: 저희에게 한 말씀 해주시면 좋겠습니다.

A: 많은 어려움 속에서도 저희는 학생들을 위해 매일 기도하고 학교를 위해서도 기도했습니다. 하나님 앞에 학생들 이름을 하나하나 불렀지요.

아마도 복음을 전파할 때 어려움이 많을 겁니다. 그런데 어려움 때문에 다른 곳으로 가지 마십시오. 하나님이 하시는 말씀을 잘 듣고, 질문할 거리가 있으면 하나님 앞에 질문하세요. 목사나 박사 학위 받은 사람이라도 완전한 사람이 어디 있습니까? 우리는 모두 부족합니다. 우리 모두 하나님의 종이라는 마음으로 기도하며 나아갑시다.

3부

—

한국 선교의 진원지를 찾아서

18

전라도 복음화의 산실, 유니온장로교 신학교

선교사님들과 인사도 못 하고 새벽에 블랙마운틴을 떠났다. 우리의 떠남은 조용했다. 앞으로 며칠간 우리는 미국과 한국의 선교 사역에 대한 자료를 모으러 다닐 것이다. 한국 선교와 연관된 남장로회 대표 신학교인 유니온장로교 신학교, 북장로회 대표 신학교인 프린스턴 신학교, 북장로회 자료들이 모여 있는 아카이브(기록보관소), 감리교 대표 신학교인 드류 대학교와 아카이브, 언더우드 선교사가 다닌 뉴브런스윅 신학교를 방문할 예정이다. 그리고 프린스턴에 계시는 모펫 주니어 선교사를 인터뷰하는 것을 끝으로 모든 일정이 마무리된다.

이제부터는 차로 이동하기로 했다. 블랙마운틴에서 뉴욕까지 차로 이동하고 일정을 마친 후 샌프란시스코로 가서 입국할 예정이다. 옛날 선교사들이 샌프란시스코에 모여 한국으로 갔듯, 우리도 그 궤도를 따라 한국에 들어갈 것이다. 그 사이 배는 비행기로 바뀌었다.

블랙마운틴과 차로 여섯 시간 정도 떨어진 곳에 있는 리치몬드 유니온장로교 신학교. 유니온장로교 신학교는 미국이 남북으로 나뉘었을 때 남쪽의 중심 역할을 했으며 남장로회 본부가 있던 곳이다.

이 신학교는 한국과 인연이 깊다. 200여년 역사를 지니고 있으며 한때는 남부에서 이곳에서만 신학박사 학위를 받을 수 있었다. 초창기 한국 선교사 중 70여 명(가족 포함)이 이곳 출신이다. 특히 전라도 지역 선교사들 대부분이 이곳 출신으로, 전라도 복음화에 결정적 도움을 주었다.

유니온장로교 신학교는 빨간 벽돌 건물에 고풍스럽고 조용했다. 200년 만에 처음으로 흑인 총장이 위임되었다고 한다. 전체 학생이 300명 정도인데 그중 한국인이 열명 정도라고 한다. 총장님을 만나 한국에 보낸 선교사들로 인해 한국 교회가 부흥했으며 한국 기독교가 발전했음에 감사의 인사를 드렸다. 총장님은 그때나 지금이나 말씀에 근거해서 학생들을 가르치고 있다고 하셨다. 당시 아시아 여러 나라에 선교사를 파송했고 그중 한국

에서 열매가 많이 열린 것이 오히려 감사하다고 하셨다.

　유니온장로교 신학교 총장과 인터뷰를 할 수 있게 도와주신 분은 이승만 박사님이다. 이 박사님은 이곳 유니온장로교 신학교에서 12년 동안 학생들을 가르쳤고 지금은 교내에 있는 아시아 선교센터(Asian Ministry Center)를 맡고 계신다. 이 박사님은 25년간 미국 장로교 총회 세계선교부(PCUSA)에서 일하셨는데, 그 가운데 중동 선교 책임자로 7년, 아시아 선교 책임자로 7년, 그 후 10년을 세계 선교부의 부총재로 계시다 미국 장로회 전체의 총재까지 역임하셨다. 미 장로회는 미국의 주류 교단이고 한 번도 아시아인이 총재 자리에 오른 적이 없는 자리였는데 미국 기독교의 수장을 하셨다니 놀라웠다.

이 박사님은 미국 선교사의 희생에 의해 지금 이 자리까지 왔다고 겸손히 말씀하셨다. 박사님의 할머니가 미국 선교사에 의해 장로교 교인이 되었고 후에 전도사가 되었고, 아버지도 목사가 되었고, 이 박사님이 그 뒤를 이어 3대째 목사가 된 것이다.

이 박사님은 젊은 시절 한국에 와 피와 땀을 흘리며 희생하셨던 선교사님, 그리고 그 선교사님과 함께하며 희생을 배웠던 한국 지도자들로 인해 지금의 한국 교회가 가능하게 되었다고 하셨다. 그러면서 한국 교회가 지금은 희생을 통해 땀 흘렸던 첫사랑을 잃어버린 게 아닌가 걱정하셨다.

세계 곳곳으로 선교사를 파송했던 유니온장로교 신학교에와 한국 교회가 잃어버린 것은 무엇인지 다시금 고민에 빠졌다.

이번 여행에 많은 도움을 주신 이승만 박사(오른쪽에서 두 번째) 내외분과 함께

19

언더우드 선교사의 모교, 뉴브런스윅 신학교/
미 장로교의 자료를 한 자리에, 장로회 기록보관소

언더우드가 다니던 뉴브런스윅 신학교에 왔다. 얼마 전에 눈이 와서 사방이 흰 눈으로 덮여 있었다. 미국 최초 신학교 중 하나로 수많은 선교사들이 전 세계로 나가 각 나라 기독교 역사를 만드는 데 공헌한 학교다. 200년이 넘는 전통 있는 학교로 조용하고 학구적인 분위기였다.

총장님과 인터뷰를 했다. 목회를 하시는 분인데 올해로 6년째 총장을 맡고 계셨다. 온화한 성품에다 공손한 매너로 우리와의 만남을 기뻐했다. 특히 이 학교는 한국인과 다양한 관계로 만남을 이어 가고 있었다. 한국과의 관계를 위해 언더우드 동영상을 제작하는 등 많은 부분에 신경을 쓰고 있었다. 많은 한국

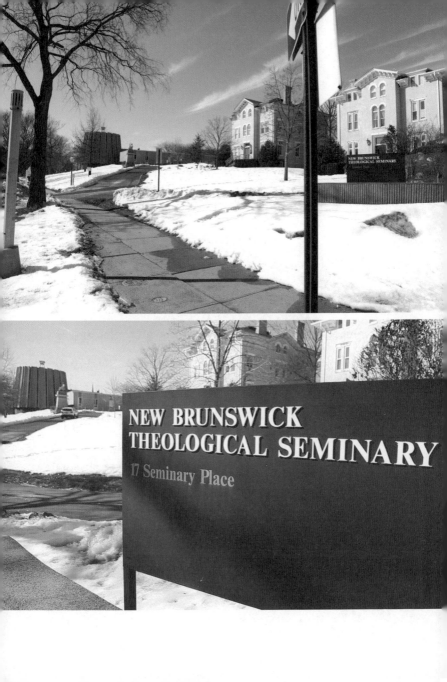

신학생들이 유학을 오고 있어서인 듯했다. 이제 한국 학생들이 미국 신학교의 주요 고객이 되다 보니 동양인들에게 학교 소개를 하는 것이 당연하게 여겨지는 듯했다.

언더우드는 이 학교에 잘 적응하지 못했다고 한다. 한국 선교사로 나가려 했을 때 그다지 적극적으로 받아들여지지 않았고 학교와의 관계도 썩 원활하지 않았다고 한다. 하지만 그가 한국 기독교에 지대한 영향을 미쳤고, 한국 교회나 한국 학생들이 학교를 많이 찾다 보니 학교에서도 그를 대표선수로 내세우고 있었다.

학교에서는 처음에 언더우드에 대해 잘 몰랐으나 언더우드가 한국에 지대한 영향을 준 것을 25년 전부터 알게 되었다고 한다. 그때부터 언더우드에 대한 학교의 평가가 달라졌고 그것이 학교에 좋은 영향을 주었다고 한다. 언더우드가 파송될 당시 한국뿐 아니라 중동, 중국, 일본, 인도 등 다양한 나라에 학생들을 선교사로 보냈는데. 그때 파송된 선교사들의 열매로 이제는 함께 기독교를 부흥시켜 나갈 수 있어서 좋다고 하셨다. 또 이제는 아시아와 아프리카 크리스천들에게서 배우는 것도 많아졌으며, 서로를 향한 배움이 새로운 뉴브런스윅 신학교를 만들어 나갈 것이라고 덧붙이셨다.

오후에는 언더우드가 대학 때 다니던 교회에 갔다. 학교 바로

앞에 있는데 아름다운 흰색 건물로, 한인 교회와 함께 사용하는 듯했다. 강대상 뒤쪽으로 여러 방이 있어서 다양한 활동들이 이뤄질 수 있게 지은 것이 보기 좋았다. 위층은 넓은 홀로 여러 행사를 할 수 있도록 설계되어 있었다.

뉴브런스윅 신학교를 뒤로하고 우리는 장로회 기록보관소가 있는 필라델피아로 갔다. 기록보관소는 1852년 처음 문을 열었고 지금 건물은 1967년 개관한 건물이라고 한다. 이 아카이브를 위해 장로교 역사학회가 설립되어 장로교의 자료와 공식 교

장로회 기록보관소

회 자료들을 모두 모았다고 한다. 그런데 우리가 방문한 날이 마침 박물관에서 1년에 두 번 문을 닫고 대청소를 하는 날이었다. 다행히 유니온장로교 신학교 총장님을 만날 수 있게 주선해 준 이승만 박사님이 미리 전화를 해주셔서 내부를 볼 수 있었다.

위층은 자료를 열람하기 위해 신청하는 공간이고 아래층에는 자료가 보관되어 있다. 자료마다 고유번호가 있고 국가와 연도별로 다양한 자료들이 잘 분류되어 있었는데, 전 세계에 나가 있는 선교사들이 보낸 자료들을 모두 보관하고 있었다. 자료의

변질을 막기 위해 진동, 온도, 수분의 변화가 없도록 세심히 관리하고 있었다. 그런 시스템에 우리는 놀랐다. 방대한 자료도 대단하고 그렇게 세심하고 체계적으로 보관하고 분류하여 사람들이 쉽게 찾아 볼 수 있게 한 것도 대단했다. 우리의 100년 전 선교 역사가 그곳에 고스란히 살아 있었다. 전쟁 통에 많은 자료가 유실되고 불타서 없어진 우리의 현실이 더욱 아쉬웠다.

20

이름 없는 면류관을 향해

사무엘 모펫 주니어 · 아일린 모펫 Samuel Moffett Jr. · Eileen Moffett

사무엘 오스틴 모펫 선교사는 그간 많이 들어 왔던 분이다. 마포삼열이란 한국 이름이 더 익숙할 만큼 그가 남긴 한국에서의 업적은 크다. 오늘 만나 뵙는 분은 마포삼열의 셋째 아들 사무엘 모펫 주니어다.

그의 아버지 마포삼열 선교사는 언디우드와 아펜젤러와 함께 초기 선교사를 대표하는 한국 기독교 역사의 큰 어른이다. 그는 한국 장로교의 첫 신학교인 평양신학교를 세우고 일곱 명의 목회자를 배출했다. 그리고 숭실대학교와 평양외국인학교 및 평양 장대현교회를 세웠다. 초기 선교사들이 주로 서울에서 사역할 때 과감하게 평양과 의주로 와서 사역을 했다. 돌에 맞고 내어 쫓김을 당하면서도 그는 평양을 포기하지 않고 선교의 구심점으로 만들어 나갔다. 온유한 성품으로 많은 사람들을 품었고, 항일운동을 뒷받침하다 추방당했다. 사실 로스앤젤레스 인근에 있는 넷째 아들 하워드 모펫을 만나고 싶었으나 건강상 어려움이 있어서 만나지 못했다. 하워드는 대구 동산병원에서 원장을 하며 40여 년간 의료선교사로 사신 분이다.

사무엘 모펫 주니어는 1916년 평양에서 태어났다. 어머니가 젖이 나오지 않아 한국인 유모의 젖을 먹고 자랐다고 한다. 18세까지 평양외국인학교에서 공부하고 미국의 위튼 대학과 프리스턴 신학교에서 학위를 받았다. 그리고 목사 안수를 받고 예일 대학교에서 박사학위를 받았다. 처음에는 고대 희랍어를 연구하는 학자를 꿈꿨으나 설교를 하면서 선교사로 살겠다고 결심하게 되었다. 중국에서 4년간 선교사로 있다가 다시 한국에 와서는 안동과 서울에 머물면서 교회를 개척하거나 여러 교회들을 다니며 설교를 했다. 아버지의 뒤를 이어 장신대에서 학생들을 가르쳤고 26년간 한국에서 봉사했으며, 이후 1981년부터 미국 프리스턴 신학교에서 선교학 교수로 계신다.

우리는 모펫 선교사 부부가 살고 있는 프린스턴 홈타운에 찾아갔다. 고급스러운 실버타운으로 지하에는 수영장을 비롯한 운동 시설이 있었다. 그리고 1층에는 세 개의 식당과 도서관이

있었다. 기증받은 책으로 가득 찬 도서관에서는 사랑방처럼 담소도 나누고 피아노 연주도 할 수 있다고 했다.

우리는 3층에 있는 집으로 안내되었다. 두 개의 거실과 부엌 그리고 몇 개의 방이 있는 아름다운 집이었다. 한국의 그림과 병풍, 1800년대 평양 지도, 명성황후가 결혼식 때 입었던 옷감 등 다양한 한국사의 자료들이 우리를 반겼다. 특히 도자기 스탠드는 우리나라 청자와 비슷했다. 고급스러운 한국 그림들과 한국적 인테리어가 인상적이었다. 방 하나에는 한국 자료들로 가득 차 있는데 희귀본 자료들은 프린스턴 신학교에 기증해서 지금 디지털 작업을 하는 중이라고 했다. 역사적 자료에 관심이 많던 아버지와 함께 한국의 초기 기독교 자료를 많이 구입했다고 했다. 또 여러 선교사들이 은퇴하면서 모펫 선교사님께 자료를 넘겨 주기로 했단다.

먼저 모펫 선교사님과 인터뷰를 했다. 곧 96세가 된다고 하셨는데 몇 년 전 촬영한 영상과는 많이 달라 보이셨다. 앉았다 일어서는 것이 쉽지 않아 보였고 손도 많이 떠셨다. 무엇보다도 옛날의 기억들이 희미해져 가는 것 같았다. 좀더 일찍 찾아뵈었어야 했는데 많이 아쉬웠다. 우리와 이야기를 하다가 무슨 질문인지 모펫 선교사님이 잊어버릴 때마다 옆에서 아일린 사모님이 다시 물어보고 우리에게 대답해 주셨다.

모펫 선교사님은 한국 사람들과의 만남을 좋아하셨고 학생들에게 한국의 역사를 알려 주고자 하셨다. 우리는 선교사님에 이어 사모님과도 인터뷰를 했다. 사랑스럽고 현명하신 분이었다. 두 분은 열 살 차이였다. 그녀는 대학원 시절 1년간 레바논의 베이루트에서 선교사로 봉사하다 다시 프린스턴 신학교에 왔는데 마침 거기서 중국에서 추방당한 모펫 선교사를 만났다고 한다.

그녀는 대학원을 졸업하고 한국전쟁이 끝난 뒤인 1956년, 한국에 와서 모펫 선교사님과 연동교회에서 결혼했다. 안동과 서울에서 많은 사역을 했는데 사역과 더불어 사람들과 교제할 수 있었던 것이 감사와 기쁨이었다고 한다. 그녀는 1959년부터 장신대 학부에서 영어를 가르쳤다. 황화자, 주선애, 이광순 등 자매들과의 교제와 동역이 그녀를 행복하게 했다고 한다.

아일린 선교사님은 수십 년 전부터 지금까지 한국 기독교 역사를 모으고 정리하는 작업을 하고 계신다. 선교사들이 언제 어디서 어떤 일을 했는지 정리하는 작업은 의미 있는 일이다. 누가 우리의 역사를 이렇게 알뜰하게 모으고 정리해 주겠는가? 그녀는 이 작업을 자신의 소명이자 하나님이 주신 의무라고 생각하는 것 같았다. 이분들이야말로 이름 없는 면류관을 향해 나아가는 분이었다.

아일린 사모님이 한국을 사랑하시는 것이 마음으로 느껴졌다.

1800년대 평양 지도를 보며 설명하는 모펫 선교사

한국 사람들과 성경공부 하는 것이 참 좋았는데 남편이 은퇴하는 바람에 미국에 올 수밖에 없었던 것을 퍽 아쉬워했다.

그들은 아버지의 삶을 보며 선교사의 삶이 얼마나 힘든 일인지 알면서도 선교사가 되었다. 미국에서 편안한 삶을 누리지 않고 그들은 한국과 한국 사람에게 자신의 재능을 나눠 주었다. 그리고 우리 역사를 기억하고 우리에게 알려 주려고 지금도 노력하고 있다.

명성황후가 헤론 선교사 부인에게 하사한 제례복의 일부가 액자에 담겨 벽에 걸려 있다.

구한말 우리나라의 태극 문양이 그려진 공책

Q: 모펫 선교사님, 아버지이신 마포삼열 선교사님 사역의 모토가 어떤 것이었는지 말씀해 주세요.

A: 아버지 삶에서 가장 중요한 사건은 네비우스와의 만남이었던 것 같습니다. 아버지가 서울에 온 지 몇 달 안 되었을 때 네비우스 선교사가 찾아왔습니다. 네비우스가 오늘날 네비우스 선교 정책이라고 불리는 방법론을 설명했습니다. 그것은 3자(自) 이념과도 같은 것이죠. 한국인의 재정 자립, 한국인에 의한 교회와 장로교 치리(治理), 그리고 한국인에 의한 복음화였습니다. 그중 한국인에 의한 복음화가 가장 중요합니다. 선교사에 의한 것이 아니라 한국인에 의한 복음화입니다.

아버지는 한국인들과 협력하지 못하는 선교사는 좋은 선교사가 될 수 없다고 말씀하셨습니다. 아버지는 도움을 주는 한국인들을 매우 의지하셨습니다. 선교 초기에 아버지는 한국어가 서툴렀기 때문에 실제로 한국인들이 거의 모든 일을 했습니다. 그 후 아버지는 한국어를 열심히 배웠고, 한국 교회가 자립하도록 도왔습니다. 한국인 스스로 교회를 이끌 수 있게 되면 하나씩 넘겨주셨지요.

Q: 모펫 선교사님은 선교사가 되고 싶어서 선택하셨나요?

A: 저는 선교사가 되고 싶지 않았습니다. 제가 여섯 살 때 어머니께서 라틴어를 가르쳐 주시고 일곱 살 때 그리스어를 가르쳐 주셨습니다. 그것도 코이네가 아닌 고대 희랍어였지요. 후에 저는 위튼 대학에서 고대 희랍어를 전공했습니다. 아마도 어머니의 그 가르침 때문인 것 같습니다.

위튼 대학 2학년 때까지만 해도 졸업하면 고대 희랍어 교수가 되겠다고 했습니다. 당시 형 찰스가 어느 작은 마을에 선교사로 있었지요. 그런데 어느 날 형이 인도 선교사로 가겠다며 여름 동안 대신 설교를 해달라는 거예요. 저는 설교를 준비할 줄도 모른다고 했더니 성경 구절을 찾아서 그 말씀이 제게 주는 세 가지 강조점을 찾으라는 거예요. 그러면 세 번 설교할 수 있는 주제가 나온다는 거죠. 성경으로 직접 설교하라며 할 수 있다고 하더군요.

그 여름이 끝나갈 무렵 저는 설교를 하는 것이 고대 희랍어보다 더 중요할지 모르겠다는 생각이 들었어요. 그래서 프린스턴 신학교에 갔고 그곳에서 좋은 교육을 받을 수 있었습니다.

Q: 모펫 선교사님, 처음에 중국으로 선교지를 선택하게 된 계기가 있었나요?

A: 저는 한국에는 가지 않겠다고 했습니다. 아버지가 하셨던 만큼 잘할 수 없기 때문이었죠. 중국에 가게 된 계기는 신학교에 다니고 있을 때 한 선교사님이 오셔서, 중국에 예수님을 모르는 사람들이 더 생겨나기 전에 빨리 중국으로 가야 한다고 시계를 보여 주며 설교를 했어요. 중국에 선교사가 절실히 필요하다기에 중국으로 가기로 했습니다. 한국으로 가기엔 아버지의 옷이 제게 너무 컸죠.

4년 동안 중국에 있었는데 결국 인민재판을 받고 나서 출국당했습니다. 그 후 미국에서 2~3년을 보낸 뒤 1955년 한국에 가게 되었습니다. 아버지가 한국에 갔을 땐 사람들에게 돌을 맞으셨지만 제가 한국에 갔을 땐 화환을 받았지요.

Q: 모펫 선교사님은 몇 년 동안 한국에 계셨고 어떤 일을 주로 하셨는지요?

A: 26년 동안 한국에 있었습니다. 처음에는 한국어를 다시 배우기 위해 서울에 갔습니다. 거의 다 잊어버린 언어를 마흔 살이 되어 다시 배운다는 게 참 힘들 었습니다. 이후 서울을 오가며 안동에서 사역을 시작했는데, 전쟁 직후였기 때문에 저 말고는 차를 가진 사람이 없었습니다. 한국전쟁 이후 목사들이 현저히 줄었기 때문에 저는 그 차를 타고 100군데의 교회를 다니며 설교를 해야 했습니다. 한국인 동역자가 함께 다녔고 그의 도움을 많이 받았습니다. 지금의 아내가 저보다 1년 뒤 한국에 오는데, 우리는 결혼하고 함께 사역을 했지요.

Q: 모펫 선교사님, 한국에서 사역할 때 어려움은 어떤 것이 있었습니까?

A: 교회가 갈라섰을 때 힘들고 마음이 안 좋았습니다.

Q: 아일린 선교사님은 한국 교회의 교단 분열이 있었을 때, 어떻게 보았는지요?

A: 큰 분열은 1953년쯤 있었던 것 같아요. 분열이 결정된 대전 총회에 다녀오는 남편을 만나기 위해 서울역에 갔던 기억이 납니다. 남편은 교단 분열 때문에 무척 슬퍼하고 있었어요. 그동안 한국 교회는 많은 힘든 일들을 겪어 왔어요. 일본이 교회와 기독교인들을 박해했고, 남북분단으로 혼자 북한에서 내려온 사람들의 문제가 있었습니다. 미국에는 배우자가 7년 이상 연락이 되지 않

으면 사망한 것으로 간주하고 재혼할 수 있는 법이 있습니다. 하지만 한국 교회에는 그런 법이 없었지요. 따라서 몇 년이 지나도록 배우자가 살아 있는지 알지 못하고 결혼했을 때 교회에서 의견 마찰이 있었습니다. 재혼한 남자를 계속 교회의 일원으로 받아들여야 하는지, 장로 임명을 받을 수 있는지에 대해 의견이 분분했습니다.

어려운 결정 사항들이 많았고 모두 다른 입장이었습니다. 전쟁의 결과로 일어난 일들이 많았습니다. 남편은 세계교회협의회(WCC)에 소속되어 있을 것을 주장했지요. 그러나 어떤 사람들은 세계교회협의회가 성경에 충실하지 않다며 탈퇴하길 원했습니다. 그래서 일부는 세계교회협의회에 남았고 나머지는 떠났습니다.

Q: 교단 분열이라는 비극적인 역사가 있었음에도 한국 교회는 여전히 분열을 반복하고 있습니다. 아일린 선교사님, 이러한 문제에 대해 한국 교회에 전하고 싶은 말씀이 있나요?

A: 우리는 한국 교회를 위해 매일 기도합니다. 한국 크리스천들도 기도하고 있음을 압니다. 비록 분열되었을지라도 서로에게 다가서려고 노력해야 합니다. 모든 것에 동의하진 못해도 그리스도 안에서 한 형제자매라는 것을 인정해야 합니다. 때가 되면 다시 하나가 될 수도 있습니다. 하지만 무엇보다 예수님께 충실할 것과 성경 읽기를 강권합니다. 기도 생활, 성경공부, 이웃 사랑, 헌신적인 교회 섬김 등 신실한 기독교인의 삶의 모습을 다른 나라에 계속 보여 주십시오.

Q: 아일린 선교사님은 어떻게 한국 교회에 대한 자료를 수집하게 되었습니까?

A: 전쟁 후 중요한 자료들이 발간되기 시작했습니다. 남편은 역사적 기록들을 보존하고 싶어서 서울에 있는 서점들을 다니며 자료를 수집했습니다. 1919년 독립운동 당시 투옥된 적이 있는 한 한국 여성이 함께 다니며 가치 있는 자료들을 찾는 데 도움을 주셨습니다. 남편은 아버님의 편지들을 많이 수집했고, 저는 아버님의 편지와 다른 중요한 자료들을 컴퓨터에 입력하는 작업을 계속했습니다.

Q: 아일린 선교사님, 한국에서의 선교사역 은퇴 후 어떠했나요?

A: 당시 파송 선교단체가 정한 정년 퇴임은 65세였습니다. 남편이 65세가 되었을 때 프린스턴 신학교에서 오라는 요청이 있었어요.

남편은 미국에 와 신학교에서 학생들을 가르쳤지만 저는 이곳에서 맡은 역할이 없었습니다. 한국에서는 성경구락부 본부장을 맡아 6년이나 바쁘게 활동했는데 말입니다. 저도 뭔가 할 것이 있을 거라고 생각했습니다. 두세 가지 일들을 하기로 했죠. 먼저 프린스턴 신학교 도서관에 있는 좋은 자료들을 사람들이 알지 못한다는 걸 알았습니다. 그래서 초기 선교에 대한 문서들을 살펴보기 시작했어요. 한국에 대한 자료는 모두 복사해서 연대순으로 공책에 정리하고 어느 문헌에서 나온 자료인지 적어 뒀습니다. 언젠가는 이것들이 한국에 유용한 자료가 될 거라고 생각했지요. 도서관에서 자료를 모으는 일도 계속했습니다. 또한 프린스턴 신학교 학생들이 교수들과 소통하고 싶어 한다는 걸 알았습니다. 그래서 우리 집을 세계 전역에서 온 학생들을 위해 열어 두었습니다. 우리는 많은 학생들을 접대했지요.

Q: 아일린 선교사님, 한국 교회사에 대한 소중한 자료들도 많이 수집하셨다고 들었는데, 편지들 외에 또 어떤 자료들이 있습니까?

A: 남편이 아펜젤러 박사가 쓴 배재학당에 대한 초기 보고서를 발견했고, 초창기 사진들도 많이 찾았습니다. 이런 자료들을 어디에 보관해야 한국의 동료들이 접하기 쉬울지 고민했습니다. 장신대의 신학도서관에 둘까 생각했습니다. 하지만 당시엔 그곳에 아카이브가 없었습니다. 그리고 클라크 박사가 자신이 갖고 있는 자료를 장신대에 기증한다고 하셔서 우리가 가진 자료는 프린스턴 신학교에 두기로 했습니다. 그러면 자료를 볼 수 있는 곳이 한국과 미국 두 군데가 되는 것입니다. 앞으로 이곳에 있는 거의 모든 자료를 디지털화할 것입니다. 남편과 제가 수집한 자료도 온라인으로 볼 수 있으리라 기대합니다.

Q: 모펫 선교사님, 한국의 기독교인들에게 전하실 말씀은요?

A: 하나님을 사랑하라는 것, 성경을 읽지 않고는 하나님을 알 수 없다는 것, 성경으로부터 권세를 받으라는, 교회가 분열되지 않게 하라는 것, 서로 등지지 말라는 것 등입니다. 하지만 그러기는 쉽지 않습니다. 그래도 이웃을 사랑해야 합니다. 만약 갈라서게 된다면 가능한 한 서로에게 정중하게 대하십시오. 상대방의 의견이 나와 다르다 해도 그의 신앙을 존중하십시오.

21
언더우드를 한국에 파송한
라파예트 애비뉴 장로교회

오늘은 언더우드가 다녔던 교회에 가서 주일 예배를 드리기로 했다. 오전에 짐을 챙겨 프린스턴과 한 시간 반 정도 떨어진 뉴욕에 왔다. 이곳저곳을 다니면서 받은 책들로 짐이 많아져 샌프란시스코로 떠나기 전 가방을 구입해야 했다.

라파예트 애비뉴 장로교회는 크고 멋졌다. 특히 스테인드글라스가 아름다웠다. 이곳 스테인드글라스는 매우 유명해서 구경하러 오는 사람들이 있을 정도라고 한다. 한때는 1000명이 넘는 성도들로 북적였지만 지금은 150명 정도가 모인다.

예배는 흑인과 백인이 함께 드리는데 대부분이 흑인이었다. 내 옆에 젊고 예쁜 백인 아가씨가 있었다. 그녀가 유일한 젊은이

로 보였고 대부분 노년층이었다. 교회가 늙어 가는 걸 볼 수 있었다. 예배 중에 교인들이 간증도 하고 기도제목을 말하는 게 인상적이었다. 지난번 남장로회 예배와 달리 이곳에서는 흑인풍의 찬양을 들을 수 있었다. 리듬에 맞춰 찬양을 부르니 훨씬 부드럽고 자유스러웠다.

예배 후 목사님과 인사를 했다. 새문안교회에서 감사패를 주었다고 하면서 한국을 방문한 이야기를 하셨다. 그리고 언더우드 가족이 아름다운 스테인드글라스를 만들도록 헌금해 주셨다고 했다. 한쪽 벽의 커튼을 걷고 보니 언더우드의 형 존의 명패와 언더우드의 명패가 금박으로 새겨져 있었다. 언더우드 형제를 선교사로 파송한 것이 교회의 중요한 역사인 것 같았다. 당시에는 많은 선교사들을 보냈는데, 현재는 선교사를 파송하고 있지 않다고 했다.

예배 후 우리는 뉴욕 구경에 나섰다. 이만열 교수님은 살아 있는 네이게이터였다. 20년 전에 갔던 거리며 상점, 사람과 방향 등을 모두 기억하고 있어 젊은 우리를 주눅들게 했다. 배덕만 교수님이 사역하셨던 뉴욕 한빛교회도 들렀다. 맨하탄의 한 커피숍에 모여 이번 여행을 돌아봤다. 직업과 나이, 성별이 다른 우리가 뉴욕 한복판에서 마주 앉아 이야기한다는 게 신기했다. 무엇 때문에 모였는지, 어떻게 모일 수 있었는지 생각하니

감사하고 은혜로웠다.

우리는 9·11테러로 쌍둥이 빌딩이 무너진 자리의 그라운드 제로에 가보았다. 인간이 쌓는 것은 이렇게 한순간에 무너질 수 있다. 그렇다면 우리는 무엇을 쌓아야 할까?

이만열 교수님의 지인에게 맛있는 저녁식사를 대접받고 뉴저지로 향했다. 11시가 지나서야 모텔을 잡아 들어가 하루를 마무리했다.

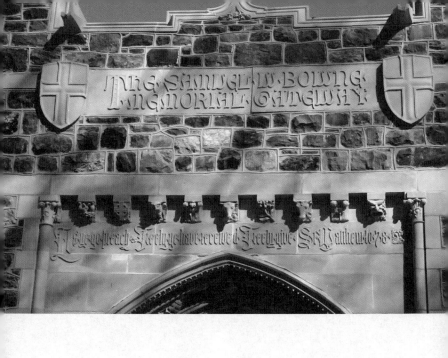

The Samuel W. Bowne Memorial Gateway

Freely ye have received · Freely give · S.t. Matthew 10 · 7 · 8 ·

22

감리교 선교 자료의 산실,
드류 대학교 기록보관소

오늘은 드류 대학교에 갔다. 배덕만 교수님이 공부하던 곳이어서 기록보관소 책임자에게 많은 협조를 받을 수 있었다. 드류 대학교는 감리교 재단 신학교로, 박물관에 감리교 자료들이 잘 보관되어 있었다. 우리는 1880년부터 1900년 초기 한국 선교사들이 촬영한 자료를 보고 싶다고 했다. 아카이브 측에서는 두 종류의 자료를 보여 주었다.

처음 보여 준 것은 여덟 권의 사진 앨범이었다. 필요한 사진 번호를 써 주면 사진을 찾아서 촬영하게 해주었다. 30장 정도의 사진을 찾았다. 우리는 학생을 가르치거나 진료를 하는 선교사의 모습, 최초의 정동교회 모습과 선교사들이 장로 안수를 하는 모습 등을 찾아냈다. 여자 권서인 즉 전도부인의 사진도 촬영했다. 나는 사진의 상태에 놀랄 수밖에 없었다. 바로 어제 촬영한 것처럼 깨끗했다. 사진이란 시간이 지나면 바래게 되고 변하게 마련이다. 그러나 비닐 커버에 한 장 한 장 싸인 사진들은 100년이 넘었다는 생각이 들지 않을 만큼 완벽하게 보관되어 있었다. 아카이브 측에서는 우리가 가져간 스캐너는 사진을 누르기 때문에 사용할 수 없다고 했다. 그들은 사진에 직접 닿지 않는 스캐너를 사용하고 있었다. 우리는 우리의 역사임에도 그 자취를 남길 생각도 못하고 그냥 잊히는데, 미국은 100여 년 전부터 자료를 확보하고 세심히 보관했다니 몹시 부끄럽고 속상했다.

그 다음 그들이 보여 준 것은 두 박스나 되는 아펜젤러의 편지였다. 깔끔한 필기체로 당시 상황을 자세히 기록한 편지였다. 아펜젤러의 정갈한 글씨를 보며 이만열 교수님은 가장 악필은 헤론과 게일, 알렌 선교사라고 했다. 이들의 공통점은 의사란 것이다. 역시 지금이나 그때나 의사들은 글씨를 알아보지 못하게 쓰는 것 같다.

드류 대학교에서 촬영을 마치고 그로브 개혁 교회를 방문했다. 그로브 개혁 교회는 언더우드 가족이 다니던 교회다. 언더우드는 이곳을 다니다가 한국에 가고 싶어 했다. 그러나 그로브 개혁 교회와 교단에서 허락하지 않아 형이 다니던 라파예트 애

비뉴 장로교회로 옮겨 그쪽 장로회를 통해 한국에 선교사로 가게 되었다. 그로브 개혁 교회는 그가 자란 교회이고 그의 가족들이 잠들어 있는 교회다. 미리 우리는 그로브 개혁 교회에 메일로 궁금한 것들을 물었지만 답이 없었다. 결국 많은 무덤 중 언더우드의 가족 묘를 찾지 못했다. 언더우드는 처음에 이곳 묘지에 묻혔지만 지금은 서울 양화진에 묻혀 있다.

이번 여행이 거의 마무리되고 있었다. 상상했던 일이 실제로 일어난다는 것이 얼마나 특별한 경험인가? 지난겨울 선배에게 처음 블랙마운틴 이야기를 들었을 때, 나는 여러 선교사님들을 만나고 촬영하기를 소망했다. 그리고 알지 못했던 초기 기독교 역사의 줄기를 찾아가는 상상을 했다. 이것은 현실화되었고 이제 마무리되어 가고 있다.

미국 선교사에 대해 이러저러한 평가가 있다. 누구는 제국주의의 앞잡이로, 누구는 미국 정책의 일환으로, 누구는 미국 교회의 성급함에 떠밀려 왔다고 할 수도 있을 것이다. 하지만 누가 한 번밖에 없는 삶을 알지도 못하는 사람들을 위해 헌신할 수 있을까? 이 선교사들의 삶이 온전하다거나 훌륭하다는 평가는 내 몫이 아니다. 그들은 나름의 한계와 연약함 속에서도 하나님의 부르심에 순종했다. 이것이야말로 나에게 값진 교훈이었고 큰 도전이 되었다.

마리엘라 선교사님의 말이 떠오른다.

"우리는 가난해요. 사람들은 우리가 잘사는 것처럼 생각하는데 우리도 가난했습니다. 하지만 한국 사람을 사랑했지요. 그래서 공부하게 해주고 먹고 살게 해주고 싶었어요."

내가 한국에서 해야 할 일은 무엇일까? 하나님이 부르시는 그곳에서 내가 해야 할 일들을 고민해 봐야겠다.

23
선교사들의 눈물과 씨 뿌림을 되새기며

유난히 잠이 오지 않아서 새벽 4시에 일어났다. 이제 떠난다고 생각하니 만감이 교차한다. 짐을 싸다 문득 기도해야겠다는 생각이 들었다.

내가 이 자리에 온 것은 무엇 때문이었을까? 무엇에 이끌려서 이곳까지 왔는가?

마음이 복잡했다. 선교사들의 삶과 마음을 제대로 옮길 수 있을까? 혹시 와전하거나 미화하지는 않을까? 내 마음에 울리는 이 울림을 어떻게 표현할 수 있을까?

문득 마리엘라 선교사님이 보고 싶었다. 그녀에게 전화를 걸었다. 눈물을 멈출 수 없었다. 경주에 가서 그녀가 일군 문화학

교를 보겠다고 했다. 그녀와 나 사이에 강한 끈이 묶여 있어 한 마음이 되게 하는 것 같았다. 그 끈은 하나님인 것을 우리는 잘 알고 있다. 그녀는 말라위를 기억해 달라고 했다. 전화를 끊고 침대에 앉아서 계속 눈물을 닦아 냈다. 동역자 의식 때문일까? 그녀의 삶에 대한 감동 때문일까? 린턴 선교사님에게도 전화해서 서울에 오면 연락해 달라고 했다. 이 두 할머니 선교사님이 또렷이 기억에 남는다. 이분들을 다시 볼 수 있을까? 쉽지 않을 것이다. 하지만 내 마음에 언제까지나 기억될 것이다. 골프 카트를 타고 돌아다니며 유쾌하게 살아가는 할머니들로 말이다.

아침에 샌프란시스코 다운타운으로 산책을 나갔다. 곳곳에 노숙인들이 많았다. 소리를 지르거나 마약에 취한 사람들이 휘청거리며 거리를 떠돌고 있었다. 이들과는 대조적으로 시청은 근사한 자태를 뽐내고 있었다. 정원에는 영화에 나올 법한 근사한 사람들이 살고 있을 것만 같지만 실제로는 노숙인들이 점령하고 있었다. 이것이 현실이다. 우리는 끊임없이 현실을 바라보면서 우리가 나아갈 방향을 점검해야 한다.

내 작은 노력으로 현실이 변화될 수 있을까? 이런 자괴감이 우리뿐 아니라 100여 년 전, 50여 년 전 한국에 와서 우리를 바라본 선교사들에게도 있었을 것이다. 아무리 노력해도 세상은 변하지 않을 것처럼 보였으리라. 그 자괴감을 딛고 그들은 일어나 일했을 것이다. 그래, 나도 다시 시작하리라. 그들의 눈물과 씨 뿌림을 기억하며……

공항에 와서 짐을 부치고 전화기와 차를 돌려주었다. 이제 곧 한국으로 갈 것이다. 현실이 나를 무섭게 덮칠 것이다. 나는 살기 위해 허우적대겠지. 하지만 그 전과는 조금 다른 버둥거림이지 않을까?

4부

—

함께 간 3인의 이야기

01

블랙마운틴 은퇴 선교사 탐방기

이만열(숙명여대 명예교수, 전 국사편찬위원장)

2011년 2월 5일 토요일. 맑음.

노스캐롤라이나의 블랙마운틴으로 가는 날이다. 아침 6시에 일어나 근처 숲과 물가를 한 시간 반 동안 산보하면서 기도하는 시간을 가졌다. 아름다운 자연을 하나님께로부터 물려받아 아름답게 가꾸려는 미국 시민들의 노력의 결과를 내가 유숙하고 있는 이 호텔 주변의 자연 풍광을 통해서도 느낄 수 있었다. 7시 50분, 숙소에 돌아와 배덕만 교수와 함께 아침식사를 했다. 오늘 스케줄을 살펴보니 오후 1시 30분에는 노스캐롤라이나 샬롯 공항으로 가는 비행기를 타야 한다.

이른 아침에는 맑은 날씨였으나 오전 10시경부터 흐려지기 시작했다. 비행기 출발 한 시간 전에 탑승장 입구의 대기소까지 와서 쉬었다. 우리는 1시 35분 비행기를 타게 되어 있었으나 그 비행기가 약 20분 지연된다는 공고가 눈에 띄었다. 1시 50분에 탑승하여 2시 5분에 이륙했다. 그리고 3시 35분에 노스캐롤라이나의 샬롯 공항에 내렸다. 두 시간 남짓 서쪽으로 달려 블랙마운틴에 닿았다. 블랙마운틴으로 오는 고속도로에서 컴퓨터를 켜서는 29년 전, 그러니까 1982년 10월 말 블랙마운틴에서 보냈을 때의 일기를 보았다. 만감이 교차하며 그 시절이 떠올랐다. 해직 시절이었기에 프린스턴에서 이곳에 오는 동안 찬송가를 부르면서 눈물을 많이 흘렸던 기억이 난다. 내 일기에 나온 몇 구절을 옆에 있는 일행에게 읽어 주기도 했다.

저녁에 은퇴 선교사들을 뷔페식 중국 식당에 모시기로 미리 연락해 두었단다. 먼저 우리가 묵을 호텔을 찾아가서 그 중국 식당이 어디 있는지 물었다. 중국 식당에 가 보니 열다섯 명 정도의 은퇴 선교사들과 그 후예들이 먼저 와 있었다. 그중에는 내가 익히 잘 아는 린턴 씨 가족도 있었다. 이번에 블랙마운틴을 방문하고 은퇴 선교사와 그 후예들을 만나도록 주선한 것은 타마지 선교사의 따님 마리엘라 선교사님이다.

모두들 맛있는 저녁식사를 했다. 내가 29년 전 블랙마운틴에 선교사 자료 수집을 위해 왔었다는 이야기를 사람들과 나누었다.

우리가 숙소로 잡은 곳은 블랙마운틴 시내가 훤히 보이는 컴포트인이다. 215호 방으로, 건물 맨 끝에 있는 방이다. 방 안에 갖춘 것을 보니 여느 호텔 못지않았다. 숙박료를 물어 보니 하루 100달러 정도란다. 각자 방으로 헤어지기 전에 한병선 선생과 내일 스케줄을 의논했다.

2011년 2월 6일 주일. 맑음.

엊저녁 꿈자리가 뒤숭숭해서 맑은 날씨지만 긴장되었다. 그러고 보니 집을 떠난 지 일주일이 되어 가는데도 한 번도 아내에게 전화를 걸지 않았다. 공용 전화기를 이용하기가 힘들다는 핑계를 댈 수도 있지만 무성의한 게 아닐까 하는 느낌도 든다. 어떻게든 오늘은 아내에게 전화를 해야겠다.

아침 7시가 넘어서야 일어나 산보를 나갔다. 이곳은 블랙마운틴에서는 외딴 곳인 셈이다. 그러나 사통팔달된 도로가 있어서 도로를 따라 산보를 나갔다. 숙소에서 나와 왼편으로 길을 따라 한참을 걷다가 되돌아왔다. 미국에서는 길을 걷는 사람이 별로 없는 만큼, 아침에 모자를 쓴 외국인이 시골길을 걷는다는 것이 자칫 오해를 불러일으킬 수도 있겠다 싶었다.

8시경 숙소에서 제공하는 아침식사를 했다. 빵과 우유와 시리얼, 간단한 식사에 불과하지만 영양가로 보면 몇 끼 식사에 해당하는 것이었다. 대화중에 엊저녁 꿈자리가 좋지 않았다고 하니 한병선 팀장이 전화카드로 서울 집에 연결시켜 주었다. 아내와 통화할 수 있었다. 이곳이 오전 8시 30분이니 한국은 어제 저녁 8시 30분일 터였다. 어느덧 우리 부부도 40여 년을 동고동락했다. 그러니 하나님이 부르시는 날, 슬프지만 잘 헤어질 수 있도록 준비하는 나이가 된 것이다. 우리 부부가 헤어질 때 덜 섭섭하도록 떨어져 있는 훈련이 필요한 것 같기도 했다.

오전 10시 반에 린턴 여사가 차를 몰고 타마지 선교사의 따님과 함께 왔다. 우리 여섯 사람은 두 그룹으로 나눠서 배덕만 교수와 김신동 선생, 그리고 내가 린턴 할머니의 교회로 가고, 한병선 팀장과 전성민 교수 그리고 고신영 선생이 마리엘라 할머니를 따라서 그가 출석하는 교회에 가기로 했다. 두 분 선교사의 출석 교회와 그곳의 예배 보는 광경을 찍겠다는 것이었다. 그러나 린턴 할머니는 예배 광경을 찍으려면 목사님의 허락이 있어야 한다고 했다. 이는 남장로회가 지켜 온 엄격한 예배 분위기의 전통을 그대로 언급한 것으로, 나이 든 분들은 여전히 그런 예배 분위기를 중시한다는 뜻이었다.

오늘 오후에는 두 분 할머니와 인터뷰 스케줄이 잡혀 있었다. 바로 마리엘라 여사와 린턴 부인과의 인터뷰다. 오늘 아침

한병선 팀장이 작성한 인터뷰 문안을 정리해 주었기 때문에 특별히 내가 이 인터뷰에 참여할 필요는 없다고 생각되었다. 그래서 숙소에 가겠다고 하니 그렇게 해도 좋겠다고들 했다. 혼자 숙소에 돌아와 29년 전에 왔던 몬테-비스타 호텔을 찾아가 보고 싶었던 것이다.

걸어서 가니 20분 남짓한 곳에 호텔이 있었다. 그러나 휑뎅그레하게 서 있는 호텔 건물은 폐가나 다름없었다. 근처 나무들도 전혀 다듬어져 있지 않았다. 호텔 건물 앞에 화물차 한 대가 서 있을 뿐, 쓰레기들이 여기저기 흩어져 있었다. 뒤편으로 가 보니 한 중년 신사가 아이와 자전거를 타다가 쉬는 듯했다. 그 신사에게 다가가 내 소개를 하고 29년 전 이곳에 와서 많은 도움을 받았다는 것을 말하며 호텔의 현재 상황을 물어보았다. 그분은 호텔이 지금 수리 중이라며 옛 주인의 따님이 이 건물을 관리하고 있다고 알려 주었다. 내가 전의 주인이 형제교단 사람이었던 것 같다고 하니 그는 아마 그랬을 것이라고 했다. 왜 내가 이곳을 찾았는지를 신사에게 설명하며 29년 전 이곳에서 교제했던 분들이 무척 고마웠다고 거듭 말했다.

1981년 7월 처음 미국에 왔던 나는 그 이듬해 7월에 어머님이 편찮으시다는 동생의 연락을 받고 부랴부랴 귀국하지 않을 수 없었다. 내가 돌아올 때까지 미국에 머물러 있으라는 당부를 뿌리치고는 아내도 두 아이를 데리고 급히 귀국해 버렸다. 그러나 나는 1982년 10월 5일, 혼자 도미(渡美)해야 했다. 몇몇 곳의 자료 수집이 남아 있었기 때문이다. 두 번째로 미국에 온 뒤 남장로회 한국 선교 관련 자료를 수집하기 위해 10월 20일 남장로회 자료 수장처인 역사재단을 향해 프린스턴 숙소에서 출발했다. 혼자서 차를 몰고 거의 이틀이나 걸리는 노스캐롤라이나주의 몬트리트로 향했다. 당시 이 근처 내슈빌에서 한인교회를 목회하던 최덕성 목사의 도움을 받았다. 최 목사는 몬트리트 근처 블랙마운틴의 몬테-비스타 호텔을 예약해 주었고, 나는 이튿날 오후 그곳에 도착할 수 있었다. 블랙마운틴에서 머물다가 11월 12일에 그곳을 떠나 조지아주 애틀랜타로 갔으니 거의 20일 넘게 블랙마운틴에서 자료 수집을 하며 시간을 보낸 셈이다.

이곳에서 나는 미국 남부의 정취를 흠뻑 만끽할 수 있었다. 우선 숙소인 호텔이 마음에 들었다. 본관과 별관, 두 건물로 되어 있는데 항상 객실이 만원이었다. 알고 보니 세 끼를 다 먹고도 호텔비가 하루 10달러밖에 되지 않았다. 어떻게 호텔비가 이렇게 저렴할 수 있느냐는 물음에, 형제교단에 속한 호텔 주인은 더 싸게 할 수도 있다면서 이곳에 오신 분들이 스스로 청소하고 사무도 봐 주어서 인건비를 줄였기 때문이라고 했다.

나는 머무는 동안 영어회화를 배우기도 하고 노래를 좋아하는 분들과 찬송가를 같이 부르기도 했다. 미국 남부의 훈훈한 인심을 느낄 수 있었다. 서로 나누고 배려하는 것이 확실히 북부와는 달랐다. 북부가 합리적이고 깔끔하다면 이곳 남부는 여유 있고 약간 빈틈이 있다는 느낌이었다. 당시 역사재단에서 복사한 자료가 5,500여 장이 넘었다. 북부 같으면 학교든, 어떤 연구기관이든 복사분에 대해 어떠한 사정(私情)도 개입시킬 수 없다. 한 장에 10센트든, 25센트든 기관이 정한 규정대로 지불해야 하며 개인의 형편을 들어 달라는 얘기는 꺼낼 수도 없다. 그러나 남부에서는 그런 것에 여유가 있었다. 북부의 뉴욕 공공도서관이나 필라델피아의 장로교역사협회 같으면 복사본 한 장당 몇 달러 혹은 25센트씩 지불해야 한다. 그러나 이곳에서는 내 형편을 듣고는 한 장당 10센트로 정해진 복사비도 매일 지불하지 말고 마지막에 한꺼번에 정산하자고 하더니, 마지막 날 내게 전체 요금의 절반 정도면 어떻겠느냐고 제의해 와 무척 고마웠다. 이곳에서만 엿볼 수 있는 남부 특유의 여유로 다가왔다.

이날 오후에는 29년 전을 회상하면서 계속 방 안에만 있었다. 오늘 한병선 팀장이 앞으로 있을 인터뷰를 위해 몇 사람에 대한 질문지를 검토해 달라고 해서 다섯 사람에 대한 것을 검토하여 이메일로 보냈다.

2011년 2월 8일 화요일. 맑음.

아침 7시에 일어나 산보를 나가니 엊저녁에 눈이 약간 온 듯했다. 서리와 같은 눈이 흩어져 있어 길이 미끄러웠다. 숙소 뒤편 오르막길로 올라갔다가 내려오려는데 미끄러울 것 같아 어제 산보했던 경사가 없는 길로 내려왔다. 이렇게 약 40분간 기도하면서 산보하는 시간을 가졌다.

8시가 넘어 배덕만 교수와 아침식사를 했다. 식사 양을 줄이려고 오늘 아침에는 우유에 시리얼 그리고 빵 한 조각을 먹었다. 디저트로는 사과를 먹었다. 그랬더니 속이 좀 편했다. 우리는 9시 40분경 숙소를 출발했다. 한국에서 나환자 치료를 위해 수고했고 여수 애양원을 세운 로버트 윌슨의 아들 존 윌슨 씨 댁을 찾기로 했다. 윌슨 씨 댁으로 가는 동안, 내가 29년 전 왔을 때 머물렀던 몬테-비스타 호텔에 잠시 내려 기념사진을 찍었다. 예전에 왔을 때 사진기가 없어서 한 장의 사진도 남기지 못했기 때문이다. 전성민 교수가 친절하게 찍어 주었다. 우리 일행 중의 한 분은 이 호텔이 파산되었다고 들었단다. 그 말이 맞는 듯도 했다. 내부 수리를 하는 것을 보면 다른 사람에게 넘어간 것이 아닌가 하는 느낌도 들었기 때문이다. 물론 며칠 전 내가 이 근처에서 만난 신사 분은 옛 주인의 딸이 호텔 건물을 수리하는 것이라고도 했다.

호텔에서 5분도 가지 않아 윌슨 씨 댁에 도착했다. 나는 손양원 목사 평전을 부탁받은 형편이어서 윌슨 씨를 방문하면 여수 애양원과 관련된 자료를 얻을 수 있으리라는 기대를 품고 있었다.

나는 닥터 윌슨에게 애양원에서 활동한 손양원 목사의 자료를 수집하고 있다며 그의 아버지와 애양원 관련 자료를 볼 수 있느냐고 물었다. 그는 방 안에 쌓아 둔 많은 자료들을 보여 주었다. 그중 일부는 이미 시대별로 정리해 둔 것도 있었다. 이를 복사해 가는 것이 좋겠다고 생각하여 그가 허락하는 대로 자료를 스캔하였다.

윌슨 의사의 부인은 거의 말이 없는 분이었다. 우리와 같이 대화도 하지 않았고 사진도 같이 찍지 않으려고 했다. 좀 의아했는데, 우리가 인터뷰하는 동안 혼자 이것저것을 만지더니 점심시간이 되자 간단한 스프와 샐러드를 만들어 식사를 권했다. 그분은 말이 없는 가운데 조용히 뒷바라지를 하는 것 같았다. 스프도, 샐러드도 매우 맛있었다. 오후 일정이 있었으나 나는 자료를 스캔하는 일이 쉽게 끝나지 않을 듯해 이 집에서 일을 계속하고 다른 이들은 약속대로 인터뷰할 선교사들의 집으로 갔다. 이후 일행은 인터뷰를 끝내고는 오후 5시경 나를 데리러 오기로 했다.

나는 혼자 윌슨 씨 댁에 남아 그의 아버지 윌슨이 남긴 보고서와 편지 등의 자료를 스캔했다. 처음에는 몇몇 파일만 갖다 주어서 5시까지 다 마칠 수 있을 것으로 생각했지만 그 사이에도 닥터 윌슨은 계속 이것저것 자료를 더 갖다 주면서 내게 말을 걸었다. 그리고 그의 부인은 부인대로 뭔가 더 필요한 것이 없는지 살피며 마실 것과 땅콩 등을 가져다주었다.

한편 윌슨 부인은 망원경을 갖고 와서는 근처 얼마 떨어지지 않은 나무기둥에 걸린 통을 보라면서 그 안에 부엉이가 있는 게 보일 거라고 했다. 과연 망원경으로 보니 부엉이가 얼굴만 쏙 내밀고 있었다. 조용하기만 하던 부인께서 내게 친절을 베풀고 닥터 윌슨이 계속 자료를 갖다 주면서 다른 자료에 대해서도 설명을 하는 바람에 생각보다 시간이 많이 걸렸다.

닥터 윌슨은 94세인데도 기억력이 대단했으며 건강도 좋아 보였다. 그는 자료를 갖다 주면서 한국에 가져가 복사해도 좋다고 하며 나중에 꼭 돌려만 달라고 했다. 나는 그저께 저녁 전성민 박사가 컴퓨터로 급조한 명함을 그에게 주면서 나를 소개했다. 아마도 내가 스캔하는 시간을 좀더 할애하여 그들과 대화를 나누었다면 더 많은 정보를 얻을 수도 있었을 것이다. 그리고 뭔가를 주고 싶어하는 그들에게 상당한 자료를 얻을 수도 있었을 것이다. 혼자 오후 내내 이 집에서 스캔을 했지만 결국 다하지는 못했다.

5시가 넘어 우리 일행이 나를 데리러 왔다. 하는 수 없이 내게 맡긴 자료를 두고 배덕만 교수와 의논했다. 배 교수는 오늘 저녁에 스캔을 해 보고 그 나머지는 뉴저지를 거쳐 샌프란시스코에 가는 동안 다 할 수 있을 거라며 샌프란시스코에서 우편으로 부치면 될 거라고 했다. 그렇게 하기로 하고 닥터 윌슨이 주는 자료를 갖고 나왔다. 내가 자료 목록을 적어 놓으려고 하니 윌슨은 그렇게 하지 않아도 된다고 했다. 그래서 윌슨이 제의한 대로 이 자료를 빌려 왔다. 우리는 그에게 미국에 머무는 동안 모두 스캔하고 떠나기 전에 돌려주겠다고 했다. 우리는 여행하는 동안 짬짬이 자료를 스캔했고 마침내 샌프란시스코에서 블랙마운틴으로 우편으로 보냈다.

윌슨 박사의 집을 나온 우리 일행은 숙소 앞 맥도널드에 가서 저녁식사를 대신하였다. 29년 전에 와서 오늘 저녁 만날 서머빌 교수를 만났던 곳이다. 그때 그는 내게 왜 이곳에 왔는지를 자세히 물었고 참으로 귀한 일을 한다고 했다. 아마도 그것이 계기가 되어 그의 부인이 이후 남장로회 자료를 수집하여 한남대학교와 호남신학대학교에 넘겼던 것 같다.

6시 40분에 다시 숙소를 출발하여 약속대로 몬트리트 시내에 거주하는 서머빌 선교사 댁을 찾기로 했다. 서머빌 씨는 우리가 이곳에 도착한 지난 토요일 저녁에는 합석하지 않았다. 그러나 선교사 중에서는 가장 학식이 있는 분으로 꼽히기 때문에 꼭 만나고 가야 한다고 생각했다. 그는 처음부터 자기는 무식하다고 하면서 한국어로 우리에게 접근했다. 질문이 예리해지자 그는 영어로 답하기 시작했다. 그는 1954년 2월 24일 한국에 도착, 1958년 6월까지 목포에서 어학훈련과 전도에 힘썼고 이듬해 8월까지 미국에서 1년간 휴식을 취했으며, 1959년 8월에서 1964년 6월까지 성균관대에서 동양철학으로 석사학위를 받고 4년간 장로회신학대학에서 윤리학을 강의했다고 한다. 그러다가 1964년부터 1968년까지 하버드 대학에서 박사과정을 마쳤고 1973년에 〈18세기 울산 지방의 상황〉이란 논문으로 박사학위를 받았다고 한다. 그는 하버드 대학의 역사와 언어학과에서 와그너와 페어뱅크, 라이샤워 등의 지도를 받았다. 은퇴 후에는 하이디 린턴과 함께 북한을 돕는 일에 힘쓰고 있다. 그는 북한에 열다섯 번쯤 다녀왔다고 했다. 올 3월에도 북한을 방문할 거라고 한다. 미국에 와서 보니 북한을 돕는 이들도 대부분 선교사의 후예들이다. 북한이 싫어하고 조롱하고 반대하는 예수의 제자들이 북한을 이해하고 도우려고 하는 것이다.

오늘 서머빌 씨와의 대화를 통해 내가 미처 몰랐던 그분의 일면을 다시 보게 되었다. 그는 유신 시절 '재일동포 간첩단 사건'과 관련하여 재일동포 서승·서준식 형제에 대한 고문의 실상을 보고 경악했으며 그들을 도왔다는 것이다. 국제인권단체의 도움을 받기도 했단다. 또 그는 한국의 민주화와 인권 그리고 도시산업선교회를 돕다가 추방된 조지 오글에 대해서도 설명했다.

그가 인권 민주화와 관련된 이야기를 하기에 나는 내가 해직 교수로서 29년 전 이곳을 찾았다고 했다.

9시가 넘어 하직하고 귀가했다. 일기를 정리한 후 잠자리에 들 준비를 했다.

학술여행으로 떠나 성지순례로 마치다

배덕만(복음신학대학원대학교 교수)

많은 사람들이 내가 미국 교회사를 전공한 걸 알고는 의아해하며 묻는다.

"왜 한국 사람이 미국 교회사를 전공했나요?"

미국 교회사를 전공으로 선택한 것은 미국 자체에 대한 관심보다 한국 교회에 대한 관심 때문이었다. 한국 교회에 끼친 미국 교회의 영향이 선교 초기부터 지금까지 지대했기에 미국 교회(사)에 대한 이해 없이 한국 교회(사)를 이해하는 것은 가능하지도 바람직하지도 않다고 생각한다.

그러나 문제는 한국 교회를 더 깊이 이해할 목적으로 미국 교회에 대해 공부하기 시작했는데, 오히려 미국 교회라는 미궁에 빠져 허우적거리다 보니 정작 한국 교회에 대한 고민을 충분히 심화하지 못했다는 점이다. 미국 교회에 대한 이해는 확장되었으나 시간이 흐를수록 한국 교회에 대한 이해는 점점 더 초라해졌다. 그래서 내적으로 갈등이 일었다. 어떻게 본래의 목적을 잃지 않고 한국 교회에 대한 관심과 이해를 심화할 수 있을까 고민했다.

그러던 중 한병선 피디로부터 미국에 다녀오자는 제안을 받았다. 한국에서 사역했던 은퇴 선교사들을 방문하고 그분들과 나눈 인터뷰를 영상으로 제작한다는 것이었다. 무엇보다도 이만열 교수님이 동행하신다는 말에 귀가 번쩍 열렸다. 다시 한번 하나님이 거침없는 하이킥으로 엉덩이를 걷어차시는 느낌이었다.

'가야 한다. 다른 사람이 아니라 나 자신을 위해!'

그렇게 떠난 미국 여행이었다.

많은 사람들을 만났다. 모두들 70세가 한참 넘었고, 90세가 넘은 분들도 계셨다. 한국에도 널리 알려진 저명한 학자도 계셨고, 소박한 할머니도 계셨다. 반세기 전의 사건을 어제 일처럼 생생히 기억하시는 분도 계셨고, 기억의 빛이 꺼져 가는 안타까운 분도 계셨다. 그들의 경험담은 한 권의 역사책이었고, 때로는 신비로운 신화처럼 들렸다. 전쟁이 터지고 폐허가 된 나라에서, 정치적으로 혼탁했고 경제적으로 빈곤했던 한국 사람들과 함께

묵묵히 견디며 교회를 세우고 사람들을 살려 냈던 분들. 이들 가운데 돈을 번 사람은 없었다. 이제 그 세월을 다 보내고 노부부가 함께, 혹은 홀로 양로원에서 마지막 시간을 보내고 있었다. 백발이 성성한, 이제는 걷기도 말하기도 힘든 몸으로, 하지만 신명이 나서 쏟아 놓는 그들의 한국 이야기를 우리는 눈물과 웃음 속에, 때로는 탄성을 지르고, 때로는 가슴 졸이며 들었다. 그러다가 문득 어리석은 질문이 생겨 묻기도 했다.

"그런데 당신처럼 고등교육을 받은 사람, 장래가 보장된 사람이 왜 가난한 나라에 선교사로 가셨나요?"

그분은 씩 웃더니 대답했다.

"왜냐고요? 하나님이 가라고 하시니까 갔지요."

이 간단한 답을 듣는 순간, 머릿속에 여러 모습이 빠르게 스쳐 지나갔다. 하나님의 말씀에 따라 아들을 바치기 위해 모리아 산을 오르는 아브라함, 하나님의 명령에 따라 애굽으로 떠나는 모세, 하나님의 뜻에 따라 골고다를 오르시는 예수님, 예수님의 말씀에 따라 그물을 던지는 베드로……. 어쩌면 이들이 성경에 기록된 이유는, 이 선교사처럼 하나님께 순종했기 때문이 아닐까? 순종이 제사보다 낫다는 말씀의 의미를 어렴풋이나마 이해할 수 있을 것 같았다. 합리적 판단과 실용적 계산의 범주를 넘어, 단지 하나님이 하라고 하시니까 그 말씀에 순종했던 사람들의 역사가 성경이요 교회사임을 깨닫게 되었다. 앞으로 내가 가야 할 길이기도 하다. 하나님께 순종. 결국 역사학도로서 떠난 학술여행이 깨달음을 얻은 성지순례로 끝나는 순간이다.

한국 교회사의 산 증인

교회사를 연구하는 사람으로서 많은 점을 느꼈다. 무엇보다 해방 이후 한국에서 헌신했던 선교사들에 대한 정리와 연구가 너무 미흡하다는 사실에 아쉬움이 많았다. 이념과 신학적 성향의 차이를 떠나, 해방 이후 한국 교회의 재건 과정에서 이들의 수고와 헌신의 가치는 결코 폄하될 수 없다. 이 시기에 한국 교회가 겪었던 고난과 성취를 결코 간과할 수 없지만, 같은 시기에 한국 교회와 눈물과 땀방울을 나눈 그들을 잊어선 안 된다. 학계에서 초창기 선교사들에 대한 관심과 연구 업적은 상대적으로 높은 편이나, 한국전쟁 이후부터 1980년대 초반까지 사역했던 선교사들에 대한 관심과 연구는 거의 전무한 것 같다. 앞으로 학계의 특별한 관심이 필요하다.

그분들이 학문적 연구의 대상일 뿐 아니라, 한국 교회사의 산 증인으로서 귀중한 역사 자료 그 자체임을 절감했다. 뛰어난 학자로서 탁월한 저서를 남긴 분들도 계셨다. 하지만 더 많은 분들은 비록 학자가 아니기에 저서를 남기지는 못했지만 어디서도

들을 수 없는 값진 경험과 기억을 간직하고 있었다. 이런 면에서 이번 작업이 학문적으로 큰 공헌을 했다고 확신할 수 있다. 하지만 이것만으로는 너무 부족하다. 제한된 시간 내에 그 소중한 기억 모두를 담아낼 수 없었기 때문이다. 그분들의 기억이 더 희미해지기 전, 이제 얼마 남지 않은 그분들마저 이 세상을 떠나기 전, 이들의 기억을 역사로 보존하기 위해 더 체계적이고 지속적인 노력이 필요하다.

단지 학문적 차원의 관심뿐만 아니라, 교회 차원에서 이분들에 대한 인간적 관심과 배려가 미약한 현실에 대해서도 송구스런 마음이 컸다. 연로하여 양로원에서 쓸쓸히 삶의 마지막 시간을 보내고 있는 모습들을 보며 마음이 아팠다. 그분들은 한국이 자신들의 또 다른 고향이라고 했다. 함께 사역했던 사람들을 기억하고 있었으며 그들이 베풀어 준 친절에 눈물을 흘렸다. 한국을 사랑하고 한국 사람들에게 감사하다는 말을 반복했다. 하지만 한국은 그들을 잊은 것 같아 미안했다. 연구를 위한 형식적 방문을 넘어 늦기 전에 한국 교회가 그들에게 좋은 벗이 되어야 하지 않을까?

순종, 사랑, 감사

한국 교회가 들어야 할 메시지도 많았다. 먼저 '순종'이다. 한국 교회는 너무 거창하고 화려하며 복잡하다. 그 모습이 복음의 능력을 가리는 것 같다. 세련된 외모에 유창한 언어가 넘쳐나지만 소박한 순종의 부재가 무기력한 한국 교회의 원인 중 하나가 아닐까? 힘 있는 교회보다 유능한 기독교인이, 순종하는 제자가 필요한 시대다. 주님의 부름에 순종하여 태평양을 건넜던 소박한 미국 청년들의 믿음이 부러웠다. 이제는 우리가 그 믿음을 보여 줄 때인 것 같다.

다음은 '사랑'이다. 우리가 방문했던 선교사님들의 집에는 한국 물품들로 가득했다. 분명 미국인의 집이지만 어느 한국인의 집보다 더 한국적이었다. 그 물품 하나하나에 사연이 있었고, 그 물품을 통해 그들은 여전히 미국에서 한국을 살고 있었다. 그 물품들을 소개할 때 그들의 눈에 빛이 났고 목소리에 힘이 들어갔다. 한국에 복음을 전해 주러 갔지만 결국 그곳의 사람과 문화를 사랑하게 되었다고 했다. 그들에게 한국은 타자가 아닌, 자신의 일부였다. 사랑했기 때문에 가능했으리라. 자신의 존재 가치를 타자에 대한 비판과 부정을 통해 확인하려는 한국 교회의 모습이 겹치면서 가슴이 먹먹했다. 사랑 안에서 그 다름이 얼마든지 용해되고 포용될 수 있을 텐데……. 그 다름이 결국 삶의 미학으로 승화될 수 있을 텐데…….

끝으로 '감사'다. 그분들이 인터뷰를 끝내면서 한국인들에게 보낸 마지막 인사에는 예외 없이 감사의 고백이 담겼다. 나는 그들이 고마웠는데 그들은 오히려 한국인들에게 감사하다는 말을 반복했다. 이방인인 자신들을 그토록 환영해 주고 사랑해 준 것에 말로 표현할 수 없는 감사를 느낀다며 눈물을 글썽였다. 그런 모습에서 진정한 감사가 무엇인지 느낄 수 있었다. 그러나 감사 대신, 야속하고 서운한 마음이 한국 교회를 지배하는 감정인 것 같다. 한국 교회 전체적으로, 교회와 정부 간에, 교파 간에, 심지어 교회 안에서조차 감사의 언어가 실종되고 다툼의 함성과 원망의 절규가 가득하다. 잠시 마음을 가다듬고 생각해 보면 내가 존재하는 것 자체가 감사의 이유요, 내 존재는 수많은 타자의 희생과 섬김으로 가능한 것이다. 감사가 자연스런 세상, 한국 교회가 추구해야 할 세상이다.

벌써 미국에서 뵌 분들의 얼굴과 이름이 가물가물해진다. 인간의 기억이 얼마나 허망한지……. 다행히도 이렇게 그 기억이 책으로, 영상으로 남게 되어 위로가 된다. 그분들에 대한 기억이 머리와 가슴에 남아 있는 동안, 더 나은 사람으로 하나님과 사람들 앞에 살겠다고 다짐하는 여행이었다.

03

복음의 이어달리기

전성민(웨스트민스터신학대학원대학교 교수)

구약을 공부한 사람이 한국 교회사에 관련된 프로젝트에 참여한다는 것이 몸에 맞지 않는 옷을 입은 듯한 느낌이었다. 그러나 구약을 공부해도 나의 삶이 한국 기독교라는 터 안에 있다는 것은 분명한 사실이다. 또한 관심의 영역을 넓힐 수 있는 좋은 기회이기도 했다. 그리고 무엇보다도 이만열 교수님과 가까이서 교제할 수 있다는 것은 약간의 어색함을 떨치고 여행을 시작할 충분한 이유가 되었다. 20여 일의 짧지만은 않은 여정 동안 많은 분들을 만났다. 그중에 깊은 인상을 받은 두 분의 이야기로 이번 일정 동안 느낀 것들을 정리해 본다.

인천공항을 떠나 로스앤젤레스 공항에 도착한 후 우리가 맨 처음 찾아간 곳은 캘리포니아주 두아르트에 있는 웨스트민스터 가든이라는 요양원이다. 그곳에서 한 은퇴 선교사님과 인터뷰가 예정되어 있었다. 볕이 잘 드는 그리 크지 않은 접견실 같은 방으로 요양원 직원이 우리 일행을 안내해 주셨다. 그 방 벽에는 흑백으로 된 연세대학교의 초창기 교정 사진과 '성령충만'이라는 글귀를 한자로 쓴 액자가 걸려 있었다. 우리가 온다고 일부러 준비한 것인지, 아니면 원래 그 방에 걸려 있던 것인지 모르겠지만 그 글귀와 사진은 태평양을 건너며 시간 또한 거슬러 온 듯한 느낌을 주었다.

인터뷰 녹화를 위해 영상 스태프들은 카메라와 조명을 설치하고 나는 인터뷰 내용을 기록할 노트북을 준비했다. 시간을 거슬러 온 듯한 곳에서 처음 만나게 되는 은퇴하신 선교사님은 어떤 모습이실까 설레었다. 기다리며 긴장되기까지 했다. 직원의 도움을 받아 방에 들어오신 선교사님은 루이즈 구룹이라는 분이었다. 이제는 몸이 노쇠해지셔서 다른 분의 도움을 받아 거동하실 수 있으며 귀도 잘 들리지 않고 눈도 거의 보이지 않는 상태였다. 촬영을 위한 조명도 불편하신 모양이었다.

인터뷰가 시작됐다. 잘 안 들려서 그랬는지 우리의 질문에 명확한 답을 하시지 못했다. 게다가 선교사님의 발성이 또렷하지 않아서 우리도 정확히 알아듣기 힘들었다. 그러나 한국에 대한

좋은 기억들만은 분명히 들을 수 있었다. 사역하시는 동안 아름답고 좋은 일만 있진 않았겠지만, 이제 기억 속에 남은 한국은 그분 방에 걸려 있는 한국의 풍경마냥 아름다운 땅인 듯했다. 선교사님은 한국의 교회와 여러 사역 현장에서 만난 사람들 모두를 친절하고 신실한 사람들로 기억하고 계셨다.

그런데 한국에 대한 여러 좋은 기억을 들으며 내 가슴 한 구석엔 슬픔이 솟구쳐 올라왔다. 과연 우리 한국 교회가 여전히 아름다운가. 하루가 멀다하고 각종 뉴스를 장식하는 요즘 한국 교회의 부끄러운 소식들을 듣게 되신다면 루이즈 선교사님은 어떤 마음이 들까. 이분이 뿌린 씨앗은 과연 많은 열매를 맺게 하는 좋은 땅에 뿌려진 것일까. 한국 교회는 결국 재물의 유혹에 말씀이 막혀 열매를 맺지 못하는 가시떨기였던 것은 아닐까. 루이즈 선교사님이 한국을 기억하며 미소지을 때마다 나는 이런저런 생각들로 안타까웠다. 지금 내 앞에 계신 선교사님이 젊고 건강할 때 정성을 쏟았던 그곳이 어쩌다 이제는 기억만큼 아름답지 못한 곳이 되어 버리고 말았는지……. 물론 이분들의 헌신의 열매는 어디엔가 보석처럼 맺혀 있을 것이다. 돈에 눈멀고, 권력에 취하고, 쾌락에 빠진 기독교를 보고자 이분들이 한 생을 드린 것은 결코 아니었을 것이다. 선교사님들의 헌신이 빛날수록 지금 한국 교회의 어두움이 깊게만 느껴졌다. 이것이 이번 여행

동안 내 마음을 무겁게 눌렀다.

성령의 역사하심

로스앤젤레스를 떠나 텍사스의 산안토니오에서 도널드 클라크 교수를 방문한 후 플로리다의 탐파로 향했다. 탐파 공항에는 찰스 헌틀리 선교사님이 나와 계셨다. 이만열 교수님과 나는 헌틀리 선교사님의 차에 타고, 나머지 일행은 렌트카를 빌려 선교사님 댁으로 향했다. 도착하자 선교사님의 사모님이 반갑게 맞아 주셨다. 사실 이번 방문은 찰스 선교사님뿐 아니라 부인 되시는 마르다 헌틀리 선교사님과의 만남도 중요했다. 마르다 헌틀리 선교사님은 1884년부터 1919년 3·1운동까지 한국 초기 교회의 역사를 선교사들의 1차 자료를 중심으로 기록한 《새로운 시작을 위하여》라는 책을 쓰셨다.

마르다 선교사님은 1941년 생으로 아직 정정하셔서 찰스 선교사님과 함께 많은 이야기를 들려주셨다. 인터뷰를 녹화하는 데는 한 시간짜리 비디오테이프를 사용했는데, 이분들의 이야기를 듣다 보면 어느새 새 테이프를 넣어야 하는 시간이 계속 돌아왔다. 몇 개의 테이프를 썼는지 모를 만큼 우리는 이분들의 이야기에 빠져들었다. 이분들은 1965년 한국에 오셔서 1984년까지 주로 광주 지역에서 사역하셨는데, 30-40년 전 이야기를 마치 어제 일처럼 풀어내셨다. 특히 광주민주화운동에 대한 경험을 이야기할 땐, 자신들이 섬기던 사람들이 겪은 죽음과 상처의 아픔들이 다시 살아나는 듯 눈에는 눈물이 맺히고 목소리도 떨렸다.

나는 요즘 크리스토퍼 라이트의 《하나님의 선교》라는 책을 주제로 강의를 할 기회들이 많다. 선교사의 아들이었고 본인 스스로도 인도의 한 신학교에서 학생들을 가르쳤던 크리스토퍼. 그는 선교라는 것은 그 자체로 총체적이라고 설명한다. 성경적 선교는 소위 영적인 문제뿐 아니라 정치·경제·사회적 문제들을 다룰 수밖에 없다는 것이다. 출애굽을 통해 이스라엘 민족은 정치적 압제에서, 경제적 착취에서, 사회적 위협에서 벗어났으며, 궁극적으로 하나님과의 영적인 관계에 들어갔다. 라이트가 선교에 대해 이렇게 이해하게 된 것은 성경에 대한 그의 연구뿐 아니라 인도에서의 실제 선교 경험 때문이기도 했다.

나는 헌틀리 선교사님 부부가 광주민주화항쟁에 대해 이야기하는 것을 들으며 라이트가 설명한 선교의 총체성을 생생하게 느낄 수 있었다. 헌틀리 선교사님 부부는 무엇보다 자신들이 만난 한국 사람들, 좀더 구체적으로 말하자면 함께 지낸 광주 사람들을 사랑한 것이다. 라이트의 표현을 빌리자면 우편배달부처럼 복음을 말로 '배달'하고 돌아온 것이 아니었다. 우편배달부는 그저 편지를 전달하면 할 일을 다한 것이지, 편지를 받는 사람을 사랑할 이유나 의무는 없다. 그러나 복음이 전하는 것은 그런 것이 아니었다. 찰스와 마르다 선교사님은 광주를 자신의 고향처럼 사랑했다. 그곳에서 만난 사람들을 가족처럼 사랑했고 실제 가족으로 삼기도 했다. 광주에서 만난 한 남자아이를 셋째 아들로 입양했던 것이다. 헌틀리 선교사님 부부의 한국 사랑은 '영혼'에 대한 사랑만이 아니었다. 한국이라는 땅과 그 땅 위에 살고 있는 사람들의 삶을 통째로 사랑했다. 광주라는 한국 현대사의 비극의 현장 한가운데를 경험하신 헌틀리 선교사님 부부. 그것을 피신해야 하는 선교지의 위험한 상황이 아니라, 내 가족이 죽어 갔던 가슴 아픈 고향의 일로 기억하시고 계신 분들. 그런 기억의 뿌리는 무엇보다 사랑이었다.

운동회가 열리면 거의 항상 마지막을 장식하는 경기가 이어달리기다. 이 경기의 묘미는 승부의 반전에 있다. 제일 신날 때는 뒤처지던 우리 팀의 마지막 주자가 역전할 때다. 그러나 반대로 가장 속상할 때는 이기고 있던 우리 편 주자가 다음 주자에게 배턴을 넘겨주다가 떨어뜨리거나, 잘 달리다가 넘어져 완전히 뒤처지게 되는 경우다. 종종 믿음을 경주에 비유한다. 그런데 믿음의 경주에는 한 사람이나 한 세대로 끝나는 단거리 경주만 있지 않다. 세대를 이어 뛰어야 하는 이어달리기 또한 중요한 종목이다. 그렇기에 이스라엘 사람들은 새로 자라나는 세대가 바른 신앙을 가질 수 있도록 온갖 노력을 했으며 세대가 바뀔 때마다 언약을 갱신하곤 했다.

이번 여행은 나로 하여금 믿음의 선조들과 이 땅에 왔던 선교사들이 시작한 경주를 어떻게 이어가야 할지 고민하게 했다. 어느덧 한국 교회가 배턴을 떨어뜨린 것은 아닌지, 달리다 넘어진 것은 아닌지 깊이 염려되었다. 지나간 세월의 영광에 미련을 두거나 그것을 추억하는 것으로 그치지 않고 지금 시대에 주어진 소명을 이루며 사는 삶은 개인적으로 또 공동체적으로 어떤 모습이어야 할까 다시금 묻게 되었다.

질문과 함께 확인한 것들이 몇 가지 있다. 이 땅에 전해지고 또 이 땅에서 드러난 복음은 모든 성도들을 위한 것이다. 선교사들은 모든 사람이 목회자나 선교사가 되어야 한다고 가르치지 않았다. 그들은 교회뿐 아니라 학교와 병원 등 사회 곳곳에서 사역했으며, 그곳에서 일하며 살아가는 사람들을 도왔다. 또한 그들은 복음은 배달하는 것이 아니라 따르는 것임을 삶으로 보여 주었다. 그렇게 삶으로 드러난 복음은 '개인의 영혼'만 구원한 것이 아니라 전쟁 이후 무너져 있던 한국 사회에 빛이 되었던 것이다.

배턴을 놓쳤다면 다시 주어 꼭 붙잡고, 넘어졌다면 풀린 다리에 힘을 내어 계속해서 달려야겠다. 옳은 방향으로 가는 것이 당장 힘에 부친다면 걸어서라도 꾸준히 가면 될 것이다. 이 믿음의 이어달리기에 마르다 선교사님이 《새로운 시작을 위하여》에 쓴 대로 성령의 역사가 계속되기를 바랄 뿐이다.

> 개신교 선교사들과 이들을 도왔던 한국인 동역자들이 시작한 일은 아직 끝나지 않았다. 지금도 학교에서, 병원에서, 교회에서, 개혁 운동에서, 인권과 사회 정의에 대한 관심에서, 그리고 특히 개인적인 삶 속에서 진행되고 있다. 처음 시작했을 때와 동일한 권능과 성령께서 역사하고 계신다.

에필로그

—

이 름 없 는 면 류 관 을 사 모 하 며

선교사님들과 인터뷰를 하면서 나는 내내 이분들이 이름 없는 면류관을 사모하심을 느꼈다. 그들이 우리를 환대한 이유는 두 가지였다. 먼저 같은 하나님을 믿는다는 것이다. 그리고 자신들이 사랑하는 나라, 즉 평생 사역했던 나라이자 자신들을 사랑해 준 나라 사람들이 찾아왔다는 사실만으로 우리를 환대해 주셨다. 우리가 어떤 사람인지도 잘 모르면서 반겨 주시고 시간을 내주시고 자신들의 속살까지 보여 주셨다.

그네들의 삶은 단순했다. 하나님의 소명을 받고 그에 순종하여 한국에 살았고 각자 은사를 다해 섬긴 것이 '전부'였다. 그네들은 자신들의 삶에 그 이상 어떤 토도 달지 않았다. 자신들이

한 사역을 말할 때 부풀리거나 자랑하려는 마음이 없었다. 자신들은 별로 한 일이 없는데 왜 이렇게 거창하게 취재를 하냐며 그냥 한국 사람들과 만나 이야기하는 것이 좋다고만 하셨다. 그래서 우리는 처음에는 그분들이 한 일이 별로 없는 줄 알았다. 그러나 나중에 자료를 찾아보고 그분들의 사역지를 돌아보면서 한 일이 없기는커녕 많은 것을 해놓으시고 아무것도 바라지 않고 우리에게 베풀고 가셨음을 알았다. 그야말로 감동이었다. 하나님이 모든 것을 하셨다는 그분들의 증언이 우리로 하여금 우리 마음을 돌아보게 하였다.

선교사님들의 사역을 책으로 엮는 것이 그분들이 받을 천국의 상을 깎아먹는 일인지도 모르겠지만 이렇게 출간하는 게 그분들의 생각이 아닌, 오직 하나님이 사람을 통해 하신 일을 기록하기 위해 정리하는 것임을 밝혀 둔다. 그분들은 자신들의 사역이 드러나 추앙받기를 원치 않으셨다. 섬기는 그 자체로 만족해하셨고, 자신들이 한 일보다 더 많은 사랑을 한국 사람들에게서 받았다고 말씀하셨다. 또 우리나라 역사의 굴곡진 시간을 함께했음에도 그 역사를 비난하지 않고 역사의 소용돌이에 휩쓸려 아파하던 사람들을 위로하고 눈물을 같이 흘려주고 안타까워하던 모습이 우리의 마음을 적셨다.

이 작업 덕분에 나는 한국 기독교 역사에 관한 책들을 읽고 연구하면서 안목을 높일 수 있었고 삶의 중심을 돌이켜 보는 큰 도전의 기회도 가졌다. 책에서 만난 믿음의 선배들 한 사람 한 사람의 삶이 내게 얼마나 큰 도전이 되고 배움이 되었는지 모른다.

엘리자베스 쉐핑 선교사는 광주에서 사역한 간호사로, 고아를 열세 명이나 입양하여 키우고 결혼까지 시키셨다. 그녀가 한국에서 죽었을 때 광주에서는 처음으로 시민장을 치렀는데 그야말로 많은 사람들이 울면서 그녀를 떠나보냈다. 그리고 포사이드 선교사가 처음 광주에 여자 거지 한센병 환자를 데리고 와 치료를 시작하여 결국 애양원이 설립되었다. 이분들의 삶과 내 삶이 너무나 비교가 되어 부끄럽다. 미국에서 만난 선교사님들 역시 내게 '그들 자신에게 복음이 어떤 것인지'를 알려 주셨다. 나도 그분들과 동일한 복음을 믿고 있는데도 그분들의 복음은 내게 어마어마한 크기의 다른 존재감으로 느껴졌다. 이것이 내게는 취재와 글을 쓰는 내내 부담으로 다가왔다.

'지금 내게 복음이란 무엇인가?'를 점검해야 할 때다. 내게 주어진 복음에 합당한 삶을 살고 있는지, 하나님이 주신 사명을 잘 감당하고 있는지는 내 평생의 숙제다. 복음은 원래 같은 것이리라. 모든 이에게 같은 내용의 복음이 전해지지만 누군가는 그 복음을 희석하고, 누군가는 그 복음을 축소하며, 누군가는 그 복음을 투명으로 만들어 버린다. 그렇다면 우리 일행이 받은 복음은 무엇일까? 이 책을 읽는 분들이 모두 한번 생각할 기회를 갖길 바라며 글을 써 내려갔다.

하나님이 우리에게 기회를 주심을 감사하며 동행했던 이 교수님과 일행들, 그리고 도와주신 차종순 총장님과 임희국 교수님을 비롯해 나를 지지해 준 가족과 부모님, 오랜 친구인 도균 형제와 은정 언니, 사무실 식구들과 번역을 해준 친구들에게 감사를 전한다. 또 책으로 만들어 준 홍성사 오은숙 씨와 앞서 복음의 길을 밝혀 주신 선교사님들과 그 가족들에게도 감사를 보낸다. 기회가 된다면 이 책이 영문으로도 출간되어 선교사님들의 자손들이 자신들의 부모님이 어떤 삶을 살았는지 알 기회가 오길 바랐는데, 4년이 지난 후에 아시안 미션의 도움으로 한영본이 완성되어 하나님께 감사드린다.

나는 앞으로 한국인들이 펼치는 선교사업의 현장에도 찾아가 하나님이 행하시는 역사를 자료로 만들고 싶다는 욕심이 있다. 그 발걸음에 복음의 순결성이 묻어나길 바라며 몸과 마음을 열고 하나님이 빚고 계신 역사를 똑바로 보고 겸허히 전할 수 있기를 소망한다.

지금도 이름 없는 선교사로 전 세계에서 복음의 씨앗을 뿌리는
많은 선교사님들께 이 책을 바칩니다.

A Journey to

Black Mountain,

a Town of

Nameless Missionaries

—

Han Byeongseon

Contents

Part 3 Origins of Mission to Korea

Part 4 Travel Journals

17 Missionaries in Five Cities We Visited

San Francisco

Los Angeles

Louise Grubb
Daniel Newman
Jean Underwood

San Antonio

Donald Clark

CHRISTIAN FRIENDS
OF KOREA

ME

VT

NH
MA

NY
CT
RI

WI

MI

Drew University
Lafayette Avenue

New Brunswick Theological Seminary
Presbyterian Church

PA
NJ

● Princeton   Samuel Moffett Jr.
and Eileen Moffett

OH
DE
MD

IL
IN

WV

MO
KY
VA ● Union Presbyterian Seminary

● Black Mountain

TN
Mariella Talmage Provost
Lois Linton

SC
Heidi Linton
Kenneth Scott

AR
Roberta Rice
John Wilson

MS
AL
GA
Kenneth and Silvia Boyer
John Somerville

LA

● Clearwater
FL
Charles and Martha Huntley

SA   37
SAINT JOHN'S
EPISCOPAL CHURCH

Prologue

–

The Journey to the Past Begins

This journey began with a friend's story. She was telling me about her trip to the United States the summer before. While staying at a well-known spiritual training center, she had stopped at a lake, where she had met an elderly American man. She was strolling along the lakeshore when he had suddenly approached her and asked, "Where are you from?"

When she answered, "I'm from Korea," the elderly gentleman was delighted and began to speak in Korean.

"I'm from Gwangju in Jeolla-do. And I studied at Pyongyang Foreign School."

My friend was surprised by this elderly American's fluent Korean and the fact that he had studied at a school in Pyongyang.

He said he spent his childhood in Korea because his father had been a missionary there. He proceeded to invite my friend and her husband to his home. His house was surrounded by Korean trees and flowers that blossomed throughout the year, and the inside was full of traditional items from Korea.

He took my friends, complete strangers, around his home and he wanted to continue to talk to them. He even brought his 100-year-old sister who was living at a nearby nursing home. The elderly man and his sister sang a Korean funeral song they had heard when they were young. The elderly lady had also grown up in Korea, and she was a music teacher at Pyongyang Foreign School. She reminisced about her life in Gwangju and Pyongyang, and said that she always welcomed Koreans.

It was truly amazing. Blue-eyed 100-year-old woman and a man in his 90s singing a Korean funeral song in a small town in the southern United States! They were singing a song that was long forgotten even by Koreans.

Later, my friend learned that the father of these elderly siblings was Robert M. Wilson, known in Korea as Woo

Wolsoon(우월순). Robert Wilson was a director at Gwangju Christian Hospital, and the founder of Aeyangwon(Wilson Leprosy Center and Rehabilitation Hospital). He was a father figure to the lepers in Korea.

The elderly man also provided some exciting news. He said there were many retired American missionaries from Korea living nearby. American missionaries who had sacrificed their youth for Korea were living together in one community! My friend desperately wanted to meet up with them but she had to return to Korea because of her tight schedule.

I was very moved by her story. *Wow, witnesses to a vital part of Korea's history are still alive!*

My excitement was like the excitement you feel when you know you can finally see the painting that you have only heard about. The parents of these peple were the first-generation of missionaries in Korea. They themselves are the third-generation missionaries who worked in Korea around the time of the Korean War. Usually, the missionaries that came to Korea from the 1880s to the early 1900s are called the first-generation missionaries, those that came in the 1920s and the 1930s are called the second-generation, and those that came around the time of the Korean War in the

1950s are called the third-generation. The elderly man and the lady that my friend met also worked in Korea from the 1950s to the 1980s and are now retired and living in the States. The fact that they are now in their 90s and don't have much time left in their lives gave me a sense of urgency.

"I must surely meet them! They don't have much time left to tell us the stories of their time!"

Searching for Traces of the Third-generation Missionaries

My heart was on fire. I desperately wanted to visit Black Mountain, North Carolina, where the retired Southern Presbyterian missionaries lived.

"Yes, I must record their stories before they pass away, while their memories are still clear. We must remember their work and sacrifice. We must let our descendants know about those who laid the foundations for Christianity in Korea."

Therefore, I began the project of making a documentary about them. The first thing I had to do was to secure funding. And I had a strong conviction that if this project was from God, then He would send someone to support it.

I started to pray for just one supporter. I would share my vision for this project with that one person and if the answer was yes, it was a go! But if the person declined, then the project wouldn't be for me. But oh my! As soon as I finished my story, the first thing he said was, "So how much do you need? I will fund whatever you need."

This may be hard to believe, but it really happened that way.

The next step was deciding who to visit and interview. First, I had to discover what they had done in Korea and where they were living. For this, I asked people around us for help and came up with a list of people who could be advisors. Among them was Cha Jongsoon, the president of Honam Theological University & Seminary(HTUS), Yi Mahn-yol, a professor of Christian history, and Oak Sungdeuk, a professor at UCLA. I immediately sent out emails to them.

The first person to reply was president Cha. I left right away for his seminary in Yangrim-dong, Gwangju. Being a historian of Korean Christianity, he had a lot of documents and resources, and he knew the recent whereabouts of many of the retired missionaries. But his resources were limited to the missionaries from Southern Presbyterian Mission.

There was a cemetery for missionaries on a small hill in HTUS, like the one at Yanghwajin in Seoul. The graves of the missionaries that were scattered across Jeonju, Mokpo, Gunsan, and Suncheon had been moved to there. When I visited the cemetery, it was under renovation. My heart especially ached when I saw the graves of infants who had died soon after they were born. I could almost feel the pains of those missionaries who had to bury their small ones. What was the reason for them to come to Korea and risk the lives of their children?

I received much information about retired Southern Presbyterian missionaries from President Cha, but I still lacked information on the missionaries from other denominations. I had information on the first-generation missionaries but barely had any on the ones still alive. I requested help from, the General Assemblies of Presbyterian Church and Missions in Korea and the Presbyterian Church in the States, but all I received were negative responses. They said Southern Presbyterian missionaries' children were still living because the Southern Convention started sending missionaries later, but most of the third-generation missionaries from Northern Presbyterian Mission had already passed away.

Nevertheless, I could not just give up. I sent a letter to a retirement home for Northern Presbyterian missionaries and after going through many people, I finally got in touch with a missionary at the retirement center. In addition, Professor Lim Heekuk of Presbyterian University and Theological Seminary(PUTS) introduced me to a pastor in Los Angeles who sent me contact information for many missionaries. So it took a while for me to collect information on the Northern Presbyterian missionaries. We finally made contact with a missionary to interview just a week before our departure. Slowly, one by one, we had reached out to the missionaries to film.

It would've been great if there was a place with all the information on all the missionaries but there was no such library or resource center in Korea yet. Since I had to go through many different people in order to gather the information, there was an indication that some of it was wrong. Also, by the time I had learned of other missionaries whom I could have filmed, it was too late to arrange interviews. I was especially sorry that I couldn't film a missionary from the Underwood family living in Chicago. But I was thankful that through this process, I came to know Suh Jungwoon, the former president of the Presbyterian University and Theological Seminary and Kim Insoo, the president of Presbyterian Theological Seminary in America(PTSA). Who helped us. In the end, after four months of gathering information, I could finally put together a synopsis and a filming schedule.

Forming the Expedition Team

Now all I had left to do was putting my team together. I wanted a historian who could verify the interview information and a seminary professor who could help the next generation of students by writing papers and providing resources. So I asked Professor Yi Mahnyol to recommend a few people. He gave me the names of a few students and added that he could come along as well. I felt like I had gained a thousand troops. The Church History Professor Bae Dukman of Asia Life University and the Old Testament Professor Chun Sungmin of Westminster School of Theology also joined the team. With the addition of two other filming staff, there were six of us in total.

The following was the itinerary: We would conduct interviews with missionaries in Los Angeles, Texas, Florida, Black Mountain in North Carolina, and Princeton, New Jersey, followed by a visit to the Union Presbyterian Seminary where missionaries from Southern Presbyterian Church studied, then onto New Brunswick Theological Seminary where Underwood graduated from, and then we would go to Drew University archives. So our grand journey was to begin in Los Angeles, on to Texas, Florida, North Carolina, and ending in New York.

Working on this project, I had to explain who I was and what I was doing, why I was doing this and how I was going to use this documentary, over and over again to all the people I asked for help. It was the same when I collected information in Korea and when I was visiting different places in the United States, and when I contacted different people for different reasons. There was no one archive with all the necessary resources, and there was no expert in this branch of study. Despite numerous phone calls to many different places, it wasn't easy to gather **real information**. As I mentioned previously, information on Northern Presbyterian missionaries was especially scarce. Many of them had already passed away, and those who were still living were so old that it was difficult to get in touch with them.

As I gathered information for four months, I realized that not enough work has been done in collecting and organizing resources on Korean Church History, even though it is a part of Korea's history. While missionaries from the States have sent all their resources and information to America to be collected and stored, Korean churches have no interest or information on who came or where they are now. I regret not interviewing all the missionaries scattered across the States due to lack of information.

Now, it's time to introduce my team. First, Professor Yi Mahnyol. He was a history professor at Sukmyung Women's University, when he was dismissed in the 1980s for criticizing the dictatorship and standing up for democracy. He was reinstated later and served as the president of the National Institute of Korean History. He has studied Church History extensively and he is an elder at Kosin Presbyterian Church. He is also a key member of the Christian citizens' movement. He played a very important role as an instructor on our team because he knew where to go and who to meet.

Professor Yi had visited Black Mountain once before, back in the early 1980s when he was dismissed from the university, when he had collected historically significant resources. On this trip, his advice helped us focus on the important things. He still has a very good memory even though he is in his mid-70s. He always replied to my emails quickly and accurately. He helped me to stay on the right track, and I tried hard not to give him any trouble.

One unexpected thing about Professor Yi is that he is a very good singer. We always enjoyed listening to him singing hymns during our rides. Sometimes, we joined him in singing and it felt like a great revival worship. Another aspect of him that I discovered was his flexibility. To be honest, at first, I thought he would be a very rigid and picky person. But he turned out to be very rational and open-minded. Whenever we had to make decisions, he handled it rationally and did not insist only on his idea. More surprisingly, he was always looking after the people around him. He was considerate toward others, approached them first, and never complained about the food or lodging, so we were always comfortable traveling with him.

Professor Bae Dukman is currently pastoring a church while teaching at Asia Life University. He is very good looking and is also skillful in whatever he does. Above all, he is very gifted in storytelling. Thanks to him, we were always laughing and were never bored during the three weeks of travel. He has experienced many things that other people usually don't go through, and because there were so many unique people around him, he was able to tell us a lot of interesting stories. Anyway, he was the best story-teller in our midst. All the missionaries provided us with great hospitality and it was probably because of Professor Bae's charm. He was our translator during our interviews because he had lived in the United States until recently. He was also in charge of scheduling and contacting missionaries via emails.

Professor Chun Sungmin who teaches the Old Testament

at Westminster Theological Seminary was our everyday interpreter. Our first impression of him was that he would be a very rational person who values principles and rules. But in fact, he is someone who is easily excited by small and simple things. The fact that he originally majored in mathematics before majoring in the Old Testament was also very interesting. He had a weakness for things that were amusing or fun. He probably majored in the Old Testament because of his curiosity. He is also a type who must finish whatever he has started, and is shy with unfamiliar people and places, but is very friendly with those that are close to him. He likes electronic gadgets—his MacBook is always by his side and he would risk his life for his iPhone. We felt sorry for him for he had too much work to do. We were very grateful because he took care of reservations, scheduling, translation, and organizing the interviews. However, it is near to impossible to get him to submit articles on time. This is because he is a perfectionist and has a habit of procrastinating until the very end and finishing it in one sitting. His habit of taking photos helped us in the end for he had many great ones to contribute.

Koh Shinyoung and Kim Shindong were responsible with technical things. They took charge of driving, filming, connecting internet, and videotaping. We had no problem with preparation and filming because after many years of working together, they took care of all the necessary things without my asking them. Since Shinyoung is good with details, she was in charge of booking plane tickets, car rentals, scheduling, lodging, and even driving. She also arranged for us to have internet access, even in the United States. Meanwhile, Shindong brought lots of movies and games on his MacBook for us for entertainment. Since both are in their early 30s, at first I was worried that they might be uncomfortable with the professors, but they interacted really well with them.

As for me, Han Byeongseon, I was in charge of the overall management of the project. I have produced many promotional videos for companies and Christian organizations for over 10 years. In short, I am a producer and a filmmaker. I'm always busy with planning and producing good films. Though this trip began with a flash of an idea, I had always hoped that our production team would pioneer into a new field that no one had ventured into before. Also, I want to be known as Han Byeongseon, rather than a woman. I enjoy dreaming of new things, and going through many obstacles in order to realize these ideas. Nevertheless, I am determined to complete whatever I have started. Being honest and straightforward is both my strength and weakness. I'm also good at getting the work done but sometimes I unintentionally hurt those around me in the process. I also enjoy eating delicious food, chatting with friends, watching movies, and hanging out with my friends. Strangely, I was very ill during this trip as well as while editing the documentary and writing this book.

Every trip has unexpected problems, and this trip was no different. Because the time period in which we were to communicate with the missionaries was between Thanksgiving and Christmas, during which time many would be travelling, many of the missionaries could not be contacted. So Professor Bae, who was in charge of scheduling, had a very hard time. In the end, we were not able to finalize our schedule until mid-January. Above all else, it was difficult for all six of us to take a three-week vacation at the same time. Professor Chun had to pack a bag because he had an unfinished paper, and I was busy cooking enough food for my family for the three weeks I would be away. As for our production company, we had to film and edit films worth three-weeks of work in advance. Professor Bae brought his translation work on the plane because he could not complete it on time.

Professor Yi Mahnyol was the most relaxed. He just had a book to read in his hand when we boarded the plane.

So this was our team. There were six of us, with ages ranging from the 30s to the 70s. We finally got on a plane on January 31st, 2011, with our three-week long itinerary to visit the missionaries.

Part 1

—

People Who Sowed the Seed with Tears

01

Beginning of a Short Yet Long Journey

It was a long 12-hour flight but all of us were very busy on the plane. I finalized our schedule and organized questions that we were to ask the missionaries during the 3-week trip. Professor Chun was writing his paper, and Professor Bae was revising his article. Professor Yi Mahnyol was reading a book titled *To Start a Work* written by Martha Huntley, one of the missionaries whom we were going to meet. Our camera staff, Shinyoung and Shindong, had already begun filming.

Professor Bae had received a phone call at the airport just before the plane took off. The call came from Inter-Varsity

Christian Fellowship(IVF) to confirm a lecture schedule for the next day. Professor Bae had thought the lecture was in February. We were right next to him and we felt the confusion and panic of the caller. But there was nothing we could do.

None of us slept on the plane and we were all absorbed in our own work. In the early morning of January 31st, we landed in Los Angeles.

Though we arrived in the morning, we left the airport in the afternoon because of the complicated immigration process. My old church friend and his wife came to pick us up, helping us with our luggage and buying us lunch.

The real trip has now begun. There was no time for us to rest because of our tight schedule. Our hotel in Los Angeles was in Koreatown. We decided to use a Korean taxi company to get there, thinking it would be cheaper than other transportation services. However, we were disappointed. They overcharged us and the service wasn't good either. We felt awful, but we had to bear with it as we had to use it for two days.

And there was another unexpected problem. Because we had a lot of luggage, we collected them in a hurry and didn't check them thoroughly. When we arrived at the hotel, we discoverd that we had mistakenly brought someone else's bag, which was supposed to go to San Francisco. He must have gone crazy because of his missing luggage. However, we did not have time to take it back to the airport. After this incident, we decided that each person would look after his or her own bag.

We chose Canon and Sony cameras for filming this documentary. We used Sony's Z-1 for the main shooting, and Canon 5D was chosen for insert. Canon produced vivid color so it was perfect for the American weather. Professor Chun took photos with Nikon and Canon cameras.

Wherever we went, we had a lot of luggage because we carried around equipment like cameras, tapes, laptops, scanner, and gifts for the missionaries. Originally, we had planned to ship the gifts from Los Angeles to Black Mountain directly, but we could not because unlike Korea, parcel delivery service was very expensive in the States. As a result, we had no choice but to divide the baggage and have each person responsible for his or her own. We all missed Korea's fast and cheap delivery service every time we were swarmed by the bags. We also had to limit our personal belongings to the size of the in-flight carry-ons. It wasn't easy for a three-week trip in the winter.

02.

Sacrificing the Prime of Her Life

Louise Grubb

Though we were still tired from the long flight, we had to go visit our first interviewee. We were scheduled to meet five missionaries in the Los Angeles area for the next two days.

First we went to meet Louise Grubb(Suh Subok서수복) from Northern Presbytery. Her husband was William A. Grubb(known as Goo Euiryeong구의령 or Goo Euiryeon구의련), who had worked actively for forty years in Daegu and Andong. The fact that he had worked in a spiritually barren places such as Daegu and Andong was interesting. I had called up Daegu and Andong Presbyteries to search for their whereabout, but no one knew about the Grubbs.

Mrs. Grubb was living at Westminster Gardens in northern Los Angeles with other retired missionaries from Northern Presbytery. Here, she was the only one who had worked in Korea. Westminster Gardens was a really big retirement center for Northern Presbyterian missionaries. The healthy missionaries lived in townhouses while those who were sick were cared for by nurses. Mrs. Grubb was so sick that a nurse had to be with her around the clock. Because of this, we communicated with her caregiver to set the date, time, and place, to interview her.

Mrs. Grubb was a cute lady in her 90s with manicured nails. We were told that she put on her makeup to meet with us. Her voice was soft and shaky, her memory was dim, and above all, she couldn't see properly. We sat very close to her to talk with her since she couldn't see or hear well. We sat around her like grandsons and granddaughters sitting by the foot of their grandmother.

Professor Bae Dukman started the interview on behalf of us.

"Many missionaries dedicated their lives for Korea. However, Korea has not given them the full respect and gratitude that they deserve. Though we know that it is very late, we have now come to listen to what you want to tell the churches in Korea."

She said she used to speak a little bit of German, Spanish and Korean, but now has forgotten all. She also said many times that her husband William would have been very happy to meet us. She said her husband spoke fluent Korean, and she apologized several times for forgetting Korean. Her husband William was outgoing, friendly and popular but had passed away a few years ago.

She had coincidently sat next to William at the Thanksgiving dinner of Princeton Seminary. William later proposed her to go with him to Korea. Back then, Louise was a physiotherapist. William told her that physiotherapy would help the Korean people who were in the middle of a war, and in the end, she came to Korea. The entire country was in ruins because of the war, but how quickly Koreans were rebuilding the country was simply amazing.

After she and William were married in Korea, they went down to Daegu. There, both of them taught English and the Bible at Keimyung University and Yeungnam University. Her husband William was also a chaplain for the United States Air Force, planted a church, and was involved in various ministries. As for Louise, though she was a nurse, she visited a leper colony whenever she could to teach them weaving and hairstyling so they could go out into the society and become independent.

She raised three children in Korea. She said to us again and again that it was a good thing to do. We were very surprised because we knew that Korea in the 1950s and 60s was not a very good place to have and raise children in. Nonetheless, she said she was thankful that she had been able to provide her children with diverse experiences. Her children studied at Taejon Christian International School, and all of them remember this period as a happy part of their lives.

During the interview, she said over and over again, "Koreans are very kind and good people," "I cannot forget them," "I was very happy with them," and "The happiest time in my life was my forty years in Korea." She was in tears when we asked, "What does Korea mean to you?" She said it was where she built happy memories with good people, and that it was impossible to not love them. The answer came from her heart and we were in tears as well. Professor Yi Mahnyol, who was in his 70s, the young professors in their 40s, as well as the 30 year-olds who were shooting the video, were all weeping. She had started to serve Korea in the prime of her life in her 20s and retired in her mid-

60s. She remembered the difficult times in the unfamiliar country as the happiest time of her life, and said that she loved Koreans dearly. She cried when she said Koreans were her good friends, good Christians, and kind and considerate people. I cried out loud when she said she was really sad to retire and return to the States.

Are we Koreans that good people? Are we serving others sincerely for them to say they were happy to sacrifice the prime of their lives? I wasn't able to say anything and my heart ached. She really appreciated the gifts, the letters and even the wrapping paper. She said her last wish was to visit North Korea. She said she wanted to work there again if she could go there. Watching her, I felt the inseparable love of Christ.

Who shall separate us from the love of Christ? Shall trouble or hardship or persecution or famine or nakedness or danger or sword?(Romans 8:35).

Q: When did you leave for Korea and how long did you stay there?

I cannot remember exactly when I first left because I didn't keep any record. I had been in Korea for forty years when I retired. I visited Korea three more times after my retirement. I couldn't completely leave Korea behind.

Q: What was your main ministry in Korea?

When we were in Daegu, we had an English Bible study with college students four times a week. Many of them came to learn English, but we used the Bible as our text. We supplied refreshments for them because they usually came from school very tired and hungry. I taught them for three years and later my husband took over. It was a wonderful way to share the Gospel.

Q: What was the most important and remarkable thing that happened when you were in Korea?

I was sad to see Korea divided. As far as I know, South Korea is doing well. But there is still a lot of work to do in North Korea. We are not allowed to go in because the government doesn't trust us. I know a lady, a Korean missionary, whom the North Korean government trusts. I heard it is safe if you go with her. If possible, I would like to visit North Korea with her.

Q: Did you have close Korean friends?

We were close with all of our Korean friends. Koreans were always kind and loving and were willing to help us whenever they could. Koreans were always thoughtful and enjoyed helping others. We hear that Korean missionaries are spreading the Gospel all around the world. I think the reason that there are more missionaries from Korea than any other countries is because Koreans like to serve. And I hear that they are doing very well too. Koreans are amazing people. They are great evangelists and great servants. I am proud of my Korean friends.

Q: What would be some of the fruits you've produced as a missionary in Korea?

All the students that we have helped. They attended high school, university and seminary. One young man came and said we had helped his great-grandfather become a minister and expressed his appreciation. This was the most important job we did, helping people through schools and seminaries to serve in the churches. We did as much as we could. We are glad to see so many outstanding preachers coming out of Korea.

Q: Is there anything else that you would like to share with the Korean churches?

I think they are doing a very good job. We are always praying for them. We encourage them to be good neighbors and to witness Christ's love for the world. Do good things and be good friends to your neighbors. I am always thankful for the Korean friends and I miss them so much. We received a long letter from a lady who helped around our home but unfortunately it is lost. Our Korean friends had positive attitude, seeing good even in unfortunate circumstances.

03.

Doing Everything with Obedience

We left there with heavy hearts. None of us said anything for a while in the car. We all felt the same. We could sense Louise's pure heart, like that of a child.

My whole body shook with excitement. I looked forward to our future meetings and interviews. We hadn't actually known much about Louise before meeting her, but during the interview, we could feel something warm and strong in our hearts. Though she couldn't remember most of the names of places and people, dates and time, or the details of her work, she still retained her genuine love for Korea. And that love was enough to touch and stir our hearts.

What is the point of asking what kind of work she did in Korea? We realized that those questions were not important. We realized that while their testimony of their work in Korea is important, we should listen more to what they were trying to tell us through their lives.

We wanted to make sure that even her grey hair and wrinkles looked beautiful on the film. It felt as if I had filmed an emotional drama, not a documentary.

After returning to Los Angeles, we met with pastor Rim Hyungcheon from LA Youngnak Church, and Professor Oak Sungdeuk. We had some expectation that we might get some resources from them since we heard that the LA Youngnak Church invites missionaries from time to time. Professor Oak Sungdeuk was a student of Professor Yi Mahnyol. He had originally planned to join our team, but wasn't able to because of schedule conflict.

Pastor Rim Hyungcheon greeted us with much hospitality even though this was our first time meeting. Unfortunately, the Youngnak Church barely had any information on the missionaries. But Professor Oak Sungdeuk gave us some information on a few missionaries. We were glad and grateful to meet these two people who were willing to help us on our adventure.

I suddenly felt cold as we returned to our hotel after our first day. It was probably because I hadn't been able to get any rest since before we left Korea and had to jump immediately into doing an interview and a dinner without a break. Moreover, our hotel's air conditioning was good while its heating system was poor. I wasn't able to sleep that night because of the chill, even after two dosages of the cold medicine that I had brought over from Korea. I was shaking with aches the whole first night and I prayed, "God, this trip was not an easy one to prepare for. So it doesn't make sense that I am sick on the first day of our trip. Please help me so that I won't be sick. No, I pray that I would be sick after the trip."

I suddenly thought of the missionaries I had read about while I was preparing for the interviews. I remembered the stories of the missionaries who had suffered or died from endemic diseases. In the olden days, they had to sail from San Francisco to Korea and it took a month for them to arrive. They must have had a lot of inner conflicts and worries as they were travelling to their designated region. How disappointed they must have felt when they became sick—even before they had started their ministry! I was able to feel the discouragement they must have felt. Nonetheless, they had dedicated their lives in obedience in spite of their despair, sufferings and frustration. Their obedient heart touched my heart very deeply. It was a lonely night.

04.

Evangelism is My Heart and Soul

Daniel Newman

I was so sick that I lamented. "Of all days, why now?" "God is too mean to me." But who could I blame? Because we had a very tight schedule ahead of us, I was worried that I might be bed-ridden, or that I might lose my voice. But in fact none of my team members noticed that I was sick. It was probably because I looked strong and healthy. Still, I felt sad not to be noticed.

Anyway, we had scheduled three interviews for this day. We had Professor Newman at Azusa Pacific University at 9 am, President Kim Insoo of PTSA at 2pm, and Mrs. Jean Underwood at 7pm.

After having breakfast, we went to Azusa Pacific University. All we knew about Professor Newman was that he was a missionary in Korea for 30 years and that he was fluent in Korean. We were surprised when we met him because he was much younger than we had expected. He had come to Korea in his 20s and now was in his 50s. He was also a very good looking gentleman.

We met him in the library and our interview was full of laughter. Daniel Newman was trained at YWAM and he was determined to be a missionary to an island after he graduated from high school. He chose an island because he thought that people on islands had no opportunity to hear the Gospel. At first, he had planned to go to Hong Kong or India where there are a lot of islands. But while visiting Korea for a month, he was rejected by a country he had applied for and he had to stay in Korea for a little while longer.

So in 1978, he stayed in Korea for a year and studied the Korean language and went out to Myeongdong every weekend to give out tracts. He thought he should at least distribute Gospel tracks since there weren't many churches or Christians in Korea. That year became two years and he ended up staying for many years as a missionary in Korea.

Later, he learned that there are many islands in Korea

as well, so he finally started to do missions on the islands. One day, a man on a boat asked him who Jesus was. At that moment, he was moved by the opportunity given to him to share the Gospel and became more devoted to it. After this incident, he studied Korean more diligently to share the Gospel and so came to speak Korean better than any others.

We asked him why he was so passionate about evangelism. He said it was because God is happy when we share the Gospel with other people and that evangelism is what God wants us to do. That is why he has no choice but to evangelize. At that moment, we were very embarrassed for asking him an obvious question.

Though he answered simply, his answers forced us to think. His answers made me examine myself, someone who was full of greed and her own thoughts. But Daniel was humbly following God's command and so his life itself was a challenge to me.

Newman said he married a Korean woman he worked with in Korea, and that he was ordained in Korea as well. Later, he taught English in Korea and then returned to the States to teach theology at a seminary.

This missionary, a man who had come to Korea in 1978, seemed somewhat different from the missionaries before him. To him, mission was his heart and soul and a way of life. Suddenly, I realized that mission happens not only when one party helps another, but also when both sides support one another. Perhaps that is why he has a heart to do mission wherever he is. It was fortunate to see a different side of missionaries through Mr. Newman.

He said he was adopted by Korea. He continued by saying that Korea had raised him and had instilled in him a set of values that became a foundation in his life. So even now he still does whatever he could to help Korea and the Korean people. Though he had an appearance of a foreigner, he was a true Korean on the inside.

As we finished the interview with a prayer, all our hearts were touched. There was warmth in our hearts and we felt a sense of kinship by the fact that we were all believers. We were all brothers and sisters in Christ. It also felt more comfortable to conduct this interview because it was in Korean.

After the interview of the young and good looking Daniel Newman, we had a simple lunch together. Then we went to meet President Kim Insoo of PTSA.

Q: What were your ministries in Korea?

I prayed all the time. I prayed that I could share the Gospel with many people, and I evangelized whenever I had the chance. I realized that God was in charge of this mission, not me. Mission is not a one-man job. How can a person do all the mission work? Mission is God's work.

I also went around the countryside and led worship gatherings. I remember churches in the countryside adjusted the early morning prayer meeting times for the farmers. The meetings had to end before the Sun came up so the farmers could go out to work the field afterward. I came to respect pastors in the countryside churches because of their great dedication. I'm very certain that God has great reward for them in heaven.

In the United States, not many people participate in evangelism. But in Korea, the entire church had a passion for evangelism. I'm impressed by this kind of passion.

Q: What is the American missionaries' legacy in Korea and what is its historical significance?

It is the church. There is nothing more important than that. I would not say that the missionaries were the cause of all the advancement in Korea. They are the result of partnership. If the church tries to do everything alone, there will be shortcomings. Whether the missionary is from the States or Africa, each one has own perspective on God. It is different from how Koreans view Him. Each society has its own unique perspective and understanding about God. So we get to see the greatness of God in a new way when we talk with other people.

When I went to Korea in the 1970's, it was a time of hippies in the United States. I had long hair, too. America's culture back then was very casual. They emphasized "Jesus is my best friend." But Korean churches had a very solemn atmosphere. They emphasized God's transcendence and holiness. I thought Jesus was my friend. But Koreans had a firm view of God as divine and humans as His creation. So I have encountered a new perspective on God in Korea. Churches in each country have their uniqueness, but there is also universalness in the Church. Therefore, churches should always have relationships with one another and encounter new perspectives on Jesus.

Q: What does Korea mean to you personally?

I love Korea. The second generation Koreans in the States call themselves **bananas** but they call me an **egg**. Yes, actually I have become very Koreanized. I don't even think of myself as American. Also, everyone in my church is Korean; there is not a single white person. Sometimes, I even ask God, "Why was I born in the States?"

Korea adopted me. I'm in debt to Korea. I was even ordained in Korea. My wife is Korean, and I belong to a Korean family. I think of my in-laws as my family members, too. And I have experienced God in a totally new way in Korea. Therefore, I always pray that there will be a new revival in Korea. I pray for God's love on Korea and that the Korean Church will be victorious in the world. I am not a retired missionary. I'm still serving the Korean Church.

05.

Eternity Dwelling in a Moment

Walter Johnson

The only reason we met President Kim Insoo was because of his books. While he was in Presbyterian University and Theological Seminary(PUTS) at Gwangnaru in Seoul, he taught Church History and wrote books such as *Overview on Korean Church History* and *Korean Church History*. As a church historian, his expertise is in Korean Church history and the missionaries who came to Korea. We asked people about him because we wanted to meet and interview him in person. Then we heard that he was currently in the United States, so we called and sent an email to Presbyterian Theological Seminary in America(PTSA). But for some reason, there was no reply. Then a reply came just one week before our trip began, and that is how we were able to meet him in person. Professor Kim came to PTSA as President after retiring from PUTS in Seoul. There were a lot of books on Korean missionaries in his office.

With his unique and delightful conversational skills, he told us many episodes about missionaries throughout our interview. He was still translating early missionaries' letters and publishing them into books.

Professor Kim said, out of all of his research thus far, the most memorable missionary was Walter Johnson. Walter Johnson was a missionary who came to Korea when Korea first opened its door to foreigners. Not much is known about who he was or what he did. He is known only to a few people who study the history of the early Korean Church.

Joseon(Korean dynasty, 1392-1910) at that time was a closed and dangerous country that had no usefulness or value in mission strategy. But Walter Johnson was led to this country because Joseon was still a country under the power of darkness. He left San Francisco with a young wife in her early 20s and arrived in Yokohama, Japan 70 days later. During the journey, his wife became ill with an ear infection. It would have been easy to treat it with antibiotics or anti-inflammatory drugs today, but there was nothing they could do on the ship. His wife passed away as soon as they arrived in Yokohama. She died near the final destination, so close by. He had to bury his wife even before reaching his mission field.

Despite such hardship, Walter Johnson decided to go to Joseon rather than going back to the States. He continued his journey as a missionary for the sake of his wife who had gone before him. But after coming to Joseon, even before adjusting to the new culture and environment, he died of small-pox. After preparing for his mission work for many years, he died in just 3 months! Hardly anyone in Joseon would have heard the Gospel through him.

Then what is the meaning of his death to us? Actually, there is another missionary whose life ended in a similar way. Missionary Thomas, who came to Joseon on the General Sherman(the United States' merchant ship that visited Joseon in 1866), also died in a tragic way. He was beheaded by a soldier soon after he landed on the shore near Taedong River. His stay in Joseon, the land he had so yearned to come to, was probably shorter than a day. But amazingly, many Korean people came to accept Jesus through the Bibles he left behind.

These missionaries passed away on a foreign land far away from home even before they had a chance to spread the Gospel. Who would be able to fathom the tears and pains that Walter Johnson's family had to bear? President Kim Insoo said he studied Korean church history because he thought that someone should remember the death of Walter Johnson; he thought that it would be too sad if no one remembered his death. The meeting with President Kim was refreshing like a cold soda and encouraged all of us.

After this meaningful interview, we went to meet with a student of Professor Yi Mahnyol who wanted to see his teacher earnestly. Though we had decided to minimize personal meetings as much as possible, having to focus on the purpose of this trip, we decided to accept this student's hospitality, because otherwise he would have been very disappointed. After meeting with him, we learned that when he was about to quit his studies due to financial difficulties, Professor Yi Mahnyol provided him with scholarships helping him to complete his degree. Once again, we realized that there were still many helping hands in this world, thus enriching our lives.

o6.

What Must We Give Up in Order to Give Someone Hope?

Jean Underwood

It had been only two days, but we had already met many people. We were scheduled to meet about three people every day, and the last interviewee of this day was Mrs. Jean Underwood.

We wanted to find out as much as possible about her before coming to the United States, but unfortunately we barely knew anything about her. All we knew was that she was a member of the Underwood family. Mr. and Mrs. Huntley in Florida recommended her to us, but all they said was that she had worked with them while they were working in Gwangju. These missionaries had devoted their entire working life and yet very few people knew anything about them. I was determined to track down and uncover them, these individuals who had perished without recognition or glory.

We arrived at about 8pm at her home in Glendale. Before meeting her, we estimated that she would be in her 60s, but she was actually much older. She was born in 1928, and her short silver hair looked very neat and tidy. We were all surprised by her Korean-style living room. There was a Korean traditional cabinet, embroidered folding screen and a variety of traditional household items. In fact, we were embarrassed because our homes looked much more Westernized than hers. We were able to feel her love for Korea just by looking at the decoration of her home.

In fact, Mrs. Jean Underwood hardly knew anything about us. She had accepted our request just because we were from Korea.

She was born in Pomona, California, as an only daughter. She majored in Viola, and decided to teach music in the Philippines after graduation. While she was preparing to be a missionary, she happened to meet John Thomas Underwood.

John was visiting seminaries and encouraging missionary candidates to go to Korea, sharing about the horrible aftermath of the Korean War. Back then, all she knew about Korea was that there had been a war in the past. She was moved after hearing John's lecture, and wanting to find out more, she met with him. This led to her volunteering to be a missionary to Korea. She married John, who was about 10 years older, and started her work as a missionary in 1954 and stayed in Korea for almost 40 years until she retired in 1993. Her husband John is Won Yohan(원요한), twin brother of the well-known doctor, Won Ilhan(원일한). Therefore, Jean is the granddaughter-in-law of Horace Grant Underwood(Won Doowoo원두우), since John is his grandson.

Everything was in ruins in Korea in 1954. Having lost their homes, people were living in damaged buildings and under the bridges, and there were orphans and disabled people everywhere.

Mr. and Mrs. Underwood stayed in the country that their grandfather had come to and continued his legacy of devotion for Korea. They lived their entire working life in Korea, serving the country. Their two children were born in, and are still living in Korea, and even her granddaughter, who was born in 2000, is currently in Korea. Her son, Tom, is working at the US Embassy in Korea. She homeschooled her children because she was not able to send them to public school.

What would be my greatest sacrifice? It would not be about me, but probably about my children. There is nothing more heartbreaking than sacrificing one's child. A parent who cannot help his or her children finds their identity lives with a sense of guilt. And if someone were willing to walk down that path knowing the consequence, he or she would be making the invaluable sacrifice. They can endure the hardships of that path because it was their choice but not everyone can bear their children enduring that hardship.

Because the interview lasted longer than we had planned, we started to get worried about her. She was not healthy because she had had several heart surgeries. Her husband had passed away just one year after retirement. That is probably why the United States is an unfamiliar and lonely place for her where she has to live without her husband. She showed us the materials she had. And after the interview, we also took a picture together downstairs in her storage room. We felt bad when we left because we had to leave her by herself. It would have been better if we could have spent some more time with her but we had to leave because of our tight schedule.

After meeting Mrs. Jean Underwood, I asked myself what I would have to give up in order to give someone hope.

Q: Could you please tell us about your work in Cheongju?

When we went down to Cheongu, I found some students of a school for the blind were looking for vegetables like cabbages in the field. They knew that they could get something to eat there. But when the things were ready to be picked, the people would come in and take them away. It distressed me greatly. Everyone was desperately hungry.

We were all involved in the relief work. People were coming to our home at all times. There was no phone lines yet in Cheongju so we were going from house to house to give out relief items. It was right after the war, so preaching the Gospel wasn't a part of our work in the first five years. I couldn't speak Korean yet and the needs of the people were very urgent. As for John, he made a round trip to churches in the countryside each Sunday. He went to one church in the morning and another church in the evening and came home late at night.

I began teaching at a Bible institute from 1960. It took two or three years of teaching before I was able to form a team that could go with me and teach the children. In 1967 we moved from Cheongu to Gwangju. Originally Gwangju was where Southern Presbyterian missionaries were working but there were suggestions to shift ministry areas. So John and I, who were from Northern Presbyterian Mission, taught at Honam Seminary. My husband taught theology and I taught Christian education and music. We were at Honam Seminary for twenty five years until 1993 when we retired. We served in Korea for forty years. I also wrote books on church music and Christian education.

Q: While you were living in Korea, were there any changes that you've noticed in the Korean Church?

I taught Christian education in the seminary. I would give students an assignment to write all they could remember about their faith in childhood.

When I began teaching, more than half of the students were first generation Christians. They grew up in non-Christian homes but they came to church because of their friend or songs or the Bible stories. One of the students talked about how he had to walk by a tree possessed by an evil spirit in the mountain on his way to and from school. He was very scared to pass by it on his way home when it was dark. Then a friend invited him to a church on the other side of the mountain. He went and became a Christian. Whistling the hymn "Onward Christian Soldiers" on the way to and from the church helped him not to be afraid of the dark or the tree. These first generation Christians were very passionate and constantly sharing the Gospel with their friends and families.

As time went on, more and more of the students were second generation Christians and occasionally there were third generation Christians. A third-generation Christian student said that his father had told him to be a minister when he was three years old. Unfortunately, that was the only memory he could share about his faith. Third-generation Korean Christians were becoming like American Christians. They were losing the excitement of being a Christian and merely accepting their faith just because they were born into a Christian family.

That was not the case when I first arrived. Christians were very active. They knew what life was like without Christ. They knew how the Holy Spirit came and brought transformations. They were just so excited. By the second generation, it had calmed down a bit. There was still a bit of enthusiasm but Christianity became a matter of knowledge rather than life. By the third generation, they were not much different than those of us in the States, as far as the enthusiasm went. The first generation Christians were very enthusiastic. By the third generation, attitudes were lukewarm. The percentage of Christians in the Korean population continued to grow. But when I visited Korea after 9/11, I realized that it was just an illusion.

Q: How do you think we can restore the faith that early missionaries passed on to us?

American Christians are practical and they worship science. But there are those who believe in God. Einstein believed in God. Among the scientists there are a lot of Christians. When I was still in Korea, people still believed in superstition. They thought diseases were caused by spirits because they weren't scientific and they didn't know about the germs they could not see. Koreans did not have much problem accepting the spiritual being.

But as Koreans learned about science, they've rejected the spiritual realm and thrown out God. Koreans seem to have given up on the faith in God when they threw out the superstitious beliefs. That is very sad.

Q: Is there anything you would like to say to the Korean churches?

I don't know much about the current situation of the Korean Church. But I'm always interested in the people of the church, because people are the church itself. I have become upset by some Korean pastors who own expensive cars and live in luxury. Maybe I shouldn't be upset because wanting to become rich and own more is a human nature. Nevertheless, I feel that many Korean pastors expect to be served by others. That distresses me a lot. In general, pastors in the States are not as rich as people in their congregations. In recent years, many pastors of Korean mega churches have become richer than the people in their congregation. That is very upsetting.

Q: What does Korea means to you?

I received so much more than I gave. The enthusiasm of the Korean people and the joy of the new Christians were especially amazing. Koreans knew what life without Christ was like. Seeing the joy of new Christians made me the happiest.

07.

We Don't Have a Home

Donald Clark

After two days in Los Angeles, we left the warm weather behind us and headed to Texas. We boarded an 8am flight. It was a three-hour flight and there was a two-hour time difference.

It was already in the afternoon when we landed in Texas. Professor Clark had said we were out of our minds when he looked at our itinerary, and now we were starting to realize what he meant. We thought moving from city to city in the United States would be like going to Daejeon or Gyeongju in Korea, and we did not think much about traveling by air. I didn't realize the consequences of this until we were already doing it. Flights could be cancelled by even a common winter storm but we had scheduled our interviews as if we were going from Seoul to Incheon.

So we went to meet Professor Clark with our weary minds and bodies. He teaches history at Trinity University, which is in San Antonio, Texas, and he is still going back and forth between Korea and the United States to do work related to Korea. His grandfather and father were missionaries in Korea and he used to live in Korea as well. He had been interviewing the missionaries of his father and grandfather's generations from the 1980s, and he said that he had the materials and resources with him.

His grandfather was Charles Allen Clark(Kwak Anlyun곽안 련), who was sent from Northern Presbyterian Mission. He planted and pastored Seungdong Church for twenty years and also taught at Pyongyang Seminary. He lived in Korea for 40 years, half of his life. Professor Clark's grandfather-in-law was Stacy L. Roberts(Na Buyeol나부열). He was the principal of Osan School and Pyongyang Seminary. And Professor Clark's father was Allen D. Clark(Kwak Anjeon곽안전), who was born in Seoul and had worked in Manchuria(Manju) and Cheongju. We were very curious as to how the descendants of these distinguished missionaries were now doing.

It took a 30~40 minute drive from Texas airport to Trinity University. It was a very quiet and secluded place. But Texas wasn't very friendly to us, the newcomers. Though it is actually known for its warm weather, it was cold and gloomy that day. Fortunately, we did not feel too cold because we had just left Korea in a harsh winter weather but the weather still made us feel lonely.

We first had a quick meal before meeting Professor Clark. Professor Yi Mahnyol said he had met him once back in the 1980s. Professor Clark was tall and well-built. Despite his age, he was full of energy and his gray hair reminded us of a scholar. His office was interesting because books covered its walls, up to the ceiling. There were many Korean books, and we also saw a lot of books on China and Japan.

Professor Clark taught many subjects including Sociology of Religion, Religions of East Asia, and Missiology. His father was born in Korea, loved it, and lived as a Korean. His father grew up in Pyongyang and went to Pyongyang Foreign School. He said his father's friends and their families are all still living in Korea. His father's childhood memories are in Korea as well. But his father was expelled by the Japanese because he had refused to worship at the Japanese shrine. He therefore had to go to another country. So Professor Clark was born in Columbia and lived there until he was 10 years old when his family returned to Korea after the Korean War.

Before returning to Korea, his father had always told him how beautiful Korea was, so he expected Korea to be a very beautiful country. But Korea that the 10 year old boy encountered in 1954 was a land suffering from the aftermath of war, in a chaotic state. People were dying everywhere.

After returning to Korea, his parents continued their work. He also went through the 4.19 Student Revolution, the 5.16 Military Coup, and the turbulent periods of the 1980s. He taught English, studied Korean history, and later received a degree from Harvard University. Now he is in Texas, teaching about Korea, Japan and China, and is studying and teaching comparing Christianity and other religions. He was fluent in Korean, but our interview was in English for more accuracy.

His greatest asset is resources and materials on his grandfather and father. These are historical documents that cannot be found anywhere in Korea, and they are Korean Christian history itself. He said he was thinking of sending these materials to PUTS in Seoul.

Throughout the interview, he emphasized that we should

not praise missionaries too much.

"According to my experience, missionaries were humble people. They are not comfortable receiving admiration and compliments. They worked in Korea because they were sent by God and their churches. But in Korea, they are praised greatly at this and that event. That's why, sometimes, missionaries hesitate to visit Korea. Even my parents declined the invitation from Korea, because they knew that they would get all these praises about their work. It doesn't mean that they should not be respected. But at the same time, it is true that they are hesitant to be praised and admired. They did what they did because it was commanded by God, not because they wanted to get praises.

Yanghwajin cemetery in Korea is a beautiful place. But to me, it is not a great place but rather a place that humbles me. I think they should be remembered and respected appropriately as human beings and as God's servants."

He still visits North Korea every two years for his work related to supporting North Korea. He said he was deeply moved when he saw Pyongyang and the Taedong River where his grandfather once lived. He said his grandfather and father would have loved to see North Korea again. Professor Clark is keeping his connection to Korea as his grandfather and father did. His final sentence in our interview sounded somewhat bitter. He said that missionaries that had left their home country and lived for a long time overseas had no place to return to.

Q: You have witnessed the lives of the earlier generation's missionaries. Why do you think they have committed their lives and dedicated themselves for Korea?

In their time, my grandfathers Charles Allen Clark and Stacy L. Roberts were a part of a very big expansion of the Presbyterian Church. This was about 100~120 years ago. At that time, it was a very popular idea in the United States to send out people to expand western civilization. They assumed that other people were missing or lacking something. It was a very arrogant attitude on the part of the West. This influenced the youth of the church as well. They had no opportunity to study about Korea.

So my grandparents went to Korea without any knowledge about the country. They did not know anything about the Korean language, culture, history, or its geography. They simply went to contribute something. They first had to spend years learning the language. In a way, it was a risky adventure. The churches that sent them regarded missionaries as the most devoted people, even above pastors. According to his own writing, my grandfather Clark wanted to be a minister but he sensed that God wanted him to be a missionary. He said he didn't want to go because he didn't want to freeze to death or be sick. But the more he said this to God, the more he sensed this compulsion to go to Korea and be a missionary.

He had never been there and didn't even know where it was, but he ended up going and spending forty years there. Actually, this was a kind of a crazy project. But back home, the church that sent him thought he was wonderful. They admired him, saying, "Look at this fine young Christian man. He is giving his life. He is a hero!"

Then after seven years in Korea, they went home and found that everyone had forgotten about them. When they returned home after another seven years in Korea, most of the people who sent them were dead. So where's their home? For my parents and grandparents, their home was Pyongyang.

Of course, it is nonsense and Koreans would laugh at them, these foreigners saying that their home is Pyongyang. But in my experience, for second- and third-generations in foreign families, their home will be in Korea. They are not Koreans. They have no home. They don't belong in Korea and they are not comfortable in the States either. They don't have friends in the States. This is an interesting thing, in terms of psychology.

My grandparents went to Korea with conviction and in obedience to the Great Commission. They went because it was a popular cause 100 years ago and it was very noble and even glamorous. But life in Korea was not easy. My family members that are in Yanghwajin cemetery died as children and babies. Korea was a dangerous place for children.

Q: So what is your conclusion?

Well my conclusion is that I would not like to be credited for my parents' and grandparents' work. The Holy Spirit was doing it and they were instruments and tools. I know a funny story about Dr. Moffett in Pyongyang. They were going to build a statue of him in a school in Pyongyang; he declined it by saying, "I don't want bird poop on my head." But there had been some statues built. There is Dr. Avison's statue in Yonsei University. Dr. Avison would be embarrassed about this because that is not why he gave his life at Yonhee College and Severance Hospital.

Q: How do you personally evaluate your parents' and grandparents' mission work?

I have a very interesting life thanks to what they did. I'm extremely grateful for their hard work. They also taught me good habits on financial responsibility, self-control, honesty, faith that are very important to me. They were good teachers to me. I respect my father and both of my grandfathers. Though they were very old when I was young, I respect what they did. If I go to Pyongyang and tell people that my parents were missionaries, then first of all, they don't believe me, and secondly, they hate missionaries and think that they are terrible people. Perception on missionaries is not good in North Korea. But in South Korea, they are respected and honored. I want to live in a way that honors them.

Q: How do you want your parents to be remembered by Korean Christians?

I want them to be remembered as humble and hardworking people who thought of Korea as their psychological home. When they came back to the United States after retirement, they were very lonely and they dreamed about going back to Korea. That's because they had been in Korea their whole life. Nowadays, they can come and go easily but back then it was difficult for them to travel. I would rather not have so much celebration or praise or honor. There is a tendency to idolize them and their work, and to tell their story better than it actually was. They were human beings. They sometimes fought and argued and they got in troubles. They were not always nice people. I know their human side. That's why I'm writing about how bitterly they fought over the issue of **shrine worship**. Also, as Dr. Yi Mahnyol knows, they fought over the issue of starting Yonhee College in Seoul and Soongsil School in Pyongyang. Some of them almost went crazy, fighting so fiercely against each other. They were not perfect; they were humans, too. So I want them to be remembered as human beings. Some were very proud, some suffered a tragic life, and some had triumphant lives. I would like them to be known better. And that is what I do.

Q: What were their hopes for the Korean Church?

All the missionaries from every denomination wanted Korean churches to be independent. Both before and after the liberation from Japanese occupation, they wanted to make sure that the Korean Church was strong and independent. They wanted Koreans to stand on their own feet after the missionaries had finished their work and returned home.

Q: The Korean Church is now independent, but Korean Christianity is not pure. What is your opinion on this issue?

Because we are all human beings. When Charles Clark, my grandfather, first went to Korea, he just wanted to teach Christianity and didn't want to learn anything. But later, the missionaries started to learn about Korea and they were changed. They went to bring change but in fact they were changed. They were transformed to have deeper spirituality, deeper knowledge, and they became more sensitive and thoughtful. I think the same will happen to Korean missionaries when they go to Indonesia or countries in Africa. They will be changed and come back as different people.

o8.

How Will the History Perceive Us?

Charles and Martha Huntley

The best book on Korean Church history written by a missionary is, *To Start a Work*. Though 960-pages-long, it is a very interesting book because it presents a new perspective on early Korean Christianity, the situation of the late Joseon dynasty, and stories of the missionaries. It is a valuable book written by Martha Huntley, a former newspaper reporter who worked in Gwangju as a missionary. It took her ten years to collect data and fifteen years to write it.

We came all the way to Florida to interview Charles Betts Huntley and Martha L. Huntley. They were introduced to us by Professor Cha, the president of HTUS. We did not know who they were and what they did in Korea. All we knew was that they played an important role during the Gwangju Democratization Movement, so we wanted to hear about their experience of it.

Florida, the world-famous tourist destination, was hot and humid. We half-expected to see a beach in front of the airport with women in bikinis and men wearing sunglasses. We also worried that we would be the dullest people. But it was the same with any other airport.

Mr. Huntley knew that we came from Korea as soon as he saw us and smiled at us. He even brought a walky-talky to communicate with us on the road, so we were able to listen to his delightful humor on the way to his home. On the way to have lunch, he recognized the althea tree on the roadside and was delighted to see the Korean national flower. After lunch, we went to his home. It was a two-story townhouse, and the jungle-like garden behind it was especially impressive.

They had a lot of Korean-style furniture, and there were many children and people who needed help staying at their house. A young Asian man came in when we were setting up for the interview; he was their son Michael. They had adopted him when they were in Korea.

We interviewed Mrs. Huntley, who had just come back from church. Both of them were very pleasant and pure in heart; we all laughed and cried throughout the interview, and we felt a strong bond between us.

Mr. and Mrs. Huntley came to Korea in 1965. They started **Mrs. Huntley's English Bible Study**, held every Monday, from the first Monday after their arrival in Korea. They started their work while studying themselves at the Yonsei Korean Language Institute by teaching English and the Bible to students who were interested in. They continued this for 20 years until they left Korea in 1985.

She said it was wonderful to hear that one of the Korean students who attended her Monday Bible study group later started the **Mrs. Huntley's Monday English Bible Study** at a slum area near Los Angeles. The Huntleys said the focus of their ministry was not **work** but rather **relationships**. They believed that people could change when they were loved and cared for. Concern for another person was the key in Mr. and Mrs. Huntley's ministry.

They stayed a while in Suncheon before settling down in Gwangju. Mr. Huntley taught German and Pastoral Counselling at Honam Seminary and was also a chaplain at a hospital. The first thing they did when they arrived in Gwangju was to adopt a child. They adopted a baby who was thin with a big belly due to malnutrition. This boy was Michael. There were always people in need in their home: homeless children, babies waiting to be adopted, and those who needed something urgently.

Their work came to light during the **5.18 Gwangju Democratization Movement**. The Huntleys witnessed this tragic event first hand. From the beginning, they tried to help Koreans in Gwangju, and spread the news about this situation to the world. Foreign reporters crowded their home. And for the next fifteen months, they sent out interview materials, letting the world know what is really going on in Gwangju. In addition, people who feared for their safety stayed at their house and so there were always about 20 people living with them.

While talking about the story, Mrs. Huntley cried a lot. The Gwangju Democratization Movement still remained in her heart as an unforgettable tragedy because she witnessed the deaths of many of their students and other innocent people. The Huntleys said they had a chance to leave but they were not able to do so. They could not leave behind the ones they loved, and their home and their mission field. So they decided to stay in Gwangju even if it was bombed. This decision hurt their children and so even today, one of them still says he cannot understand it. They dearly loved the people of Gwangju. When the tearful interview was over, they showed us the pictures they took during that time. We were able to feel the cruelty through the pictures. The office of the Gwangju Democratization Movement is still sending newsletters and materials to them.

Our meeting with them meant something different. We felt a sense of unity by the work of the Holy Spirit. Previous missionaries we met were very peaceful and gave us the sense that they were retired from their work. However, the Huntleys gave us the impression that they were still in the center of their ministry.

We had a heated discussion well into the night. The interview went on for six hours and we even skipped our dinner. We thought the interview would go on through the night, but eventually it was over and Mrs. Huntley gave us her signed book as a gift. We were touched knowing we might not meet others who loved Korea as much as they did. We had a late dinner and returned to our hotel close to midnight, but our hearts were still stirred with emotion.

Q: What was it like when you first came to Korea?

We were going to Korea without knowing anything about it. We went to Seoul in 1965 and that was when Seoul did not have full electricity or highways. People longed to have a watch or a bicycle. Very few people had indoor plumbing and no one had refrigerators. There was still a lot of damage from the war. We were at Yonsei Korean Language Institute. On the first Monday after our arrival, we started English Bible study because we were right next to the Yonsei University and people wanted to learn English very much. We thought poor conditions actually was good for witnessing. When everything is going great, then we don't have anything to share.

Q: Is there anyone you especially remember?

There was an old man named Han, who sold Korean candies by the gate of the Yonsei University. He sold corn syrup by the spoon. Children would lick the spoon for one hwan. He was supporting his family this way. He had six daughters and one son. We saw him every time we went to school and one time we noticed that he was very sick. So I took him to a missionary nurse who diagnosed him with pneumonia. She said he was malnourished so I asked our gatekeeper to take bags of rice and barley from our home to his place.

He recovered quickly and came to our house with a string of eggs. It was a big gift back then. We sat and talked and it turned out that he moved to Seoul from the countryside for his son who was very bright. The son, his youngest, was a student at Yonsei University. The whole family had moved to Seoul to see the son through Yonsei and everybody worked to pay his tuition.

When our gatekeeper went to Mr. Han's house with all those medicines and rice, Mr. Han had asked where they came from. So our gatekeeper answered that they were from the missionaries. Mr. Han asked what a missionary was. The gatekeeper told him that missionaries were those who were going around and teaching about Jesus. Then Mr. Han asked, "Who is Jesus?" So our gatekeeper told him some things about Jesus. Mr. Han was curious as to why the missionaries would go around and teach about Jesus and the gatekeeper said it was because of their love for Jesus and the Korean people.

Mr. Han said no Korean had ever given him rice or medicine before. He said that he wanted to belong to a church like those missionaries. He wanted to know Jesus. So all of his family memvers—he and his wife, six daughters and his son—became Christians.

This experience taught us that we don't have to do much to make a difference in a person's life. The Holy Spirit is at work. So when the Holy Spirit brings a wave of grace, a little willingness can make a big difference.

Q: Could you please tell us about your experience during the Gwangju Democratization Movement?

The army did not want the Americans to get hurt. That would mean publicity and they didn't want any publicity in what they were doing. Now the citizens didn't want us to be hurt because they knew that we could be their witness to the rest of the world. There was a lot of shooting going on in the night of May 18th and after that all telecommunications got cut off. But we were able to communicate with reporters. The international reporters came to us because there weren't many people in Gwangju who could speak English. They stayed at our house for the next fifteen months beginning from May 19th.

Chun Doohwan wanted a student riot to start so that he could put it down and become a savior to Koreans. He already had the intention to become the president. First, the students were put in jail and accused of being communists. It was ridiculous. Then they said it was Kim Dae-jung that instigated the riots in Gwangju but he was under house-arrest at the time. There were twenty three people in Gwangju who were arrested along with Kim Dae-jung as instigators of the riots. We knew a lot of those people. A lot of them were Christians and educators and they were people we worked with. They had nothing to do with those situations. Nevertheless, they were put in prison and they had received death sentences for instigating the riots.

The first people who came to our house was Kim Kibok and her family. Her husband was the dean of Chonnam National University Medical School. The medical school students had put a machine gun nest on top of their school building to fire at helicopters that were killing people. Their hospital was full of people that had been shot by the helicopters. The dean knew that he would be liable and given a death sentence if the army caught them. We let them stay in our study.

There were many who were injured but the soldiers did not bring them to hospitals. The students used school buses to take the injured people to hospitals. Since they didn't know how to drive, their buses went lurching down the streets.

Our hospital was full and many children and students were lying in hospital corridors. The first seven people who came into the hospital were students. The first one was a middle school student who had been shot in the head. The second one was a high school student and he had been shot in the face. These were not rioting students! All the missionaries went to give blood at the hospital because too many people had lost their blood. Actually, the pastors in Gwangju played a big role. They negotiated between the people and the army. They urged the military to pay the hospital bills for the wounded people, compensate the families for the dead, and urged the army not to shoot until a certain date, to free the detained Gwangju people and students, and to acknowledge what they had done. But the military did not do any of these things.

One of the last people to come to our house was from our Monday Bible study. We had known him and he was like a son to us. He was in military school and the army sent him to our house to spy on us and to report what we were doing. So every day, he would call and report on us and we allowed him to do that. And one day I took the phone from him, and said I would tell them what we were doing. There were a lot of rumors going around. Later, we heard from one of our friends who worked at the air force base in Sanjeong-ri, Gwangju, that there was a plane coming to bomb Gwangju and that it was on standby, loaded with bombs. We didn't know if that was true or not. But we thought that if it were true, then we should die together with the people of Gwangju because they were our people.

Q: You have worked in Korea for twenty years. What are your thoughts now that you are retired?

We have never retired from the missionary work. We have stopped being a missionary in Korea, but we still have relationships with Korean friends and I still preach on a few occasions. It was very hard to leave Korea. It felt like ripping off our own skin, because we have been so immersed in it. We are not Korean. We can't even speak Korean fluently. But we have this great sympathy and empathy toward the Korean people. It is where most of our children were born. Our oldest one was just a baby when she first went there and she graduated from college when we came back.

I was grieving for about three years after we came back from Korea. So we feel very close to the Korean people and Korean experiences of all kinds. We left Korea because our parents were getting older and they needed us. Our children were also getting ready to go to college and start their families. And there were now a lot of people that could teach pastoral counselling. So we left in 1985. Living in Korea was a privilege for me.

Part 2

–

Blue-eyed Koreans in an American Town

09.

To Black Mountain

Columbia International University(CIU) in South Carolina is a Christian school with a long tradition. The filming team and Professor Chun Sungmin left early in the morning to film this school. Meanwhile, Professor Bae Dukman and Yi Mahnyol decided to stay for one more day in Florida.

In the afternoon of this day, after visiting CIU, we reunited with Professor Yi Mahnyol and Bae Dukman at Charlotte International Airport in North Carolina. We asked whether the two of them had a good time together, and they said they just stared at the ocean for some time, all the while wearing suits. So we asked if they had a good meal, and they joked by saying that they could not without their friend, Han Byeongseon. But at least they seemed to have grown closer spending a day in the same hotel room. Anyway, it was good to have all the members together again, even though we had been apart only for a day.

After landing at the airport, we rented a car. We needed a big one since we had a lot of luggage. At every airport, we rented a 7-seater called Chevrolet Vulcan. It was a car that we could not rent in Korea because of the high gas price. We seated ourselves as follows: two people in the front, three in the middle, and one at the back. After returning to Korea, we noticed in the pictures that everyone was stiff in the car. It was probably because we had to meet new people in new places.

We were on our way to Black Mountain. How difficult it must have been in the past for people to go to new places! Now, we were going there with directions we downloaded via satellite, using a navigation app on the iPhone and double-checking it with a MacBook.

Black Mountain is a very clean place with amazing natural scenery. Many retired people were living there and the place felt very comfortable. It was very quiet and there was barely anyone on the street on this weekday afternoon. There is a retirement village for the Southern Presbyterian missionaries at High Land Farm, Black Mountain.

The retirement village was a gorgeous place. It was a large area with a lake in the middle with houses scattered around it. Town houses with two bedrooms were located at the most outer part of the town, and the town houses with one bedroom and the head quarter and the apartment building was inside the town. The head quarter is also used as a hospital and home for patients who required intensive care.

We stayed on the outskirts of Black Mountain. We were originally going to stay with the missionaries, but later decided to get a separate place because we did not want to burden the elderly people. After we passed by our place, we came to a quiet town and saw a buffet restaurant sign with a panda bear. This was where we were going to meet our missionaries.

There were about ten missionaries inside the restaurant and all of them had a name tag on their chests. We were so glad to meet them. All of them warmly welcomed us by shaking our hands one by one. They all had big smiles on their faces and in spite of their old age and the fact that they could barely walk, they went around the room on their canes to welcome us. We were all deeply moved.

They welcomed us as if they had known us for a long time, even though we had just met. We were grateful by the fact that we could greet one another with great joy thanks to what we shared—Korea and the Kingdom of God.

Mrs. Mariella Talmage Provost was the leader. Even though she was almost ninety years old, she used the internet with ease and volunteered actively. She checked on the missionaries over the phone and coordinated schedules. We organized our schedules over the phone and emailed her as well. Under Mrs. Provost's direction, all of us were scattered to different tables, and we ate and chatted with the missionaries. First, we explained our purpose of the visit and the outline of our film. As we conversed with the missionaries, we felt the glimpse of how we would feel in heaven. At the same time, we were sad that we couldn't meet and interview more of them due to our limited time.

Even our oldest member Professor Yi Mahnyol looked very young among the missionaries, because they were ten to twenty years older than him. In fact, the missionaries called him **young man**.

Over dinner, we discussed our interview schedule. We divided the day into morning, afternoon, and evening, and told them that we would be visiting them at their places. We decided to meet with them over the next four days, starting from the very next day. We had a small **quarrel** because the missionaries insisted that they would pay for the dinner and in the end, they gave us $100 before they left. They insisted they had to pay for the food because they were older, and because we had come all the way from Korea. It seemed as if they still had the Korean style of treating the guest. We felt sorry because we heard that they would be paying for the upcoming meals as well. We were surprised because we thought paying for our own meals would be the norm here. We also looked forward to the time we would be spending together in the upcoming days.

That night, we unpacked our bags, something which we hadn't done for a long time. We had always kept our clothes in the bag but that night, we took them out. For the first time in a while, we rested well.

IO.

Passion Changes the World

Mariella Talmage Provost

For the past few days, we had not been able to sleep well because we always had to wake up early in the morning to catch our flights. But that night, we could sleep without worrying so we were happy. It was Sunday and we decided to divide into two teams and have each team attend the worship services of two well-known Presbyterian churches in the area. Professor Chun Sungmin, Shinyoung and I followed Mrs. Provost. Professor Yi Mahnyol, Bae Dukman and Shindong went with Mrs. Linton.

The church we went to was a conservative Southern Presbyterian church. The interesting thing was that many members of the congregation still actively participated during the service. There was a family that gave testimony before the sermon. The atmosphere was serious yet easygoing at the same time. It was good to see everyone, children, youth, and parents, sharing about their lives on the topic of that day's sermon. It was different from worship services in Korea, where children and parents have separate services. It was good and felt natural to see the elders and children worshipping together. The youth group performed a skit as an announcement for the fundraising sale for their mission field. They asked very enthusiastically and the adults responded cheerfully.

We realized that the driving force behind sending and supporting so many missionaries lies here. But one thing we were sad about was that most of the congregation was elderly. It was difficult to find teenagers or young couples. But at the same time, we were glad to see that there were a few elementary children and babies. We told them that we were from Korea and they warmly welcomed us. It was a very beautiful church. Once, the building had been full of people, but now there were only about 100 members in the congregation.

We had our lunch at a restaurant in the retirement center.

Since the team that went with Mrs. Linton hasn't returned yet, three of us had our lunch first. Then, in the afternoon we began our interviews by meeting the missionaries one by one. The missionary bought us lunch, and because we had a good appetite, we were worried that we might gain weight. Mrs. Linton brought her fifth son, Andrew, and her daughter-in-law, Heidi. We were familiar with Heidi since we had met her at the restaurant yesterday. Andrew was good-looking and kind. He used to do the Linton family work of supporting North Korea, but now, Heidi was in charge of that work.

Since the weather was good, we had a chance to ride on Mrs. Provost's golf cart. The car was neither too fast nor slow; it was just right for the ride. After we enjoyed riding it for a few minutes, we started our interview.

Mariella Talamage Provost, also known as Bu Maria(부마리아), is the daughter of John van Neste Talmage(known as Ta Majee타마지), who worked in Gwangju. She is also the wife of Raymond Provost, who was known as Bu Raemoon(부레문).

She was born in Korea but went to the United States for a while to study nursing. Then she returned to Korea and worked at Jeonju. She had gone through the Korean War and met her husband while treating the injured soldiers. After the wedding in the United States, she and her husband returned to Gyeongju and started a Christian school by repairing Gyeongju Moonhwa School. Thus, they provided opportunities to study for many students.

Even though she was born in 1923 and was almost ninety years old, Mrs. Provost was still strong and had a clear memory. I was to sleep at her place that night, so she gave me a blanket and comfortable clothes to change into. She even gave me a dish towel and a small scarf that she had made as a gift. She is a true missionary. Her life was very simple and frugal. She had a simple meal for just ten minutes. She had only what she needed and she did not waste anything. She was indeed living the life of a missionary.

Mrs. Provost lived in a one-bedroom townhouse. We asked her why she lived here. She said that she once thought about living in a house with a large bedroom and a study where she could put her computer and books. We looked around and saw a lot of materials and video tapes. It looked like she was digitizing her materials with her computer every day. She said once she had thought of living in a place with spare rooms for her guests, but she decided to save her money by living in a small home and to send her savings to the mission field because this made her happier. She had a very strong determination to save money. It would be convenient for her to use the restaurant run by the retirement center but because she had to pay based on the number of her visits, she went there only twice a week. Also, as for her cell phone, she was saving money by using a plan that only allows her to make local calls.

Furthermore, she had given her car to her grandson and used the golf cart that could only be driven in town. Maintaining a car costs about $100 for the Insoorance and gas, so she was sending the money she saved to a missionary in Malawi. Occasionally, if she needed a car, she called Mrs. Linton, who lived nearby, and used hers. She kept emphasizing that even if she was a little uncomfortable, it was more important for her to save the money and support the mission fields.

She lived her whole life like this, as a true missionary. Even when she was working in Korea, she came to the United States and raised a lot of funds by saying, "Your five dollars can provide a chance for a Korean child to study."

During the Korean War in the 1950s, she supported orphans and provided scholarships to those who wanted to study by raising funds this way.

She said that her father, Mr. Talmage, would bolt out of

home without even tying his shoe laces because he was so eager to share the Gospel. He had come to Korea in 1910 and had seven children. During Japan's colonization, when most missionaries left Korea, he stayed on as long as he could, and was later jailed and expelled from Korea. When he had first come to Korea with his wife, his mother-in-law came with them because his wife was the only child. If you consider Jeosun's sanitation in 1910, it would have been wiser for them not to bring her elderly mother. Nevertheless, she came to Korea with her daughter and son-in-law and raised her seven grandchildren, taught English to the missionaries' kids and Korean students, and supported the Talmage family for seventeen years. That was how Mr. and Mrs. Talmage were able to go around the rural areas, plant churches, preach and teach. Mrs. Provost's grandmother, Mrs. Emerson, was buried on the hill in HTUS in Yangrim-dong, Gwangju.

Mrs. Provost's second oldest brother is John E. Talmage, known as Ta Yohan(타요한), the second president of Hannam University. He later went to Seoul and worked at Soongsil University. Her sister, Katy, also worked at Jesus Hospital in Jeonju from 1948, and later founded and served as the president of a nursing school. Katy later met and married a pediatrician named Frank G. Keller, who is known as Kye Illak(계일락) in Korea. Frank Keller continued his work at Jesus Hospital until he passed away. He is now buried on a hill across the Jesus Hospital.

Mrs. Provost worked as a nurse at Jesus Hospital from 1948. She put all her energy treating the refugees, the orphans and the disabled. After working at Jesus hospital for a while, she returned to the United States for her wedding and was sent to work at Daegu along with her husband. He was a teaching missionary who originally taught English, the Bible and chemistry at Yonhi College. After returning to Korea, the couple mostly worked for refugees and orphans by going back and forth between Daegu and Gyeongju. After getting the request from Gyeongdong Presbytery to restore the Gyeongju Moonhwa School, they rebuilt the school with the funds they had raised in the United States. They also worked hard for this school to have a strong Christian foundation and provided scholarships to those who wanted to study.

The missionary couple continued to support the orphans by giving scholarships even after their retirement. Later, the city of Gyeongju recognized Mr. Provost's work and awarded him with a National Medal of Merit, called the Moran

Medal. Even when he was pastoring in the United States, he visited Gyeongju Moonhwa School and provided support for it to be financially independent. He even came to school while being terminally ill with cancer, and was later buried on a hill in Moonhwa School.

Mrs. Provost's home had piles of cloths that she had knitted. They were for the blankets that she was sending to Malawi. Malawians, who live in high alpine regions, struggle with the cold weather every night. After she heard that Malawians were in need of blankets, she asked the people in the retirement center to knit pieces of cloths. A blanket is made by connecting these pieces and Mrs. Provost had knitted 600 pieces by herself. So everyone around Mrs. Provost was always knitting, and some of them were not only knitting by hand, but by using a knitting machine. They were experts in knitting. Furthermore, she was looking for more participants via emails. She had made a presentation file about the work she did with her husband in Korea, showing how much Korea had changed due to mission work. She encouraged people to participate, saying that other countries could also be helped. We were amazed by the passion we saw in a ninety-year-old.

Mrs. Provost was constantly striving to accomplish the

work entrusted to her. I was moved by her passion and I ended up crying. I was ashamed of myself but also so grateful for her work.

After finishing the interview, we looked at her books and materials. She liked to take photos and she even had a collection of photos she had taken of the Korean people. She was diligently digitizing these materials of her work in Korea onto her computer. She said she was working on this every day with a hope that these materials could be used to encourage missions in other countries. Though she lived in a small house, she has never stopped her mission work for the whole world.

Q: You were born in Gwangu. How did you study when you were young?

I was born in 1923 in Gwangju. There was a school for American children, so I went there until the 6th grade. Then, in the 7th grade, I went up to Pyongyang Foreign School. There were many other missionary children from China, Japan, and all over Korea. Then, after my first year of high school, we came to America for furlough. One year later, because of the uncertain situation with Japan, my parents decided that it was not good for me to go back to Korea. So I stayed in the States with my third oldest brother, who was a pastor. Then I went to college. Second World War began in 1939 when I was in college. Because of Japanese regulations, we couldn't find out anything about our parents.

It was only in the next summer that we heard that there was a prisoner exchange in South Africa between the Japanese in the States and Americans in China, Korea, and Japan. So they came back in the fall of 1942. I could not register for the fall semester of 1942 because I didn't have money. I just waited for my family to return. It was too late for me to apply for the fall semester but there was a special opening in the nursing school, so I enrolled there. After I finished the nursing school, I applied to a mission board to go back to Korea.

Q: We heard that your father had a very difficult time under Japanese rule. Please tell us about that.

The Japanese told all the missionaries to leave, but my father did not because he was the head of the mission board. My mother also decided to stay with him. All of the children were in the States. One day, my father was told to come to the police station with a blanket since the Second World War had broken out. Then he was put into prison. He was given two meals a day–some porridge or two eggs for a meal. They would threaten him but he was never mistreated. But some of his cell-mates were taken out and beaten.

He spent a long time in solitary confinement. Then he was let out one spring when there was an announcement of prisoner exchange. Until the time he left Korea, he was under house arrest so he couldn't go out. In July, he was told to pack two suitcases. He put all the deeds of the properties in one suitcase and some of his valuable stamps in another. He also had a blanket wrapped around his arm because he didn't know where he was going and for how long he would stay there. It was hot in July but he had his overcoat on, a blanket over his arm and held two suitcases.

Arriving in Japan, my father prayed that God would send him a nice inspector. He was sitting on the suitcase with his land deeds. The inspectors opened all the other suitcases but not the one he was sitting on. So he was able to send his land deeds and his beloved stamps to the States. When the time came for him to return to Korea, he had proof to recover the land that belonged to the mission board. He had the records of the land surveys, too. Sometime later, he went back to Korea with my mother but my mother was ill so they couldn't stay too long. So they lived in Montreat for quite a few years and then moved to Texas. He was a wonderful missionary.

Q: You were sent to the States because of the Second World War but returned to Korea in 1948. What was the most memorable event from your ministry during this time?

There was a nine-year-old boy who lost his sight completely because of smallpox when he was a small child. His mother had died, his father had remarried, and stepmother had abandoned him in the marketplace. A policeman found him crying and brought him to an orphanage. We were doing Sunday School at Jesus Hospital in Jeonju with the help of a few high school girls. This boy, named Gabyoung, heard "Jesus Loves Me This I

Know" played on a little pump organ. One day he said he couldn't wait until next week's Sunday School. He wanted to learn more about Jesus, someone who loves him. Later on we taught him brail, so that opened up a new way for him. Then we moved him to Daegu to a World Vision school for the blind and the deaf.

After graduation of the World Vision school, we asked him what he wanted to do. He said he wanted to study at a Bible college. The Bible college was hesitant when we notified them that we would be sending a blind person to study there. After much thought, we told them we will hire an aid for him. Gabyoung had no money so we paid for almost everything. He studied with a brail Bible and when he came to our home, I helped him with his studies. He grew into a man and asked me if I could find him a wife. By then, he was teaching and preaching at a countryside church. Then one day, a woman heard him preach. Later, she said God put it in her heart to marry him. The way God answered his prayer was truly amazing. The wedding was at our house. They were light for each other. They were very happy. Of course, they had a hard life. I couldn't fully support them. He couldn't get ordained in the Presbyterian Church and was finally ordained in another denomination. He planted a small church and I also visited and took a picture of him preaching.

One day, his wife wrote me asking if we could help her buy a knitting machine. She said that if they had a knitting machine, she could work at home and earn some money. So I bought her a knitting machine and she sent me a sweater as a gift. They made ends meet working as a masseur and making clothes with the knitting machine. I have been knitting since I was seven years old but I didn't learn to use the knitting machine because I was worried that the knitting machine would take away the joy of knitting. But when I came back to America, I got a knitting machine from a yarn shop. So now I use the knitting machine for mission work in Malawi by making sweaters and hats and scarves for babies. I sell them at bazaars and send all the proceeds to Malawi.

Q: What did your husband think of Korea?

We retired as missionaries in 1965 and began our ministry in the States. For the next 19 years, we visited Korea many times. My husband loved Korea very much. Before we married, he came to Korea and stayed at Dr. Horace Underwood's house. Dr. Underwood told him to teach Korean students if he wanted to help Korea. My husband started teaching from then on and we had helped students by giving them a chance to study. I still keep in contact with the students who received our scholarships.

My husband was diagnosed with cancer in September, 1996 and passed away in February the following year. Before he died, we visited Gyeongju to see Moonhwa School's new building. It was a good time for him. My husband said he wanted to be buried there, so we sent his ashes to Korea. We had a beautiful gravestone made with an inscription about his life in English and Korean. Of course there is a cross as well. Even after my husband passed away, I continued to support Korean students for two or three years in my husband's name.

Q: Could you please give us your final remarks?

Answer yes to God when He calls you. Go wherever He sends you. He will be with you wherever you go.

II.

Endless Dedication of the Bells and the Lintons

Lois Linton

After we finished our interview with Mrs. Provost, we went to Mrs. Lois Linton's apartment. Mrs. Linton and Mrs. Provost are close friends who talk to each other on the phone several times a day. They live in the same compound. Mrs. Linton used to live in a large house with a good view which was about 15-minute drive away. Unfortunately, while she was visiting Korea, there was a fire and the whole house was burned to the ground. So now, she is living by herself in an apartment. Mrs. Linton was a lovely, kind, and beautiful lady.

She always had a smile on her face, and the way she spoke

Korean and used gestures appropriate to the Korean people were especially memorable. We were able to see that she was a kind lady who was always willing to share her love with other people. Everyone who meets her would know that she is a Christ-like person. But before introducing who she is, we must first talk about her grandfather Eugene Bell.

Eugene Bell is known as Bae Yugee(배유지) in Korea, and he was a missionary from the Southern Presbyterian Mission. He became a pastor in 1894, and after getting married, he arrived in Busan in 1895. He did his language training in Seoul and pioneered the missions work in Jeollanam-do from 1897 by establishing mission offices in Mokpo and Gwangju. While working in Korea, he lost two wives and a son. He passed away in 1925 after a stroke. During his twenty-seven years in Korea, he was involved in various ministries, such as spreading the Gospel and baptizing many people, planting churches, starting schools, and translating the Bible. He laid a foundation for the mission work in Jeolla-do, and he is now known as a **Father of Honam region's Christian Mission**.

The graves of him and his two wives are on the hill in HTUS. Eugene Bell served Korea under extremely poor conditions during a time when superstition prevailed in Joseon. That is why he once wrote a letter saying that apart from the Gospel, there is no hope in this land.

His first daughter Charlotte Bell(In Sarae인사례) married Willian Linton(In Don인돈) and they committed their lives to Christian education in Daejeon, Jeonju, and Gwangju. Their children and grandchildren also did mission work in Korea.

1995 was the 100th anniversary of Eugene Bell's arrival in Korea. To commemorate, the children of Eugene Bell started the Eugene Bell Foundation and the foundation is still sending support in the form of food and medical treatments to North Korea.

Mrs. Lois Linton, who we interviewed on this day, is the daughter-in-law of the Linton's family. Her mother-in-law is Charlotte Bell, who is the daughter of Eugene Bell, and her father-in-law is William Linton. Mrs. Lois married their son Hugh Linton(In Hyu인휴) and worked in Suncheon. Hugh Linton's grandfather on his mother's side is Eugene Bell. Hugh grew up in Korea and met his wife, Lois, while studying in college in the United States.

Mrs. Lois Linton is well-known as In Aeja(인애자) in Korea and she spoke Korean pretty well. She said she used to speak better Korean, but she had forgotten most of it because she did not have many opportunities to use it after retiring and returning to the United States in 1994. But still, it seemed like she did not have any problems in communicating. Moreover, she did not seem like an elderly person because she was very cheerful and good natured. Also, she was so healthy that it was hard to believe that she was in her 80s. Though she was using a cane because of a bad knee and needed a hearing-aid, she seemed much younger than her age.

Mrs. Linton was born in 1927 and came to Korea when she was twenty-eight years old. She met Hugh Linton at the college that they attended together and got married just five days after their graduation. They were planning to do missions in Brazil, but its doors were closed. Then they got to know the difficult conditions of Korea and that was how they came to Korea in 1954. Her parents-in-law were already in Korea to start Hannam University in Daejeon. After staying in Daejeon for a few weeks, the couple went to Suncheon to start their medical work.

Mrs. Linton first started to treat people in her home. Many people waited in line in the front yard of her house. Then she realized that it was urgent to treat tuberculosis(TB) since many Koreans were suffering from it. She was challenged by the eradication of TB, which requires a long-term treatment, so she began the TB eradication movement in 1960. She opened a TB Treatment Center in Suncheon in 1963 and a TB sanatorium in 1965. Later, she also founded a hospice for TB patients where they could spend their last days in peace. The Korean government later acknowledged her dedication and service by rewarding a Civil Merit called Mongryeon Medal, and she also received Social Service Award from the Red Cross and Hoam Foundation. However, she said that providing medical supplies and improving treatment was just doing what she could do, and therefore, not a big deal.

Meanwhile, her husband lived a life of an evangelist by planting churches, sharing the Gospel, and disciplining people. Unfortunately, after thirty years of work in Korea, he passed away in 1984 in a car accident in Suncheon. After her husband's death, Mrs. Linton continued her ministry for ten more years and retired after forty years of work in Korea.

She surely lived her life as a servant of Jesus and a genuine Christian. She was humble and hid her accomplishments, and instead, complimented and encouraged the Korean people. Her love and goodness have been passed on to us and made us reflect on how we should treat people around us.

She has six children, and three of them are continuing the work of their parents by either doing their missions work in Korea or doing works related to Korea. Her third son, James, is working at Hannam University in Daejeon, and the youngest, John(known as In Yohan in Korea), is the Director of the International Health Care Center at Yonsei Severance Hospital. And Heidi, wife of her fourth son, Andy, is doing the work of providing medical support in North Korea.

Eugene Bell and the Lintons. They were strangers from afar. They came to help the needy and did their best. They accepted the journey with thanksgiving and happiness. Mrs. Linton said she is thankful because she is always loved. She said she is especially grateful to the Korean people for loving her so much.

We later ate with Mrs. Provost and Mrs. Linton at a fast food restaurant. We wanted to pay for the food, but they insisted, saying that the older person should pay. Once again, we saw how these two people are still willing to give whatever they have. What are the things we should share with others?

Q: Could you tell us about your medical ministry in Korea?

Doctors at Gwangju Christian Hospital asked me if they could visit their patients in our area. Some people from our area went to the hospital in Gwangju and were diagnosed with tuberculosis but the hospital had never heard from them again. The doctors would have given them free medicine and taken a good care of them. The doctors were concerned about those patients. Back then, TB was very contagious. So they gave me a list of about 100 patients to visit. I thought that was all, but that was just a beginning.

With a Korean friend, I started going out to the country and visiting these people. We found that not only were there a lot of people with TB, but also many other diseases that had not been treated. So we asked the doctors to come down once a week to treat these sick people and they agreed to do that.

The first thing we did was putting the patients in a truck and sending them to Gwangju Christian Hospital. But then there were too many people coming to ask for help. So we had to pick and choose those who seemed the most desperate. That was not a very smart thing to do. Two people died on the way to the hospital. The roads were rough. One died on the way and another died as he arrived at the hospital. So we asked the doctors to come to Suncheon. The doctors arrived every Thursday night and treated the patients on Friday. They took some of the sickest patients with them on the train. Those that could be treated in Suncheon were treated there. That was the beginning of our Suncheon Christian Hospital.

Q: How did you, as a missionary and a neighbor, feel when the sick people came to your house?

It was a tremendous opportunity to witness. When people are in need, they are willing to listen. We had a nurse with us from the very beginning and we also had a woman evangelist who shared the Gospel with them from the very beginning. We just did what we could to help. Nevertheless, what we did was just a small part of what needed to be done. We provided the necessary medicines but the most important thing we could do for them was telling them about eternal life. We just had to remind ourselves over and over again that the most important thing we had to give was the Gospel.

Q: What was the driving force that enabled your family to work for Korea, generation after generation?

In the very beginning, it was very difficult for me to see so much suffering. But I think that is our Christian calling. My husband felt the call to go out into the mission field to preach the Gospel. I felt that was what I was supposed to do as well. I never regretted it. The first year was rather difficult. Or maybe the first two. It took a while to get used to the new environment. We were also sick a lot in our first year. We were not used to Korean germs so it took a while to build immunity against them.

After things got better, we did what we could do and left the rest to the Lord. That is all we could do. We were always comfortable and we received a lot of love from the Korean people. We found them very warm, very friendly, and very open to the Gospel. We would give a Gospel tract in the hospital in the waiting room and they would read it. It couldn't be done in the States at that time. People did not want to be bothered. But Korean people were very open to the Gospel. I felt that it was a time to work hard and tell them about Jesus. I was always grateful that I could fill their needs.

Q: What were your thoughts as a missionary and a missionary's wife?

My life in Korea was happy even though I couldn't understand the Korean language as much as I wanted to. I felt the genuine friendship of the people though I lacked the language skills. I felt and experienced their warmth. My husband was also happy with his ministry. I was happy, too. I was glad that I could be of help even a little bit. When my husband was out in the countryside, I stayed behind at Suncheon and helped with whatever I could. My husband sent some sick patients that needed help to the Suncheon hospital. They received help at Suncheon. In that sense, I felt that I was a part of the mission team. I have a happy memory of these times.

Q: When was your most difficult moment?

I think one of the hardest things for most missionaries is to see your children go through school and return to the States without their parents. You are sending them back to places that they are not as familiar with even though it is their own country. They are Americans and they needed to come back to their home country to study. So children's education was difficult. Another thing was not having enough money to do everything we wanted to do. We were always short of money in our church and medical ministry.

Q: Is there any final remark you would like to give to Koreans as a friend and as a Christian?

I was so impressed, when I first went, by their sincerity and the simplicity of their faith. Since then, Korea has made a huge progress in economy; it is like a different country from the one that I first went to. So I just hope and pray that materialism will not corrupt your faith in any way. The Korean Church is not perfect. I don't think it was when I went there. But the Holy Spirit was definitely working through it. The praying life of the Korean people also impressed me very much. I believe that is a real contribution to the Kingdom. So I do hope and pray that materialism will not ruin the prayer.

12.

Christian Friends of Korea

Heidi Linton

Next, we were on our way to meet Heidi Linton. She is the daughter-in-law of Mrs. Lois Linton and she is a young and beautiful lady who is doing mission work for North Korea. We met her on our first day in Black Mountain and she seemed to be very passionate about her work.

She worked for **Christian Friends of Korea**, and it was in a quiet single-story building. We were scheduled for an hour interview, but Heidi shared her entire morning with us.

Christian Friends of Korea was started by the Eugene Bell Foundation on the 100th year anniversary of Eugene Bell's mission in Korea. It was founded by Hugh Linton's sons, and they started their work in 1995. Billy Graham opened up the relationship with North Korea with his visits in 1992 and 1994. Then the Eugene Bell Foundation provided aid in July of 1995 when North Korea asked the international community's help after a terrible flood. Billy Graham was the mediator and he asked the Eugene Bell Foundation to provide support for North Korea. Billy Graham actually had a relationship with the Southern Presbyterian Church. His wife's younger sister was a teacher at Taejeon Christian International School, and his wife had many friends who were missionaries in Korea. Billy Graham also supported the building of this retirement center and he currently lives nearby and continues to have a good relationship with this place.

We asked Heidi if it was possible to share the Gospel in North Korea. She said it was possible to do ministry work, but sharing the Gospel was prohibited so they were only able to share the Gospel through their lives and dedication. She said that was why they were more careful and even more devoted when they went to North Korea.

Why is she so passionate about North Korea? She was not born, or grew up in it, or has received any support from it. In fact, North Korea keeps pushing them out, making false charges against them, and preventing them from sharing the Gospel. Then why are they trying to approach North Korea as their friends?

She said she was basing her life on Matthew 25, where Jesus gave the command to give food to the hungry, look after the captured, and cure the sick. She said this was her calling. She said she wanted to help as many North Koreans as possible so that they might know God and fulfill God's will in their lives. Knowing how Korea had experienced growth and became a country that sent out missionaries all over the world, she believed that North Korea could one day become the same. Sometimes, it is hard for South Koreans to love North Koreans. We were ashamed that we did not try harder to help our brothers and sisters in North Korea who were suffering from starvation. She showed us some photos after the interview. They were photos of the hospitals and staff members in North Korea. We heard that the missionaries here in the retirement center were enthusiastic supporters of the North Korean ministries, because the current condition in North Korea was very similar to that of South Korea in the past. For them, whether it is North or South is not an important issue. They were just called to help where there was need.

There are two main ministries at the Christian Friends of Korea. One is starting a hospital, equipping the medical facilities and setting up home visit treatment systems for emergency patients. The other work is improving living conditions, such as supplying food aids, improving farm crops and providing clean water.

The Christian Friends of Korea had three female staff members. One of them showed us their portable medical bag. They bring these bags to rural countryside where there is no hospital, or sometimes, send these bags to remote villages so the patients can treat themselves. Here we also saw hats that Mrs. Provost had knitted. They were hats for the babies in North Korea. My heart was moved again.

Heidi took us to Mrs. Lois Linton's old home, which was burned down. On the top of the mountain was a large plot of land with beautiful scenery. The view was great, but only the fireplace was left in the middle. Mrs. Lois Linton said her son James had promised to build her a new home by the end of this year, and invited us to come back to see it. We all hoped we could come back again sometime soon.

We came down from the mountain and had lunch with Heidi. She asked us if there was any place we wanted to visit. Professor Yi Mahnyol said he wanted to go see Montreat.

Montreat was not too far from Black Mountain. The Presbyterian Church was divided into the Northern and Southern Presbyteries during the Civil war in the United States. The Northern Presbytery built a museum in Philadelphia, and the Southern Presbytery kept their documents and resources in Montreat. A few years ago, the two museums were joined and all the resources of the Southern Presbytery were moved to the Northern Presbytery's museum in Philadelphia.

Professor Yi had come and stayed at Montreat for a month when he was dismissed from university during the military regime. He took photographs and photocopied the documents in the museum. Unfortunately, the Montreat museum was closed because it was a Monday, but we were able to visit the church. It wasn't huge, but it felt comfortable. The interior was mostly wood with a natural and comfortable atmosphere. We all felt the urge to pray as we entered, so we began our visit with prayers. It was probably because the ceiling wasn't high and the church provided a cozy feeling. Professor Yi had mixed feelings as he entered this place for the first time in thirty years. We took photos and joined him in his travel back to the past.

Q: From the South Korean point of view, North Korea is a dangerous country. Were there any dangerous situations for you, working in North Korea?

I would not say that North Korea is a dangerous place. It's different from Iraq or Afghanistan where there are physical dangers. Certainly, you can get sick from drinking water that is not healthy or it can be dangerous to drive because their roads are in poor conditions. But as long as you respect the requirements of the North Korea's government, there is no danger. They do everything they can to take care of us and they treat us well.

Q: In South Korea, there are more rumors than actual facts about North Korea. As someone who has actually been to North Korea, what is the standard of living and the situation in North Korea like?

North Korea is like any other country in that there is wide diversity of life experience depending on your background, education, and political connections. So there are those who are wealthy and living in Pyongyang. But the vast majority of people are very poor. They don't have any connections and they live in extreme hardship. If people could see how they live just for ten minutes, their hearts would be changed and they would reach out with love and compassion. The solutions must have a long-term perspective. North Korea has been experiencing a severe famine for the last twenty years. So many people are undernourished and suffer from diseases. It is these people we are trying to help.

Q: You have served the Christian Friends of Korea(CFK) for ten years. Could you share some difficulties or crises you have experienced?

It is the hardest work I have ever done. But it is also the most rewarding because it is a means of expressing God's love. North Korea has a culture that resists Christianity but we are there to love as best as we can with truth and grace. There are challenges all the time. Infrastructure is poor. For example, we may plan to visit the countryside in September but the road might have been washed out in July or August because of heavy rains. Another problem is misunderstanding and miscommunication. We can work things out with our counterparts very successfully when we are there. But then communication is cut off for three to six months because we are here and they are there. When this happens, it is very difficult to continue the work. There are many challenges. But we have found out over the years that if we are persistent at building trust and keeping promises... First of all, we don't make promises. We promise to pray and to work very hard. We pray to God and wait to see how God responds to that need. Then we do the best we can to listen and respond in a way that is meaningful to them. We have built trust this way over many years. So when there comes a very difficult moment, by working together, we can overcome it. So yes, there are many challenges in working with North Korea but we know we can overcome them.

Q: How is the North Korean government responding to your ministry?

In the early days, there were many setbacks. They didn't like our name and they didn't like our cross. They wanted us to shorten the cross like the one in Red Cross. But we said this is who we are and this is why we came. We are here because of Christ's love. So if we change that, it won't be who we are. They understood that and accepted that slowly over time. In the early days, when we sat down for a meeting at a nursing home or a hospital, they would say that the great leader provides everything they need and that America is the cause of all their problems. But we don't hear those things anymore. Now they thank us for our help and they talk about what they have received in the last few months. They take us to places to show us how the things we have sent are used, they talk to us about what their needs are, and we have very productive discussions. We explain about our donors and we pray for them and tell them that we have given out of love for God and out of love for them.

One of the most amazing things happened last October. We were there with a technical team to work on a project of digging several hundred meters into the ground in order to get clean water for a rural village. It was a three-day project but we didn't have enough time. On the third day, as we were driving to the site, we saw about thirty soldiers digging ditches for the project we were working on. We were amazed that the North Korean government was supporting us this way. I think that was a sign of how far we have come in our relationship, that something like this is possible. I was amazed.

Q: How are general North Korean people responding?

The people in general were initially somewhat skeptical and afraid. For example, when we were digging the ditches, mothers told their children to stay behind the fences. They were curious but they didn't want to engage us. But by the second day, we were digging and laying the pipes together. By the third day, we were taking photos together and all of us were full of joy that we now had the clean water as a result of working together. So it is a process. Initially, there is mistrust and fear. But as we work together, they begin to appreciate and we have great joy together. But it takes time. Trust takes time to build.

Q: In the past, hospitals and schools that missionaries started opened the hearts of the Korean people and have contributed greatly to the mission work. What are some things that you are expecting in your North Korean ministry?

We expect reconciliations on two levels—between God and people, and between us and them. Between the North and the South, and between North Korea and the United States. It is only possible when we learn to forgive one another and learn that we are all beggars in front of the throne of grace—that all of us need a Savior to redeem us from all the horrible things we have done to each other over the years. The same is true for North Korea. Their hearts have been hardened for so many years towards the South Koreans, the Americans, and the Japanese. They have plenty of people they have chosen to hate. As a result, there have been horrible things that have happened in the Korean penInsoola. Only God can bring about the changes in their hearts.

We can't preach to North Koreans right now. There have been so many rumors and misunderstandings about Christians and Americans. Some of them are true but some of them are not. Their hearts can be softened only when they experience something different. The experience of exposing all the lies and misunderstandings. and the experience knowing that the truth cannot be hidden. I believe we serve God who is both the truth and grace. That's what we need to show. We need to be the messengers of light and hope. We need to bring with us the hope of the Gospel, which will bring out changes in the hearts of the nation and the individuals.

13.

A Lifetime of Obedience

Kenneth Scott

We went to meet Mr. Kenneth Scott. He lived in an apartment nearby the headquarter, where the nurses are on standby twenty-four hours a day. There were Korean-style flower vases and framed pictures on display in front of his apartment door. His son was with him when we arrived. The son was in his 60s, but very cheerful. He lived nearby so he could visit often. He was helping his father eat and it was good to see them together.

Mr. Scott was a missionary doctor from the Northern Presbyterian Mission and his parents were missionaries in China. He was born in China in 1916, and his family came to Korea when they were expelled from China. It was when he was 11 years old. He spent his teen years at the Pyongyang Foreign School, and there he vowed to devote himself for God's Kingdom.

We were shocked to hear that he was ninety-six years old. He used a hearing aid and had some difficulty in walking, but he still had a very good memory and had no problem at all with the interview.

He went to college in the United States and he told us that he had been in the same class as Reverend Han Gyungjik in Princeton. He showed us a photo that he took with missionary Kingsley, and pastors Han Gyungjik and Bob Pierce. He decided to be a missionary doctor when he was in college, and had applied for a medical school internship at the Presbyterian Medical Center in Philadelphia. There he married the chief nurse in 1941 but was immediately enlisted as an army surgeon because of the Pacific War. So he couldn't see his wife for two and a half years. We saw the photo of his wife when she was young, and she was beautiful like a movie star. When the war ended, they went to China as missionaries, but were soon expelled when China became a communist country. So they came to Korea in 1952, during the Korean War.

Their first mission field was Daegu Dongsan Hospital. His wife was a nurse at the same hospital. They worked in Korea from 1952 to 1963, and later worked in India and in the United States. After working in Northern India for 11 years, he retired and then started working for the State of North Carolina, caring for the people who need medical treatment. He is still working.

He was a man with a gentle heart. It is probably because he was obedient and thankful to the Word of God all his life. Mr. Scott repeatedly said, "Koreans are great people," "I've learned from the Korean people," "I'm sorry that I did not work longer in Korea," and "Koreans are diligent and strong." Though there must have been many difficult, uncomfortable, and upsetting moments in Korea, it seemed he had always done his best while giving thanks to God and blessing the people.

The life of a missionary passed from father to son. We were just grateful to hear his story. He said he regretted not learning Korean before starting work in the hospital and school. He remembered only one Korean song that he used to sing in Sunday school.

"For God so loved the world that he gave his one and only Son, that whoever believes in him shall not perish but have eternal life."

Mr. Scott said that the churches in the United States are collapsing and now there are more things the Korean church could teach the American church. He also said there are more things that the Korean people could tell the Americans than what the American people could teach Koreans. As we witnessed his humility, we pondered what would be the things that we could teach and tell.

Q: Do you have a childhood memory from Korea?

I did not graduate from Pyongyang Foreign School, but I studied there for four years. I knew all the missionaries in Korea at that time. I spent my last Christmas vacation at Ganggye which is way up in the north. Ganggye was extremely cold. It was minus 40 degrees Celsius every night and minus 15 degrees Celsius when the sun was shining in the afternoon.

Q: Could you tell us about your situation when you first came to Korea?

When our mission board in New York assigned us to go to Korea, we were very happy because my memories of Korea and the Korean people were very good. So we went to Daegu. The hospital there was in a very poor shape because it had been neglected during the war. It was the only hospital left to the Northern Presbyterian Mission. Most of our hospitals were in North Korea. Anyway, I was very busy as a surgeon.

Q: What were the circumstances of Korea and the Korean people like when you first came?

The Korean people were always eager to help with our work. They were always grateful and full of joy. It is especially inspiring to me that Koreans resisted Japan's colonial policies and Russia communizing North Korea. People around the world still do not realize that it was Korean Christians who kept Korea from becoming just like Japan during the Japanese occupation. Korea was not completely Japanized because of Korean Christians. For that reason, the Japanese were against Korean ministers. Not many know about this but the Japanese were planning to round up about five hundred Korean Christian leaders on August 17th, 1945. They dug a big pit where they were going to fire machine guns and bury them in. But as you know, the war ended on August 15th so all these people were spared. They had a list of people who were to be executed. I believe it was God's providence. I was in the military during World War II, so I know this happened.

Q: Is there any patient that you especially remember?

One of my patients was a young woman who had finished college and was doing graduate studies in chemistry. But she had to stop because of tuberculosis. The only thing that could cure her was to remove a part of her lung. I was the surgeon who did that. While she was recovering, she received a telephone call from her fiancé in Washington, who had been sent by the Korean government to study City Management. When he came back to Korea, they asked me to perform the wedding ceremony. I met the couple while visiting Korea in 1990 and they insisted on paying for all my expenses during my stay in Seoul.

Now Korean churches are sending out more missionaries than American churches to all over the world. It is an amazing thing. I have received more from Korean Christians than what I have given them.

Q: Were you involved in other ministries aside from medical ministry?

In Daegu, there was a leprosy community called, Aerak-won(애락원). We took care of the lepers there. I remember one man who was not a Christian when he entered Aerak-won but soon became one. Then he soon became blind because of his leprosy. As a blind man, he memorized the entire New Testament. I still have a picture of him. His face was disfigured by leprosy but he always had a beautiful smile. It was a blessing just to know him.

Q: What did you do after you retired from Korea?

I went to India. I had never thought of India at all. I was stationed there for nine months during the Second World War and my memories weren't that good. When I was being called to India, I was reading the early chapters of Exodus where Moses encounters the burning bush. There, God called him to go to Egypt but Moses made excuses. God was angry with Moses. As I read that, I thought I should not make God angry by turning down the way which God was obviously opening up for me. God said to Moses, "I will be with you".

What was opening up for me was a large Christian medical teaching center in Northwest India, which had been without a director for eighteen months. They wanted me to come. This is how we came to work in India for the next eleven years. And it was a good thing because I was able to help unite different denominations into the North Indian Church. I was the only non-Indian on the board of directors. They asked me to be the chairman of medical services.

So the Lord leads. My whole life has been that way. I have never decided what I would do next. There is nothing special about me. I'm just willing to do what the Lord wants. And the Lord has been very gracious. There is no value in myself. But it has been a joy to see His Hand directing all of my life.

14.

A Female Missionary Doctor Becomes a Channel of Blessing

Roberta Rice

After finishing our interview with Kenneth Scott, we moved to the Methodist Retirement Village for Women Missionaries. Roberta G. Rice(Na Okja나옥자) had invited us for dinner. The Methodist Retirement Village was located in Nashville, which was less than a 30 minute drive from Black Mountain. Nashville is frequently mentioned in the early Korean Christian history books, probably because it was a hub for American seminary students.

Perhaps because only female missionaries lived in this retirement home, even the driveway seemed charming. We met with Roberta and two other missionaries. One lady was a silver-haired, friendly grandmother who needed a walker because of her back and legs. They told us that dinner started at 5 o'clock. Since it was a Monday and things were relatively quiet, we were able to have a relaxing meal. Roberta introduced us to the other two missionary ladies. They welcomed us warmly because we were from Korea. It seemed they were remembering the people from where they had their ministries.

The silver-haired missionary told us that she had taught English at Paihwa Girls' High School for one year. The other lady seemed very shy. Her name was Lela Johnston Maxwell, who ministered the people through physical therapy.

Lela seemed very happy to see us, simply because we were from Korea. Lela went to Korea in 1961 and helped children with physical therapy while learning Korean. She did say that she remembered the first five years in Severance Hospital as very enjoyable. After the five years, she came back to the United States to report on her ministry. After her return to Korea, she provided physical therapy through home visits. Home visits were a huge help for the patients who could not go to the hospital due to the lack of transport. She returned to America for further studies in physical therapy, but then, her mission agency decided to send her to Vietnam. She stayed in Vietnam for two years and three months. When she received word that her father had passed away, she returned to the States and stayed. Then she got married and her husband did not want to live overseas, so she continued to live in the States. After her husband's death, she moved to this retirement village.

The person we came to interview was Mrs. Rice. She was born in 1917. She was over ninety years old, but she stood straight and tall. She looked good in black formal pants and a white blouse. She was concise and spoke with a clear and strong voice, which made the interview easy. In her house, she had many New Year's Day cards from Korea. It seemed as if she still stayed in contact with the Koreans.

Roberta's father was a pastor. She was born in Minnesota. Her family came to know about Asia through a missionary who had worked in Korea. This missionary lived in Haeju and told stories of how girls were looked down upon in Asia. Roberta told us that even in her young age, she felt she needed to tell these young girls how much God loves them. There was a famous hospital nearby and she made the decision to become a doctor to show the Asian people that even a woman could become a doctor.

After going through medical school in Minnesota, Roberta became a surgeon. She went to Korea to work at the Severance Hospital, but because of the Korean War, she had to return to the States. Afterwards, with the support of her church, she was able to go back to Korea. When she arrived in Korea in 1953, she spent the first two years learning the Korean language. On the weekends, she helped in the foreigner ward of Severance Hospital. Then she worked in Incheon Christian Hospital. She eventually returned to Severance Hospital and also worked at Ewha Women's University Medical School until she retired in 1975.

Roberta still had all her letters and photos from her ministry in Korea that still needed organizing. She wanted to sort them out and eventually send them to a university mission resource center in Nashville. She had not received a salary while working in Korea. The salary from Severance Hospital was all spent on her patients and she only lived off the support she received from the Methodist Denomination. Towards the end of the interview, she sang a Korean hymn, and we all joined in to sing together. She encouraged us and prayed for us. She certainly was an energetic missionary in her 90s!

Even though Roberta was quite elderly, she still looked for work in the retirement village and volunteered in her community. We were all inspired by her. In Korea, it is the people in their 40s and 50s who worked and they retired once they reached their 70s. But in this place, people in their 70s, 80s, and even 90s continued to minister and work. Koreans seem to work too quickly, get old too quickly, and leave work too quickly. But, again, in this place, the wisdom and experience that come with age were being well utilized. There was continuity in the work and ministry, and it seemed like a good opportunity to tap into the wisdom of the old.

There were two reasons why I asked the professors to accompany me on this trip. One was to verify the interviews, and the other was to academically organize these stories. I was hopeful that these interviews could eventually become an academic material for the professors to continue in research. Professor Yi Mahnyol, who is a lot younger than these elderly missionaries, felt that he had much work ahead of him. He was also greatly inspired by their passion for life. I have great expectations for Professor Yi's new research.

Once again we returned to our lodging late at night. In the evening, from time to time, Professor Bae Dukman and Professor Chun Sungmin engaged in animated conversations. How can this Gospel, which came to Korea thanks to the sacrifices of missionaries not become corrupt and retain its original characteristics? This was the focus of the conversations. We discussed what could be done in each of our respective roles. As partners in the Gospel, what can we do for the Kingdom of God?

Q: Do you remember your early days in Korea?

The light went out during one of my first operations, which was a back surgery. We were able to complete the operation by turning on the flash lights. It was a very primitive time back in 1956. I used to say about those days: "People still had on their faces the mud from the war." Everybody was suffering from the war. Then I saw the execution of the Five Year Economic Development Plan. And I saw how every goal was reached—not only reached, but exceeded. That is how Korea got its face out of the mud and now has become a leading country in all of Asia and around the world. In fact, you should be very proud that the Secretary General of the United Nations is from Korea.

Q: What was the general circumstance of the Korean society like when you first came?

Everyone was in economic hardship. There were shacks all over Seoul. People were struggling just to stay alive. One of our pleasures was helping people start a business. We would buy whole bushels of apples for people to sell on the street. We set people up with various kinds of small businesses. There was also a program to train war widows in various kinds of craftwork. They did such a great job making beautiful crafts that could be sold to support their families.

Q: Were you involved in any other ministries besides the medical work?

I was a member of Dongdaemun Methodist Church. That was where Ehwa Medical School was located at that time. One of the first things I was able to do was starting an English Bible class for college students. Back then, Dongdaemun Church was up almost ninety steps on a hill. One day, I saw a little beggar girl at the foot of the steps. This was a Sunday after we had studied the story of the Good Samaritan. So I asked the students, "Now that we have studied the story of Good Samaritan, what do you think we should be doing?" One student said that we could not take care of all the beggars in Seoul. So I said, "We are not talking about all the beggars in Seoul. I'm talking about a child that is right at our door step." So a few students went down to talk with her and they made a plan to bring her to Jeong-dong, where I lived. I didn't know if they would come or not. But they all came with this little girl. She was eleven, crippled and thrown out of her home. So we cleaned her up and took her to an orphanage where I knew that she would be loved and taken care of. After this experience, some of the class members said that now the story of Good Samaritan means something to them. So I worked with the college students there at Dongdaemun Church.

Q: Have you ever had any difficulties during your ministries in Korea?

I did. But I'm only going to tell you about the good times I had. I was in Korea through what's called the Women's Division of the Board of Global Ministries of the United Methodist Church. They were supporting me in Korea. One of the ways they supported me was sending the first Heart-Lung Machine to Severance Hospital. That machine today is in the Severance Hospital museum. I was very happy because Severance could start doing heart surgeries. Since then, there have been continuous developments in surgery. It was a very happy time.

Q: Was there any incident that you especially remember?

It was the morning of April 19th, 1960. I was driving to Severance Hospital in Namdaemun after a surgery at Ewha Hospital in the morning. It was difficult to drive because people were protesting out in the street. I was scheduled to remove cancerous tumors of a patient, a government administrator. But after the surgery, he just disappeared. It was because he had been partly responsible for the protest. His family took him back home because they were afraid that he would be killed. Later, I was told that he ended up in prison.

While we were finishing the operation, we heard police shooting outside and soon the injured students were brought into Severance Hospital. The first patient we had to operate on had his lower abdomen blown away and the front part of his body was all gone. He died on the table and we could not save him. We worked all night long. The patients with head injuries came first, the ones that were shot in their chest or stomachs came next, and the ones with broken bones came toward the end. Nurses had to wash the sponges out, re-sterilize and use them again. As you know, so many students were killed. But I was glad we could do what we could.

Q: What did you do after your retirement?

I retired twice. When I came back from Korea, I went to work at a hospital in Appalachia. I went there to teach surgery and I was there until 1986. Then I retired again. After I retired, I helped with a hospice program. It was a program caring for patients who are dying. For the next few years, I was a volunteer at the hospice.

Q: Have you ever regretted going to Korea?

I've been so thankful. I received so many more blessings than I was ever able to give. A Korean church in Washington said that I was a **channel of blessing**. The Lord has made it possible for me to be a channel of blessing. I'm always thankful.

15.

Extending a Helping Hand All Over the World

John Wilson

This is the day we met John, the elderly man my friend told me about. I was all the more excited because it was through this initial meeting with John that this entire trip had come to be. We went to his house at 10am. It was a white wooden house, located right by a lake. His house was less than a ten-minute drive from the retirement village. Various Korean trees and flowers such as Korean-type cherry trees and persimmon trees were planted in the vicinity. But because it was winter, it did not resemble the Korean scenery my friend had encountered when she had visited.

John Wilson was a very friendly man, often fondly called

Uncle John. His father was Dr. Robert Wilson, who was the second director of the Gwangju Christian Hospital. He arrived in Korea in 1908 and was very committed to his work at the Hospital. But then missionary Owen passed away and Wiley Forsythe brought him a leprosy patient. This became an opportunity for Dr. Wilson to work in the Gwangju Leprosy Hospital. He established Aeyangwon in 1926. It was built in a location between Suncheon and Yeosu, which was a land returned by the Japanese. He moved in with the leprosy patients and lived there until 1963, when he passed away at eighty-three. His dedicated life and great love for his patients touched the hearts of many people.

John's mother arrived in Korea in 1907, becoming the first woman to go to Korea as a Bible teaching missionary. They were married in 1910 and had seven children. John Wilson was born in 1918 as the sixth child.

John told many stories of his father. In those days, the medical treatment in Korea was limited to herbal medicine shops and shamans. So by the time the patients came to Dr. Wilson, their condition was so bad, there was almost no hope for survival. For example, Dr. Wilson performed a surgery on a woman who had swallowed a stick because a shaman told her that this would cure her indigestion. There was a wooden stick over 20cm long in her stomach. He said that there were countless other crazy surgeries and incidents. These stories really put into perspective what Korea was like merely 100 years ago.

John showed us letters written by his father. A letter written to his medical school friends, not long after he had arrived in Korea, said:

......come to Korea. There are so many opportunities to do surgery. Last week, I operated on a woman who was blinded for twenty years. She was able to see again and returned home rejoicing......

There were many letters with this sort of content. Professor Yi Mahnyol became very interested in these letters and spent the whole day in the house reading and scanning them.

John also brought over his older sister, Sara Elizabeth Talmage, who lived in a nearby nursing home. She was born in 1910 and was 100 years old. She was the daughter-in-law of the Talmages and was the sister-in-law of Mariella, whom we had interviewed the day before. They had been friends in Gwangju before becoming family.

She spent her childhood in Gwangju and then attended

Pyongyang Foreign School. After graduation, she went to the States for college and majored in music. She then returned to Pyongyang Foreign School and taught music there. Then she returned to the States and married Talmage's son. They had served a church their entire lives until her husband passed away several years ago. She then moved to this place.

John had four brothers and two sisters and all four brothers became doctors. They went all over the world working as medical missionaries. His older brother worked in Gwangju Christian Hospital and Jeonju Jesus Hospital for a long time. John also worked in the Jeonju Jesus Hospital.

John lived in Gwangju until he finished elementary school. Then he attended Pyongyang Foreign School and graduated in 1935. Through the efforts of missionary Moffet, Pyongyang Foreign School built dormitories so that children of missionaries from China, Japan, Korea and other countries could come and study. Ruth Graham(Billy Graham's wife) was in a class two years below John in high school. John had happy memories of Pyongyang Foreign School. He said he enjoyed playing basketball, soccer and ice hockey. Until he left in 1935, Korea was home where he was born and raised.

John remembered Korea suffering greatly under the Japanese oppression. Knowing about the suffering, he applied to be a missionary. After returning to the States in 1935, he graduated from a Christian school called Davidson University. Following that, he enrolled in a medical school in Philadelphia and finished his medical studies in Richmond. He became a pediatrician, and after serving as a medical officer, he went to Korea.

He returned to Korea in 1946 on an Air Force transport plane as a flight surgeon. When his father became an advisor on leprosy for the military government, he worked with his father and made a great contribution toward the treatment of leprosy in Korea.

John did not work in a hospital after coming to Jeonju in the 1960s, but worked in the mountains where there was no medical service. He focused on improving the primitive living conditions of the farmers as well as health care by working on better toilet facilities and clean drinking water. Although he was a doctor, he was not satisfied with just treating the patients, and helped to transform their lives. Even now, he is doing research to improve crop yield in order to help the food-shortage in North Korea.

There was a globe in his house with marks on all the places that John had worked in. We could see that he had done medical missions in some of the most difficult countries in the world. Not only was he in Korea, but he had worked in Cambodia, the slums of the United States, and other remote and challenging areas that people do not prefer to go to. John had indeed traveled to various places of the world to spread God's love. Our hearts were warmed by his passion.

Q: Can you tell us about your father's ministry?

My father was a passionate man. He could not ignore the hungry or the sick. When he worked at Gwangju Christian Hospital, he came home for lunch, had a 15-minute nap, and went back to work all day.

One day, he saw a young man with no legs crawling on the ground using a cane. So the next day, my father made him artificial legs with bamboo. Before my father met my mother, he lived with Korean orphans and taught them school lessons. Some of them became nurses and some of them got to work in hospitals. One went to a medical school in Seoul. After becoming a doctor, he later returned to Gwangju and worked with my dad.

My father was also a teacher. He gave jobs to those that needed workplaces. He would at least let them clean hospital floors. He always helped poor people this way. After the Korean War, we lived in Sorok-do for a little less than 2 years. There were 8,000 lepers in Sorok-do. My father said he needed to start a medical school at Sorok-do because there were too many sick people. He taught medicine to twelve students and one of them became the director of Aeyangwon.

Q: What was Korea like during your childhood?

When I was six years old, I used to play with a boy named Oh-mogi. His name means the fifth mosquito. My father asked his father why he named his son that way, and he said that it was to protect them from sickness. He had eight children and their names went from Il-mogi(first mosquito) to Pal-mogi(eighth mosquito). Sometimes, a plague like small pox would go around the village and many children would get sick and become blind. Back then, Koreans called small pox, **sonnim**(guest), not to anger the evil spirit of small pox. People thought **the guest** would come and make the child sick or dead if the child had a good name. But when **the guest** hears a name like Oh-mogi, the spirit would go somewhere else, looking for a child with a better name. A story like this explains the reason why we were determined to spread the Gospel in Korea.

Q: What was your work in Korea after graduating from medical school?

I was the head of the pediatric department at Jesus Hospital in Jeonju for 3 years. When I first went to Jesus Hospital, they already had a good Korean doctor as the head of the pediatric department. Since they did not need me, I went to the northern mountain areas of Jeonju where there was no medical care. I drove a jeep and had an x-ray machine that I could carry on my shoulder. I also had a generator so we could take x-rays up in the mountains where there was no electricity. I bought that small x-ray machine at the World Fair in Osaka.

Q: What was the most difficult thing when you were in Korea?

One thing was money. Molly Holt from Holt Adoption Program was in Jeonju at that time. On weekends, we would work together at the orphanages. After the Korean War, there were many babies whose fathers were American soldiers. So there were orphanages everywhere and it was a business for some people. The US government would pay $8 per week or per month for each child. So many people would open an orphanage with about ten children and feed them but it was not a good thing. The children were always sick in those orphanages and the nannies sometimes took their food to feed their own children. I have a picture of a very small malnourished Korean orphan next to the nanny's child who was big and fat. So it became a bad business. Molly Holt and I spent a lot of time working at the orphanages. We actually had one orphanage shut down by contacting the headquarter in the US because the orphanage was making money by not feeding the children properly.

Q: What was the most rewarding of your ministry?

There were many of them, like this incident in Jeonju. Most Korean babies were born at home. And when the baby was born, the grandmother cut the umbilical cord. But because she didn't know that she needed to use a clean knife, she would use an old dirty knife or scissors. Many babies developed tetanus, which meant that they would die because they would be unable to open their mouths. So I cured them.

At Jeonju Jesus Hospital, babies with pneumonia and typhoid fever used to be in the same rooms with other sick people. Again, I called a friend in the States and told him that I needed some money and he sent me $1,000. With that money, we built a pediatric ward and separated the babies from other patients. This is a case where someone with money has done a good thing by improving Jesus Hospital into a better hospital.

Q: Where did you go after 3 years of work in Korea?

I worked in Cambodia and many poor places in the States. I went to a coal mining area in Kentucky where there were very poor people. We had a clinic, where we took care of the children. I also worked in many other places but now my memory is fading.

Q: Why did you become a missionary?

Because Jesus said to go out into the world, preach the Gospel, heal the sick, and teach the people.

Q: Since you could have chosen to live a comfortable life in the States, did you ever have the temptation to not go to Korea but rather stay in the States?

We all have temptations. But the number one thing in my life is to do what

Jesus told us. I have four brothers and two sisters, and all my four brothers are doctors. My sisters were a music teacher and a nurse. So we all took after our father's path. Now my youngest brother is in Alaska providing medical treatment to people in need.

16.

A Lifetime of Love and Service

Kenneth and Silvia Boyer

In the afternoon, after finishing the interview with John Wilson, we went to a townhouse in the retirement village to Pastor Boyer's house. Even before we arrived, the Boyers had already come out to greet us. Their eyes twinkled with love.

In the living room, they already had the records of their ministry in Korea spread out for us to see. We did not really know much about them. After some research, we learned that they had come to Korea after the mission work had already been somewhat established and perhaps that is why they are not well-known. Kenneth Boyer(Boo Gyesun부계선) was the son of Elmer T. Boyer(Bo Eeyeol보이열). Elmer was a medical and education missionary. From 1926 to the time he retired in 1965, he worked in Jeonju, Muju, and Suncheon for forty years. His main ministry was circuit missions in rural villages. Circuit mission means sharing the Gospel in areas where there is no minister, establishing a church, and providing ongoing care.

In the early years, Elmer taught students in the Jeonju Shinheong School and Suncheon Maesan School. When Japan expelled all the missionaries, he had to go back to the States. But after Korea's independence, he returned and worked as Dr. John Wilson's successor as the director of the Yeosu Aeyangwon Hospital. Later in life, he also did ministry in the Daejeon area.

His son, Kenneth Boyer, was born in 1930 in the Jeonju Jesus Hospital. As a child, he returned to the States under the recommendation of the State Department, because the World War II was about to start. Upon finishing university, he went on to seminary and became a pastor. In 1957, he went to Korea as a single missionary. At first, he worked in Daejeon and learned the Korean language. He was asked to assist the new missionaries coming to Korea and this was how he met his wife, Sylvia.

Sylvia was born in Denver, Virginia, in 1933 and her parents passed away when she was six years old. When she was five, she met a Chinese missionary at church. In her young age, she decided to become a missionary to tell the Chinese people about Jesus. She went to a nursing school and worked in the university hospital before going to Korea in 1959.

Kenneth helped Sylvia and other new missionaries pass through the customs. Sylvia came to Korea to be a medical missionary and she went to Gwangju. At that time, Kenneth was living in Mokpo and he said it took many years before he was finally able to marry Sylvia. Sylvia eventually accepted his proposal and they were married in Gwangju.

After twenty-seven years of mission work in Korea, Kenneth returned to the States. He continued to serve as a pastor for another 13 years, and Sylvia worked in the intensive care unit for critical patients to help support the family.

After the interview, the Boyers prayed for us and our ministry. Listening to their prayers, we broke down in tears. Their love for Korea and for its people deeply touched our hearts. Professor Bae Dukman, who is also a pastor, said he could feel in his heart how he should do ministry.

Q: What kind of person was your father, Elmer T. Boyer?

Boyer: My father went to Korea in 1921 as a single man. He was assigned to work in Jeonju. When my father was in seminary, he would go to work in the wheat fields of Canada in the summers. He would preach on Sundays. He met a young girl and he was very interested in her. So he wrote to her saying he would like to go meet her that coming Christmas. That girl, being a very proper girl, brought a chaperone. Years later, the one who became my mother was the chaperone. My father married the chaperone, not the girl that he went up to visit.

My mother was a Methodist missionary in China. At that time, the communists were making quite a stir in the country. The third time she was chased out by the communist, the Methodist board told her to return to Canada. She sent a telegram to my father stating that she was going back to Canada. My father said, "No, let's meet in Shanghai and get married." So my father left Korea, and went to Shanghai, and married my mother.

After Korea gained independence from Japan, we were allowed to go back to Korea. My father was assigned to become the administrator of Aeyangwon. At the time of the Yeosu uprising, my mother was still in the States, and the uprising spread very quickly from Jeju Island to Suncheon. My father was right in the middle of it. At one point, there were so many dead bodies around his house that he started burying them. But then all of a sudden, the bullets flew again so he had to jump into the hole where the dead bodies were. It was a very scary time but he kept busy. His main work in Suncheon was the church ministry and taking care of the people with leprosy. He returned to the States in 1965 and worked as a pastor. So he worked in Korea from 1926 to 1965. I have a memory of my father that I will never forget. He had around 65 churches to visit and since he had to do so much walking on dirt roads, he lost all of his toenails.

Q: Could you please share with us about your ministry after marriage?

Mrs. Boyer: I did one year of teaching in the Gwangju Nursing School. After that, we moved to Mokpo and started clinics on the islands. We went to these islands where my husband would lead the worship services and I went with a few doctors and nurses to work in the clinics. One of the early projects we had was dealing with the parasites. The medicine was supplied by the World Health Organization(WHO). We also administered a lot of immunizations and later, we provided polio vaccinations. We worked with the Korean government and WHO. When we went out to the islands, we would see an average of 100 patients on a weekend. That was a lot of people for one or two days. Sometimes we brought people back to Gwangju for surgery. Some of them were too ill to return to the islands.

One time, we had to go to the next island in the middle of the night, because a woman in labor was in trouble. The villagers laid out straw bags on the foreshore so we could walk on them to the other island. We were worried about what would happen if we did not arrive in time to help. Just as we arrived, we heard the newborn cry. We thanked God because the baby had been delivered without complications. There were many experiences that were close calls, but God was there and through prayer we were able to get through these situations. Whether by prayer or intervention, God took care of us so we could fill the needs of Koreans.

Q: During your ministry in Korea, what were the most challenging and most rewarding things?

Boyer: It was hard not being able to speak Korean properly. I didn't know the proper language to use in dignified situations. I was used to the common working people's language. Winters were very cold. Sometimes, I had to walk a long distance on a cold winter night. But, things like that passed quickly.

There were many good things in Korea. The best part was getting to know the Korean people. I made some really good and close friends. My life would have been very empty without them. Also, to see churches grow and to be able to start a church so easily. It wouldn't be a big or rich church and they couldn't afford to have a pastor, but people came to worship. That was a real blessing.

Mrs. Boyer: There were so many good things. I lived in the nurse's dormitory while I was still single. I came back from work late one night and found a cot in the room. The nurses had brought one of the cots from the hospital because they thought a Westerner would be uncomfortable sleeping on the floor. Also, they always kept warm rice porridge and barley tea in the dormitory. The nurses had prepared it for me who always came back from work late. They helped me to continue the ministry. They could have thought, "Who are you as an outsider to come and tell us what to do?" But instead they were very gracious and treated me with respect.

Q: Is there anything you would like to say to Korean Christians?

Boyer: I feel Korea has picked up too many bad habits from the United States. Whether it be among Christians or non-Christians, they have picked up the things that we are embarrassed about. Perhaps Korea would never experience the hardships of the past. Life has become much easier. Now, maybe going to church is just a popular thing to do.

My prayer for several years has been for Korea's peaceful unification and for the right kind of government so that Korea can be a true Christian nation. So many Korean Christians are scattered around the world. My prayer is that they will remain faithful in their daily living. Whatever they do, wherever they are, I pray they will live a life of a missionary.

Mrs. Boyer: We cherished the Korean tradition of respecting the older generation. I've visited Korea several times and found that the younger generation does not have as much respect as there used to be. Perhaps they are showing it in a different way but there is a great deal of change every time I go to Korea. So now, when I talk to people who have not been back to Korea, they remember the old Korea and don't realize that much change has taken place. The thing I am most thankful for is that the churches are still growing to guide the young people. This is what is going to keep the church growing. My husband and I believe that the Korean Church will remain faithful. The churches in the States have been less faithful and have also let the children drift away. We have set bad examples. We believe God will guide the Korean and American churches when they guide the children with the right values. I hope Korea will hold on to the long and precious heritage.

17.

Practicing a Life of Unity Through Prayer

John Somerville

After the interview with the Boyers, though it was cold and windy, we took a walk around the lake. It was very sweet to hear Kenneth address Sylvia as "honey." It had been a while since we had seen such an affectionate couple. Most of the people we had interviewed had already lost their spouses. It was beautiful to see a loving couple growing old together.

The team had dinner together by ourselves on our last night in Black Mountain. Since it was the last day, we thought about eating with the missionaries, but our desire to speak in Korean was strong. After dinner, we went to see

John Somerville. Since he was a scholar, I half expected him to have an appearance of a philosopher.

John's house in the mountains was quiet and quaint. Interestingly, the main entrance led straight to the dining room, which was decorated with various Korean artifacts. Rare and precious items that one might see in a museum were in this room, such as the 1870 map of Pyongyang, as well as old pottery.

Before starting the interview, John showed us two paintings, one in the dining room and one in the living room. We were surprised when we realized that not only was he fluent in Korean, but also had a good command of Chinese characters. The interview was conducted in Korean and he said he was born in the year "Moojin"(One of the cycle of sixty terms used for recording days or years in China and in Korea), but we could not grasp how old he was.

John was born in 1928 in South Carolina as the sixth of eight children. His father was a pastor. The Great Depression began the year he was born and the numbers of unemployed and poor families had greatly increased. His father used to tell the children to be diligent in whatever they do because there is no money to send them to university. All the siblings listened to him and worked hard, and everyone received full scholarships to attend university. John knew what it was like to live in poverty, and this experience helped him on the mission field.

John majored in chemistry and then went on to study theology in graduate school. His younger brother served in the Korean War. His brother was hurt in a clash with the North Korean soldiers and at first, the family thought it was just a minor injury. Soon after, however, he died in a hospital in Japan. After this incident, John decided to go to Korea three months before his graduation from seminary. He went to Korea without knowing a thing about Asia.

John arrived in Korea in February of 1954. He went to Mokpo for a year to study the Korean language. Luckily, he befriended someone of his age, which enabled him to pick up the language quickly. On the weekends, he went to share the Gospel. As he shared the Gospel on the islands and started ministry, he felt the need to learn Chinese characters. After a sabbatical year in the States, he enrolled in Sungkyunkwan University in 1959 and earned a graduate degree. After years of ministry, he returned to the States to attend the Harvard University and there earned a masters and doctoral degree in Korean history and language. When we asked the reasons for his ongoing studies, he answered that in order to do evangelism and mission well, one must know the target country's history and philosophy.

Due to his fluency in Korean, John sometimes helped with important matters that involved translation and interpretation. It was because of his deep love for Korea. This passion is probably also the factor that led him deeper into the Korean language and culture. He continued to tell us that Korea in those days was going through difficult times because of the oppression of human rights and democracy.

He lived through the regime of Presidents Rhee Syngman, the dictatorship of Park Jeonghee, the time of Chun Doohwan and Roh Taewoo, and the Gwangju Democratization Movement, feeling the pain of Korea's chaotic history. He showed tears during the interview as he shared the stories of the oppression of human rights and the pain that he felt.

John married in 1953 and did ministry with his wife. She had collected and organized a lot of records on Korea's mission history, and donated to Hannam University and HTUS. Sadly his wife had passed away a few years ago. Professor Yi Mahnyol was curious to find out how these materials were being utilized. Hannam University is currently under construction so we should be able to access these precious resources once the construction is done. John taught students at the Hannam University's history department until he left Korea in 1994.

We will never be able to forget his commitment to Korea and his motivation and passion to study.

That evening, we returned to our lodging to start packing. We could not sleep. This was our last night in Black Mountain.

Q: What was your ministry in Korea?

After I finished my studies at Harvard University in 1968, I taught students in Daejeon College(Name changed to Hannam University in 1970). They were smart students but they did not know how to study properly. So I prayed for them every day and also had a lot of conversations with them. In the 1960s, many students, parents, teachers, and farmers suffered under the dictatorship.

I was a member of the Mokpo Human Rights Committee. Every morning I would wake up and call the police to see if they had arrested any students overnight. We worked to support these students and their families. I worked as a member of the Human Rights Committee until the day I left Korea. Although I was not able to do much, I prayed every day, "God, this nation is suffering greatly. Please do something about this dictatorship." Not only in the mornings, but even when I was teaching students, I would pray. What hope do we have without God's help?

Korea today is incomparable to what it was at that time—democracy has taken roots and the economy has improved—but not North Korea. From 1995 onward, I went to North Korea as a member of Christian Friends of Korea. Do you pray for North Korea every day? I hope to see a reunified Korea before I go to heaven. I pray this to God every day.

Q: Why did you want to learn Korean and Korean culture?

There is a term **culture bound**. It means when Americans still live like Americans and not learn the language when going overseas to do ministry. As much as possible, I wanted to learn the language, philosophy, and history, just like a Korean. I continue to study even today and I will probably keep on studying till the day I die. I thought I needed to keep learning, so I went to Harvard in 1964 and earned my master and doctorate degrees. It is not because I wanted to become someone famous. It is just that God told me to spread the Gospel, and in order to do that well, I thought I should study Korea's history, philosophy and everything else.

Q: Now that you have retired, what were the challenges and rewards of being a missionary for forty years?

When I taught in Daejeon College, all the students were poor. But they had a strong faith. We read the Bible and prayed together each morning.

The most difficult thing was learning the language. I always thought about how I could teach the students better. I listened to their feedback. Some teachers did not want to listen to the students, but without accepting criticism, there is no improvement. Thankfully, I had many Koreans praying for me knowing I was a foreigner who wanted to do good work.

Q: Please share with us any words of advice.

In the midst of many difficulties, I prayed every day for the students and the school. I would lift up each student by name to the Lord. I am sure there will always be many challenges when sharing the Gospel. But don't leave because of the difficulties. Listen carefully to what God is saying. If you have any questions, ask God. Even a person with a seminary and doctorate degrees is not perfect. We are all weak. Let us have the heart of God's servant and continue on with prayer.

Part 3

—

Origins of Mission to Korea

18.

Cradle of the Evangelization of Jeolla-do, Union Presbyterian Seminary

We left Black Mountain early the next morning. It was too early to say good-bye to the missionaries. For the next few days, we would be collecting resources on the American and Korean mission ministries. We planned to visit the following schools which were related to Korea missions: Union Presbyterian Seminary(the main Southern Presbyterian seminary), Princeton Seminary(the main Northern Presbyterian seminary), the Archive with the Northern Presbyterian resources, Drew University and its archives(the main Methodist seminary), and New Brunswick Seminary(attended by missionary Underwood). Our journey was to come to an end with the last interview with the missionary named Samuel Moffet Jr., at Princeton.

We decided to travel by car. We would drive from Black Mountain to New York, and then fly out of San Francisco to Korea. As the former missionaries used to gather in San Francisco before leaving for Korea, we would be following in their footsteps. Of course, since then, the main mode of transportation has changed from ships to airplanes.

The Richmond Union Presbyterian Seminary was about a six-hour drive from Black Mountain. This school played a central role during the Civil War when the United States was divided between the North and the South. This was the headquarters of the Southern Presbyterian Church.

This seminary has a long history with Korea that goes back 200 years. Back in the days, it was the only school where you could earn a doctoral degree in theology. Of the very early Korean missionaries, around seventy individuals (including families) were from this school. The majority of missionaries that served in the Jeolla-do, in particular, were graduates of this school and therefore, it played a key role in the evangelization of the Jeolla-do.

With red brick buildings, the Union Presbyterian Seminary had a quiet, old-world feel to it. We were told that an African American had become the school president for the first time in 200 years. Of about 300 students, around ten are Koreans. We expressed our gratitude to the president for the role that this school had in the revival of Korean churches and the growth of Korean Christianity. The president told us that, as in the past, the teachings are based on the Word of God. In those days, the seminary sent many missionaries to various Asian countries. He also told us how thankful he is for the fruitfulness of Korea.

Professor Rhee Syngman was the one who helped arrange the interview with the president of the Union Presbyterian Seminary. For the last twelve years, Professor Rhee had been teaching at this school. He was working as the director of the Asian Ministry Center. Professor Rhee also worked with the Presbyterian Church of USA(PCUSA) for twenty-five years. During his time there, he coordinated the Middle East Missions for seven years and Asia Missions for another seven years. Then for ten years, he served as the associate director for the PCUSA's Worldwide Ministries Division. He then became the moderator of the PCUSA. The PCUSA is a mainline denomination in the States, and we were impressed that he was the first Asian-American to serve in this position.

Professor Rhee humbly told us that he was able to be in a

place of influence because of the sacrifice of the American missionaries. Through an American missionary, the professor's grandmother became a member and then pastoral staff of a Presbyterian church. His father eventually became a pastor and Professor Rhee followed in his footsteps to become a third generation minister.

Professor Rhee explained that the present Korean Church exists because of the sweat and blood sacrificed by the missionaries, and because the Korean leaders have learned the meaning of sacrifice from them. He was concerned that the Korean Church today has lost its first love, the hard work and sacrifice.

Being in the Union Presbyterian Seminary, which sends missionaries to all over the world, we could not help but contemplate on what the Korean Church has lost.

19.

School of Missionary Underwood, New Brunswick Theological Seminary/ American Presbyterian Church Resources in One Place, Presbyterian Archive Center

We came to New Brunswick Theological Seminary, where the missionary Underwood studied. The whole place was covered in white because it had snowed a few days earlier. As one of the earliest American seminaries, this school contributed in writing Christian history by sending out numerous missionaries all over the world. With a tradition of over 200 years, the school was quiet and had a scholarly feel to it.

We had an interview with the school president. This was his sixth year of presidency while still doing pastoral ministry. He seemed to have a gentle character and he welcomed us in a polite manner. The school continues to maintain various relationships with Koreans. They were in the process of producing a video of Underwood as a way of staying connected with Korea. Perhaps it was because many of the seminary students were from Korea. Korean students are becoming the main clients of many American seminaries and so it made sense that they would want to promote their school in Asia.

It is said that Underwood had difficulty adjusting to this school. The school was unsupportive of his desire to go to Korea as a missionary and he did not have a great relationship with the school. However, he had a tremendous influence on Korean Christianity. With so many Korean church leaders and students visiting and coming to study, the school now considers Underwood as one of its star students.

At first, the school did not know much about Underwood. It was only twenty-five years ago that they found out about the profound impact he had on Korea. From that time onward, the school's evaluation of Underwood has changed, and it had a positive influence on the school. Around the time Underwood was sent to Korea, other students were also sent to various countries such as the Middle East, China, Japan, India and so on. Thanks to the fruits of those missionaries, the school was happy to carry on the work of advancement and revival of Christianity in partnership with these countries. The president also said that Americans now learn a lot from the Asian and African Christians. He said that this mutual learning from one another would renew the New Brunswick Seminary.

In the afternoon, we visited the church that Underwood had attended. The church was right in front of the school. It was a beautiful white building, and a Korean church seemed to be sharing the facilities. There were several rooms behind the podium which looked suitable for various activities. The second floor had a large hall which could be used for events.

Leaving New Brunswick Seminary, we headed towards the Presbyterian Archives, which is located in Philadelphia. The Archives first opened its doors in 1852 and this current building was opened in 1967. The Presbyterian History Society was established for this Archive and since then, all Presbyterian materials and official church records are collected and stored here. The day of our visit happened to be one of the two days out of a year when the museum closed for cleaning. Thankfully, Professor Rhee Syngman, who had arranged the meeting with the president of the seminary, had called earlier to arrange for us to see inside the building.

The space upstairs was where people could put in a request to read the materials. The lower floor was where all the resources were stored. Each item had its own serial number and they were well-categorized according to country and date. Resources sent by missionaries from all over the world were all stored here. In order to protect the resources from damage, vibration, temperature, and humidity were carefully monitored. It was amazing to see such a massive collection of resources. The detailed and systematic care of the materials allowing people to easily find and see them was also impressive. Records of mission in Korea 100 years ago was also meticulously kept there. It was also sad to realize that much of materials in Korea was either lost or burned during the Korean War.

20.

Race for the Glory fo God

Samuel Moffett Jr. and Eileen Moffett

We had heard a lot about Samuel Austin Moffett. His Korean name, Maposamyeol(마포삼열) was even more famil-iar, which indicates the extent of his achievements in Korea. On this day, we met with Maposamyeol's third son, Samuel Moffett Jr.

His father, Samuel Austin Moffett, along with Under-wood and Appenzeller, was the pioneering missionary who is a leading figure in early Korean Christian history. He es-tablished Pyongyang Seminary, the first seminary of Korean Presbyterian Church, graduating seven pastors the first year. He also established Soongsil University, Pyongyang Foreign School and Jangdaehyun Church in Pyongyang. When the majority of the early missionaries were based in Seoul, he boldly went and worked in Pyongyang and Uiju. Even though he was stoned and driven out, he did not give up on Pyongyang, and labored to make Pyongyang the center of mission. He was able to embrace many people with his gentle character. He was eventually expelled from the country because of his support for the anti-Japanese movement. We were actually planning to meet his fourth son, Howard Moffett, who lived near Los Angeles, but due to his poor health, the meeting did not take place. Howard had been the director of Daegu Dongsan Hospital, and he had spent forty years in Korea as a medical missionary.

Samuel Moffett Jr. was born in Pyongyang in 1916. He grew up with a Korean wet nurse because his mother was unable to provide enough breast milk. He studied at the Pyongyang Foreign School until he was eighteen, when he went to the States to earn degrees from Wheaton College and Princeton Seminary. After his ordination, he did his doctorate at Yale University. However, while preaching his dream of becoming an ancient Greek scholar and pursuing an academic life was changed; he became convinced to become a missionary instead. He worked as a missionary in

China for four years before returning to Korea. He planted churches while living in Andong and Seoul as well as working as an itinerant preacher. Following the footsteps of his father, he taught Presbyterian University and Theological Seminary, and served in Korea for twenty-six years. Since 1981, he has been teaching at Princeton University as a missiology professor.

We went to Princeton Seminary in Hometown, West Virginia, where the Moffetts lived. They lived in an upscale retirement home with a gym and a swimming pool in the basement. On the first floor were three restaurants and a library. The library was full of donated books and was like a lounge area where people could chat and even play the piano.

We were escorted to a home on the third floor. It was a beautiful place with a living room, a family room, a kitchen and several bedrooms. We were greeted by various pieces of Korean antiques such as paintings, embroidered folding screens, a map of Pyongyang in the 1800s, and fabric from the Empress Myeongseong's wedding gown. We were impressed with the classy paintings of Korea and Korean-style interior. One room was full of resources from Korea, but the rare books were donated to Princeton Seminary and are currently being digitally processed. Together with his father, who had a great interest in historical research, the Moffetts have purchased many materials on early Korean Christianity. Also, many missionaries gave them the materials they had when they retired.

We interviewed Samuel Jr. first. He told us that he would be turning ninety-six soon and he did look different from the video footage from a few years ago that we saw. He had difficulty standing up after sitting down for a while, and his hand shook quite a bit. More than anything, his memory of the past seemed to be fading. We regretted not visiting him much earlier. During our conversation, he sometimes had to ask his wife to repeat the question because he had forgotten it. Samuel Jr. enjoyed meeting with Koreans and wanted the students to know Korean history. Next, we interviewed Eileen. She was a lovely and wise woman. They had a ten year age difference. When she was in graduate school, she went to Beirut, Lebanon, as a volunteer missionary for a year. She met Samuel Jr. when she had returned to Princeton Seminary. He had just been expelled from China.

After she finished graduate school and after the Korean War, she went to Korea and married Samuel Jr. at Youndong Church in 1956. They did a lot of ministry in Andong and

Seoul, and she was especially thankful and pleased with the fellowship she had with the people. From 1959, she taught English at the Presbyterian University and Theological Seminary. She found joy in fellowship and partnership with people like Hwang Hwaja, Joo Sunae, and Lee Gwangsoon.

In the past few decades, Eileen has collected and organized resources on Korean Christian history. We already have the names, dates, and ministry of some of these missionaries. But who else would be so committed to prudently collecting and organizing such materials? She seemed to have a sense of calling and responsibility regarding this work. Eileen most definitely seemed to be a person running the race not for her name, but for the glory of God.

We could feel in our hearts that Eileen deeply loved Korea. She had really enjoyed doing Bible studies with Koreans and was sad to return to the States after her husband's retirement.

This couple had chosen to be missionaries even though they knew, from his father's life, that this would be a difficult path. Instead of living a comfortable life in the United States, they shared their lives and their gifts with Korea and its people. Even now they wanted to remember and let others know about Korea's history.

Q: Could you tell us what was the motto of ministry for your father, Maposamyeol?

Moffett: The most important event in his life was meeting John Nevius. John came for a visit a few months after my father came to Seoul. Nevius explained to my father his method for the mission work, which we now call the Nevius Methods. It is called **Three-Self**: Korean Church's self-supporting, self-governing, and self-propagation. Of these, self-propagation is the most important—evangelism by Koreans, not by the missionaries.

Father said, "A missionary who cannot work together with Koreans cannot be a good missionary." He depended heavily on Korean co-workers. In the beginning of his ministry, his Korean was not fluent, so Koreans did almost all of the work. He worked really hard to learn Korean and helped to make the Korean Church independent. He let the Korean people lead their own church.

Q: How did you decide to become a missionary?

Moffett: I didn't want to be a missionary. My mother was a scholar and she taught me Latin when I was six years old and Greek when I was seven. It wasn't koine Greek. It was ancient Greek. So I majored in ancient Greek at Wheaton College. It was probably my mother's influence.

Up until my second year at Wheaton, I was still saying that I wanted to be a professor in ancient Greek when I graduated. At that time, my brother Charles was a home missionary at a little church up in North Dakota. He called me up one day and said he was leaving to be a missionary in India and asked me to preach at his church over the summer. When I said I didn't know how to prepare a sermon, he told me to find a passage and look for three main points. He said those three things can be turned into a sermon. He told me to preach from the Bible.

By the end of the summer, I had decided that preaching may be more important than ancient Greek. So I went to Princeton seminary and received good education there.

Q: Was there a reason why you chose China as your first mission field?

Moffett: I said "I'm not going to Korea because I couldn't possibly do as well as my father has done." When I was in seminary, a missionary came to preach. At one point, he took out his watch and said that some of us should go to China before more people die without having heard the Gospel. I went to China because I was told that missionaries are desperately needed in China. I couldn't go to Korea because my father's shoes were too big for me to fill.

I was in China for four years until I was thrown out of China after the people's trial. After spending two or three years in the United States, I went to Korea in 1955. People threw stones at my father when he arrived in Korea, but they welcomed me with flowers when I arrived.

Q: For how long did you live in Korea and what were your main ministries?

Moffett: I was in Korea for twenty-six years. At first, I lived in Seoul to learn Korean again. It was really hard to re-learn it at age forty after having completely forgotten it. Then I went back and forth between Seoul and Andong. I was the only one with a car because it was right after the Korean War. Since there weren't many ministers left after the war, I drove that car to visit and preach at 100 churches. A Korean co-worker was with me and I received a lot of help from him.

Q: Were there any difficulties while you were ministering in Ko-

rea?

Moffett: It was very difficult and sad when the Presbyterian Church was divided.

Q: Mrs. Moffett, how did you feel when the Korean Church and denomination divided?

Mrs. Moffett: The big division came in around 1953. I remember going to the Seoul Train Station to meet Samuel. He was returning from the General Assembly in Daejeon where the split was finalized. He was in deep sorrow because of what had taken place. The church had been through such terrible times. The Japanese had caused much suffering and there were refugees from the North. In the United States, there is a rule that a spouse is deemed dead if there was no contact for seven years and you can remarry. But there was no such rule in the Korean Church. So there were disagreements over whether a remarried man should be accepted as a church member, and if he could be appointed as an elder. There were all sorts of difficult decisions that had to be made, and people took different positions. There were a lot of things that happened as a result of the war. At the general assembly, my husband argued to stay with the World Council of Churches (WCC). Other people felt that the WCC was not faithful enough to Scripture and wanted to pull out. So when the split took place, one side stayed with WCC and the other side left.

Q: Despite the fact that there were many tragic divisions in the Korean Church, the divisions are still continuing to take place. So Mrs. Moffett, is there any message you would like to give to the Korean Church regarding this issue?

Mrs. Moffett: We pray for the Korean Church daily. We know that Korean

Christians are also praying. Even though divided, you should try to reach out and get close to each other. You might not agree on everything but you must acknowledge that you are brothers and sisters in Christ. When the time comes, you may become one again. More than anything, I urge you to be faithful to Jesus Christ and to read the Bible. Continue to show your faithfulness to the world through your prayer life, Bible studies, love for your neighbors, and service to the church.

Q: Could you tell us how you started to collect the materials on the Korean Church?

Mrs. Moffett: After the war, many of the important documents began to be published. Samuel wanted to preserve these historical records so he went around the bookstores in Seoul, collecting them. One of our language teachers, who was an older woman imprisoned during the 1919 Independence Movement, helped us in finding the valuable materials. Samuel collected a lot of his father's letters, and I continued to make digital copies of these letters and other materials.

Q: Could you tell us about your life after your retirement?

Mrs. Moffett: At that time, our mission agency set our retirement age at sixty-five. When Samuel turned sixty-five, he received a call to come and teach at Princeton.

Samuel had a position in the seminary, but I didn't have any assigned work here even though I had worked as a director of Bible Club Movement in Korea for six years. So I decided to do two or three things. First, I realized that people are not aware of the wonderful collection in the Princeton library. So I began to go through all the documents on the early missions. I've photocopied everything I could find on Korea and organized them in notebooks in chronological order. I've even noted where these documents came from.

I thought that someday, this will be valuable to Korea.

I also realized that Princeton students longed to have interactions with professors. So I opened our home to the students from all over the world. We entertained many students.

Q: Could you share with us what other valuable documents you have regarding Korean church history other than the letters you have previously mentioned?

Mrs. Moffett: Samuel found one of the first reports on Paichai School written by Dr. Apenzeller, and also a lot of photographs from the early period. We seriously thought about where to keep these documents so that they would be easily available to our Korean colleagues and friends and institutions. We thought *maybe we should place them at PUTS*, but at the time, there were no archives. Also, Dr. Clark said he was going to donate his collection to PUTS so we decided to place our collection at Princeton. As a result, there are two places where people could go to view the materials. Soon, most of the things here in Princeton will be digitized. I'm hoping that our collection will be available online soon.

Q: Is there anything else you would like to share with Korean Christians?

Moffett: To love God. And you can't know God without reading the Bible. Be strengthened by the Holy Spirit. Don't split the church and don't turn your back against each other. It's not easy but still love your neighbor. If you must split, treat each other with respect. Respect his faith even if he disagrees with you.

21.

The Church that Sent Underwood to Korea : Lafayette Avenue Presbyterian Church

We decided to attend the Sunday worship service at the home church of Horace Underwood. We packed up our bags and came to New York, an hour and a half drive away from Princeton. We had to buy another suitcase because we had received so many books.

The Lafayette Avenue Presbyterian Church was a large and magnificent building. The stain glass windows were exceptionally beautiful. The stain glass windows are quite famous and people come to visit this church just to see them. In the past, the church was crowded with over 1,000 people but now, about 150 people attend worship.

The congregation was a mixture of African-Americans and Caucasians, but the majority was African-Americans. There was a pretty young woman sitting next to me and she seemed to be the only young person there. Everyone else looked older and we could see that the church was growing old. We were impressed with the freedom with which people shared their testimonies and prayer requests during the service. Unlike the Southern Presbyterian services, we could hear black Gospel music here. It was nice to sing worship songs.

After the service, we said hello to the pastor. He told us of his visit to Korea and mentioned that Saemoonan Church had presented the church with a plaque of appreciation. He explained that the Underwood family made a donation for the installation of the beautiful stain glass windows. On one wall, behind a curtain, were two plaques plated in gold, one for Horace Underwood and another for Horace's older brother, John. The sending of the Underwood brothers as missionaries seemed to be an important part of this church's history. Back in the days, this church sent many missionaries, but not anymore.

After the worship service, we toured New York City. Professor Yi Mahnyol was our navigator. He remembered the shops, the streets and the people from twenty years ago, making an impression on us who were much younger than him. We also stopped by at the New York Hanbit Church where Professor Bae Dukman used to be a pastor. Gathering at a Manhattan coffee shop, we reflected on our trip together. It seemed remarkable that we have worked as a team despite our different career paths, ages, and genders, and having this conversation in the middle of New York. We were thankful as we reflected on the reason for our trip, and how this had all come about.

We went to Ground Zero, where the Twin Towers had collapsed in the 911 terror attacks. It only takes an instant to crumble what is built by human hands. If so, then what should we be building?

A friend of Professor Yi treated us to a delicious dinner and we were off to New Jersey. We finally arrived in our motel past 11pm, officially finishing the day.

Cradle of Methodist Mission Resources
: Drew University Archives

We went to Drew University today. The director of the archives treated us well because Professor Bae Dukman was a graduate of this school. Drew University is a Methodist seminary and all the Methodist resources are well-preserved in the museum. We told them that we would like to see photos taken by the early Korean missionaries from the 1880s to the early 1900s.

The archive staff showed us two different kinds of resources.

They first showed us eight photo albums. We had to give them numbers for pictures. before we were allowed to pho-

Part 3. Origins of Mission to Korea 482 / 483

tograph them. We found around thirty pictures that had the images of the missionaries teaching students or treating patients. We also found pictures of the first Chungdong Church and the missionaries ordaining elders. We also took pictures of women evangelists. I was surprised by the condition of these photos. They seemed as if they were taken yesterday. Photos tend to fade over time, but these were individually stored in their own plastic covers, and they were preserved perfectly. It was hard to believe that these pictures were over 100 years old. The archive staff told us we could not use our scanner because it presses on the photos. They used a scanner that does not touch the photos. Much of the mission work is forgotten in Korea although it is a part of Korea's history, but Americans have been collecting these resources for over 100 years and preserving them meticulously. I was embarrassed and upset.

Next, they showed us two boxes full of Henry Appenzeller's letters. These letters were written in a clear handwriting, recording the situations of those days in detail. Looking at Appenzeller's neat penmanship, Professor Yi Mahnyol told us Heron, Gale, and Allen had the worst handwriting. One thing in common was that they were all doctors. Not much has changed since then—doctors' handwritings are still hard to decipher.

After our visit to Drew University, we visited Grove Reformation Church. Horace Underwood's family had attended this church. Horace had also attended this church, but the church and the denomination would not allow him to go to Korea as a missionary. So he moved to Lafayette Avenue Presbyterian Church, where his brother was a member. He was able to go to Korea as a missionary through the Presbyterian denomination. Grove Reformation Church is where he grew up and where all his family is buried. We had emailed the church with various questions, but received no reply. We were unsuccessful in finding Underwood family's graves because the cemetery was so big. Horace himself had also been buried here, but he is now buried in Yanghwajin, Seoul.

Our trip was almost coming to an end. What a special experience it is to actually live out what we had only dreamed about! When I first heard about Black Mountain through my friend, I hoped to meet and film all these missionaries. I also imagined tracing the early Korean Christian history that was unknown to me before. This had now become a reality, but it was coming to a close.

There are various opinions on American missionaries.

Some say they were the forerunners of colonialism, some say they were a part of the American foreign policy, and some say they were sent off due to the impatience of the American churches. But who would sacrifice his or her one and only life for strangers? It is not my place to evaluate these missionaries' lives as perfect or excellent. They simply obeyed God's calling, even with their weaknesses and short-comings. This realization has been a priceless lesson and a big challenge for me.

I recalled the words of Mariella:

"We were poor. People thought that we were rich, but we also were poor. But we loved Koreans. That is why we wanted to educate them and help them live a better life."

What is it that I should be doing in Korea? I will ponder this as I go to the place where God calls me to go.

23.

Reflecting on the Missionaries' Tears and Their Sowing of Seeds

I couldn't sleep well and woke up at 4am. I was feeling all sort of emotions as I thought about leaving. While I was packing, I suddenly had an urge to pray.

What was the reason for me to be here? What compelled me to come all the way here?

I felt overwhelmed. Will I be able to properly portray the missionaries' lives and their hearts? What if I misrepresent or glamorize them? How can I express this beating in my heart?

All of a sudden, I wanted to see Mariella again. I called her and I could not stop crying. I told her I would go to

Gyeongju to visit the Moonhwa School that she started. I felt as if we were connected with a strong bond, uniting our hearts. We knew well that this bond was from God. She told me to remember Malawi. After we hung up, I continued to wipe away my tears. Was it because of a sense of partnership? Was it because I had been touched by her life? I also called Heidi Linton and told her to contact me when she was in Seoul. These two missionaries stayed very clearly in my mind. Will I be able to see them again? Probably not, but I will always remember them in my heart as two grandmothers happily riding the golf cart.

In the morning, I went for a walk in downtown San Francisco. There were many homeless people. People who were high on drugs were shouting and stumbling on the streets. In contrast, the City Hall had an air of elegance. The garden looked as if good looking movie stars might gather there but in reality, it was taken over by the homeless. This was the world we live in. We must always examine the direction we are headed by continuing to look at what is really happening around us.

Can my small efforts change the world? I am sure the missionaries who came to Korea 100 years ago, or 50 years ago asked the same question. It must have seemed as if nothing would change despite the best effort. But I believe that they set this question aside and kept working. Yes, I too will start again as I remember their tears and the sowing of seeds…

We went to the airport to check-in our luggage and returned our phones and the rental car. We would soon be heading for Korea. Reality would pounce on me with a great force. I will struggle to survive, but I have a feeling that my struggle will be a bit different this time.

Part 4

–

Travel Journals

Travel Journal to Black Mountain, Home of Retired Missionaries

Yi Mahnyol(Professor Emeritus of Sukmyung Women's University, Former President of the National Institute of Korean History)

2. 5. 2011

Today is the day we go to Black Mountain.

I woke up at 6am to go for a walk in the nearby woods and stream. I spent about an hour and a half walking and praying. I could sense that the Americans tried to take a good care of the beautiful nature that God has created. At 7:50am, I returned to my room and had breakfast with Professor Bae. According to our schedule, we needed to board a plane at 1:30pm for Charlotte Airport in North Carolina.

The weather was clear early in the morning, but started to turn cloudy around 10am. We arrived at the boarding gate an hour before the scheduled departing time. It was supposed to leave at 1:35pm but it was delayed by 20 minutes. We boarded the plane at 1:50pm and took off at 2:05pm. At 3:35pm, we landed at Charlotte Airport. We drove westward for about two hours until we reached Black Mountain. While driving on the highway, I opened my computer to see my journal entries from 29 years ago, when I visited Black Mountain at the end of October, 1982. Many emotions crossed my mind as I thought back to those days. I had been dismissed from my job and I remember shedding a lot of tears in the car as I drove from Princeton to Black Mountain. I shared a few sections of my journal with my traveling companions.

We were scheduled to have dinner with the retired missionaries at a Chinese buffet. But before that, we needed to find our hotel and also find the exact location of this Chinese restaurant. When we arrived at the restaurant, around fifteen retired missionaries and their family members were already waiting for us. Among them was a Linton family member whom I knew very well. Mariella, who was missionary Talmage's daughter, and was the one who had made this visit to Black Mountain possible. She arranged all the meetings with the retired missionaries and their families.

Everyone enjoyed a delicious dinner. I told them that I had come to Black Mountain 29 years ago to collect resources on missionaries.

We were staying at the Comfort Inn where we had a view of downtown Black Mountain. My room, #215, was at the end of the building. Seeing all the amenities, it seemed quite comparable to any hotel. When I asked about the price, they told me it was around $100 per night. Before going back to each of our rooms, we talked about tomorrow's schedule.

2. 6. 2011

I had unsettling dreams the night before so even though the day was clear, I felt tense. Then it dawned on me that it was almost a week since I had left home and I still had not called my wife. I could have made an excuse that using a public phone was difficult, but still it seemed quite inconsiderate of me. I made up my mind to call my wife today no matter what happened.

I went out for my walk a little after 7am. This place was at the edge of Black Mountain. But there were roads in all directions and so I followed one of the roads for my walk. I took a left from our motel, took a long walk, and returned the same way. Not many people walk in the United States and I realized that I might have looked a bit suspicious. It is not common to see a foreigner in a hat, out for an early morning walk in the countryside.

We had breakfast around 8am which was provided by the motel. It was a simple breakfast of bread, milk and cereal, but it had a nutritional equivalency of several meals. Over breakfast, I told my companions that I had an unsettling dream. This prompted our team leader Han Byeongseon to use her phone card to call my home in Seoul. I could finally talk to my wife. Since it was 8:30am here, it was around 8:30pm in Korea. We have spent forty years together sharing the joys and sorrows of life. We were already at an age to start preparing to leave each other whenever the Lord calls us home. Perhaps we need a practice of being apart so that it won't be so hard when one of us dies.

Mrs. Linton came with Mariella around 10:30am. The six of us divided into two teams. Professor Bae Dukman, Kim Shindong, and I went to Mrs. Linton's church. Han Byeongseon, Professor Chun Sungmin and Koh Shinyoung went to Mariella's church. We wanted to film their churches and attend worship services. But Mrs. Linton told us we needed the pastor's permission to film the worship service. The Southern Presbyterian Church have a serious and traditional worship atmosphere and for the elderly, maintaining such worship was important.

We are scheduled to interview both of these elderly ladies today—Mariella and Mrs. Linton. Because Han Byeongseon had already organized the interview content this morning, I did not feel the need to be a part of the interviews. So I told them I would go back to our motel and they agreed. I wanted to visit the Monte-Vista Hotel that I had stayed in 29 years ago.

It took over 20 minutes to walk to this hotel. The building looked as if it was deserted and the surrounding trees were in dire need of pruning. Aside from a freight truck parked in front of the hotel, there was only trash scattered around it. In the back, I saw a middle-aged man with his child. They seemed to be taking a break from biking. I introduced myself to this man and told him that I had stayed in this hotel 29 years ago and asked him what had happened. He told me that the hotel was currently under renovation, and that the former owner's daughter was managing the building. I told him that the previous owner seemed to be part of the Brethren church; he said probably. I explained to him why I had looked for this place and added that I was very grateful for the fellowship I had with the people here 29 years ago.

I first arrived in the States in July of 1981, but in July of the following year, I received word from my younger sibling that our mother was in critical condition. Although I told my wife to stay in the States until I returned, she refused, and so my wife, two children and I hastily returned to Korea. Then on October 5, 1982, I had to return to the States on my own because I still had to collect data from several places. Upon my second arrival in the States, I had to collect materials related to missions in Korea of Southern Presbyterian Mission. In order to do so, on October 20th, I left Princeton and drove to the History Foundation of the Southern Presbyterian Churches, where the materials were kept. I was alone on a two-day journey to Montreat of North Carolina. I received the help of Pastor Choi Duksung, who was a minister in a Korean church near Nashville. Pastor Choi had reserved a room for me in Black Mountain's Monte-Vista Hotel, which was near Montreat. I arrived in the afternoon, two days later. I stayed in Black Mountain and on November 12th, I left for Atlanta, Georgia. So essentially, I had spent over twenty days in Black Mountain to collect data.

Here I could fully enjoy the southern atmosphere. First, I really liked my hotel. The hotel was made up of the main building and the annex, but the rooms were always full. It cost only $10 per night, including all three meals. When I asked how the price could be kept so low, the Brethren hotel owner told me that he could even make it cheaper. The reason was that he reduced the labor costs by having the guests clean up after themselves and sometimes, the guests even helped in the office. During my stay there, I practiced my English and sang hymns with people who enjoyed singing. I could feel the generous hospitality of the American South. The way they shared and looked out for each other seemed to be in big contrast to the North. If the North was rational and precise, the South seemed relaxed and less thorough. I had over 5,500 pages of photocopies from the History Foundation. In the North, whether it is a school or a research center, there was no exceptions to the price of photocopying. Whether it is 10 cents or 25 cents, one had to pay the exact amount regulated by the institution. You could not even begin to ask for a discount based on special circumstances. But in the South, people seemed more relaxed. Whether in the public library in New York or in the Presbyterian History Association in Philadelphia, you had to pay a few dollars or 25 cents per page. However, in the South, when they heard of my situation, instead of charging me every day, they told me to tally up the total and pay on my last day. On my last day, I was so grateful when they suggested I only pay half the amount. Such generosity seemed to be a special characteristic of the South.

This afternoon, I stayed in my room and recalled the memories from 29 years ago. Today, Han Byeongseon asked me to edit the questionnaire for several upcoming interviews. I looked over five peoples' interviews and emailed it to her.

2. 8. 2011

I woke up at 7am to go for my walk and it seemed as if it had snowed a little during the night. The road was slippery with frost. I took an uphill pathway behind our motel, and came back down the path I took yesterday, which was flatter. The downhill walk seemed a bit too slippery. I took about 40 minutes to pray and walk.

I had breakfast with Professor Bae a little after 8am. This morning I tried to cut back on my food intake by having one piece of bread and little bit of milk and cereal. I had an apple for dessert. As a result, my stomach felt more comfortable. We left around 9:40am to go to John Wilson's house. John Wilson is the son of Robert Wilson, who worked with leprosy patients in Korea and built Aeyangwon in Yeosu.

On the way to Dr. Wilson's house, we quickly stopped by the Monte-Vista Hotel to take a picture. When I was there 29 years ago, I did not have a camera so I was unable to take any pictures. Professor Chun kindly took the photo. One of my traveling companions had heard that this hotel had gone bankrupt. This seemed likely as well. Seeing how the interior was being remodeled, it did feel like it belonged to someone else. But then the man whom I met a few days ago told me that the former owner's daughter was fixing up the building.

It took less than 5 minutes to reach John Wilson's house from the hotel. Since I was asked to write a critical biography of pastor Son Yangwon, I was hoping to get more materials related to Aeyangwon from Dr. Wilson.

I told Dr. Wilson that I was compiling data on Pastor Son Yangwon who had worked in Aeyangwon. I asked if I could see his father's materials and anything related to Aeyangwon. He showed me a room stacked full of resources; some of them were already chronologically organized. With his permission, I started to scan these resources.

Dr. Wilson's wife was a very quiet lady. She did not seem to want to talk to us or even take pictures with us. We thought it was a bit strange. During the interview she was busy preparing something. When it came time for lunch, she asked if we would like to join them for a simple soup and salad. She seemed content to quietly work in the background. The salad and soup were delicious. Although we had an afternoon schedule, I stayed behind to finish with the scanning because there were so many documents! The rest of the team went on to the next scheduled interview. They promised to pick me up at 5pm once they were finished.

So I stayed behind to scan the rest of his father's reports, letters and other resources. At first, he only gave a few, So I thought I would be able to finish scanning them by 5pm. But while I was scanning, Dr. Wilson kept giving me more and more material. His wife also looked to see what I needed and gave me drinks and peanuts for a snack.

During this time, Mrs. Wilson brought over a pair of binoculars, telling me to look at the tin container hanging from the wooden post not too far away. She told me that I should be able to see an owl. Indeed, when I looked into the binoculars, I saw an owl with his head peeping out. The quiet Mrs. Wilson was a friendly person and Dr. Wilson kept bringing and explaining more materials. All in all, it took much longer than I thought it would.

Dr. Wilson was ninety-four years old but he had an excellent memory and was healthy. As he brought the resources, he told me that I could take these to Korea, as long as I promised to return them. A few nights ago, Professor Chun hastily made a name card and introduced me to Dr. Wilson. I thought I could have gained more information if I had spent more time talking to them instead of scanning the entire time. Since they were so willing to share, I would have gained a lot more material. Although I worked the entire afternoon, I could not finish all the scanning.

My team came to pick me up around 5pm. I took a break to have a discussion with Professor Bae. He suggested that I could continue to scan tonight and take the rest of the materials with me. That way, on the journey to New Jersey and San Francisco, I would be able to finish scanning so that I can mail the resources back to the Wilsons in San Francisco. We all agreed with his plan. When I tried to write a resource list, Dr. Wilson told me I did not have to. So based on Dr. Wilson's offer, I borrowed the resources from him. We told him that we would finish with the scanning and return everything to him before we left the United States. In between our travels, whenever we had time, we scanned the resources and we were able to mail everything to Black Mountain from San Francisco.

Our team left Dr. Wilson's house and had dinner at McDonalds, which was right in front of our motel. This was where I met John Somerville 29 years ago. We were scheduled to interview him tonight. He had asked me specifically why I had come to this place and told me that I was doing a valuable work. Maybe that meeting prompted his wife to collect data on the Southern Presbyterian mission work and donate it to Hannam University and Honam Theological University and Seminary.

We left our motel at 6:40pm to meet John Somerville who lived in downtown Montreat. John had not joined us for dinner last Saturday. Out of all the missionaries, he was considered the most educated. So we wanted to make sure that we met him. He began speaking to us in Korean. However, he began answering us in English when the questions became more detailed.

He arrived in Korea on February 24, 1954, did language training and evangelism in Mokpo until June of 1958, and then until August of the following year he had a sabbatical in the States. From August 1959 to June 1964, he studied for a master's degree in Eastern Philosophy at Sungkyunkwan University and taught ethics in the Presbyterian University and Theological Seminary for four years. He went through his doctorate studies in Harvard University from 1964 to 1968, writing a thesis on the *Conditions of Ulsan Area in the Eighteenth Century*. He was under the supervision of Harvard professors such as Wagner, Fairbank, Reischauer and others in the department of history and linguistics. Since his retirement, he has been providing aid in North Korea with Heidi Linton. He told us he had been to North Korea around fifteen times and was planning on going again this March. Since coming to the States, I realized that most of people helping North Korea are actually descendants of the missionaries. Disciples of Jesus, whom North Korea dislikes and ridicules, are the ones extending a helping hand.

We left around 9 pm, and after writing in my journal, I got ready for bed.

02.

Academic Research Trip Turned into a Pilgrimage

Bae Dukman(Professor at Asia Life University)

Hearing that I majored in American Church History, many people ask me, "Why would a Korean major in American Church History?"

The reason why I decided to major in American Church history was because I was interested in Korean Church, not the United States. The American Church had a tremendous influence on the Korean Church since the very beginning of the mission work. Without understanding the American Church history, I do not think it is possible to fully understand the history of the Korean Church.

I started to study American Church with the purpose

of wanting to understand the Korean Church more. The problem was, I got stuck in the labyrinth of the American Church, which did not leave me time to deeply reflect on my real topic—the Korean Church. As time went by, my understanding of the American Church increased, but my understanding of the Korean Church decreased. So I had an internal struggle. How do I not lose my initial interest in the Korean Church and how can I deepen my understanding of it?

During this time, Han Byeongseon asked if I would like to go to the United States. She was planning to visit retired American missionaries who had worked in Korea in order to interview them and shoot a documentary. My interest peaked when I heard that professor Yi Mahnyol would be on this trip. It felt as if God was giving me a big kick in the butt. *I must go. Not for anyone else, but for myself!*

So that was the beginning of my trip to the United States.

So I met a lot of people. All of them were over seventy years old, and some were in their 90s. We met scholars well-known in Korea, as well as simple grandmothers. There were those who could vividly remember things half a century ago as if it were yesterday, but others only had vague memories. Their stories seemed like a chapter in a history book, and at times it felt like a myth. They silently persevered, built churches, and saved lives in a country completely ruined by war, suffering from political chaos, and economic poverty. None of them left rich. After spending all those years, they were spending their last days in a retirement home as an elderly couple or alone. Their hair had turned grey and some had difficulty walking or talking, but still, they shared their stories of Korea with great enthusiasm. We listened to them in tears, laughter, and at times with exclamations and nervous tension. All of a sudden, a silly question came to my mind, which I had to ask.

"You've earned higher degrees and had a guaranteed future ahead of you. So why did you become a missionary to such a poor country?"

He smiled and answered, "Why? Because God told us to go."

The moment that I heard this simple answer, many scenes quickly flashed through my head. Abraham, who obeyed God and climbed Mount Moriah to sacrifice his son; Moses, who left for Egypt according to God's command; Jesus, who climbed Golgotha because of God's will; Peter, who threw the net because Jesus told him to⋯ Could it be that these people were recorded in the Bible because, like these missionaries, they had obeyed God? I think I now have a faint understanding of the verse that says, "To obey is better than sacrifice." Transcending the boundaries of rational judgments and practical calculations, these people obeyed because God said so. I realized that their life stories were the Bible and church history. This is also the path I must take—obedience to God. I began this journey as a history student on an academic pursuit, but I finished it as a pilgrim who has gained enlightenment.

Living Witness of Korean Church History

As a person who studies church history, I felt and thought a lot of different things. It was very sad to see how Insoofficient the research has been on the committed missionaries that came to Korea after her independence. Leaving all ideological and theological disagreements aside, the value of their commitment and hard work to rebuild Korea after her independence cannot be denigrated. While we cannot ignore the sufferings and successes of the Korean churches during this time, we also must not forget those who shared their tears and sweat with the Korean churches. The interest and research on the lives of the early missionaries is relatively high in the academic world. However, interest and research on the missionaries who worked in Korea between the Korean War and the 1980s, however, is almost nonexistent. This is an area that requires special interest from academia.

The missionaries are also valuable historical resources themselves as living witnesses of Korean Church history. Some were exceptional scholars who have written books on the subject. However, a majority were not scholars and couldn't write books but they still hold priceless experiences and memories that cannot be found anywhere else. In this sense, I believe that this trip made a big academic contribution, but this is not enough. We could not possibly record all the precious memories within the limited time. Before their memories completely fade, and before they pass away, we must make more systematic efforts to preserve their memories as history.

Not only the academia, but also the Korean churches have not done enough to acknowledge the missionaries, and this is very regretful. My heart ached to see them in their old age, spending their last days alone in the retirement homes. They said Korea was their second home. They remembered the Korean co-workers and they shed tears remembering the kindness they received from Koreans. They repeatedly told us how much they loved Korea and how thankful they are to the Korean people. I was sorry that Korea seemed to have forgotten them. Not just the formal visits for research, but Korean churches should make friendly visits before it is too late.

Obedience, Love, Thanksgiving

There were a lot of messages that the Korean Church needed to hear. The first is 'obedience'. The Korean Church has become too big, fancy, and complicated. These things hide the power of the Gospel. Despite the sophisticated appearances and abundance of well-spoken words, simple obedience is absent in the Korean Church. Isn't this the reason behind the lethargy of the Korean Church? This is an age where real Christians and obedient disciples are more needed than powerful churches. I envy the faith of these young Americans who crossed the Pacific Ocean out of obedience to the Lord's calling. I think it is time that we live out the same faith.

Next is 'love'. The missionary homes that we visited were full of Korean things. Even though it was an American home, they seemed more Korean than the Koreans'. Each of these things had a story, and through them, the missionaries were still living in Korea in the United States. Whenever they introduced these items, their eyes sparkled and their voices became stronger. They told us they had gone to share the Gospel in Korea, but in the end, they came to love its people and culture. Korea was a part of them, and they were no longer just outsiders. I believe it was possible because of love. Images of the Korean Church that seek to affirm their values by criticizing and denying others flashed through my mind. My heart felt heavy. Surely, in love, the differences can be embraced... Surely these difference could eventually become the esthetics of life···

Last is 'thanksgiving'. At the end of each interview, without exception, each of them expressed their thanks to the Koreans. I was thankful to them, but they repeatedly told us they were thankful for the Koreans. Some of them shed tears as they said how they could not even begin to express how thankful they were for the love and welcome the Koreans showed them, the foreigners. In such moments, I felt the true meaning of thanksgiving. Instead of thanksgiving, however, the Korean Church seems to be reigned by the feelings of disappointment and bitterness. The language of thanksgiving seems to be missing in the Korean churches in general, between the church and the government, between denominations, and even within the church itself. Instead, cries of strife and screams of accusations fill the churches. If we were to reflect deeply on our existence, we would soon realize that the fact we exist is a reason in itself for thanksgiving. We are able to exist because of so many peoples' sacrifice and service. A world where thanksgiving is natural and normal—that is the world that the Korean Church should seek to build.

The faces and names of the missionaries I met in the United States are already starting to fade. The human memory surely is futile. I take comfort in the fact that they have been recorded in writing and on film. As long as the memories of the missionaries remain in my heart and mind, I resolve to live as a better person before God and others.

03.

Relay Race for the Gospel

Chun Sungmin(Professor at Westminster Theological Seminary)

For a person who studied the Old Testament, participating in a project related to Korean Church history felt like wearing an ill-fitting cloth. However, it is true that my life has always been within the boundaries of Korean Christianity while I studied the Old Testament. It was also a good opportunity for me to broaden my sphere of interests. Moreover, the fact that I would be traveling with professor Yi Mahnyol was a reason enough for me to set aside the initial hesitation and begin the journey.

We met many missionaries during the twenty-day trip. It was a short, yet not so short a trip. As I reflect on this trip,

I want to share my thoughts by focusing on the two people who made a deep impression on me.

We took a flight from Incheon Airport to Los Angeles, and the first place we visited was a retirement home called Westminster Gardens in Duarte, California. We were scheduled to have an interview with a retired missionary. The retirement home staff led us to a small, sunny reception room. On the walls were a black and white photo of the Yonsei University in its early days and a framed Chinese calligraphy that had **Full of the Holy Spirit** written on it. I do not know whether they always hung there or if they had been put up especially for us. Anyhow, both the photo and the calligraphy had traveled across the Pacific Ocean, and gave us the impression that they have also traveled back in time.

While the video staff set up the lights and camera to record the interview, I prepared my laptop. I was excited to meet this retired missionary for the first time, in this room that seemed to be from the past. I even felt nervous while waiting. Louise Grubb came into the room with a staff helping her with walking. She was quite elderly and she could hardly hear or see. The lights for the interview seemed to bother her.

The interview began. She did not give clear answers to our questions; maybe because she could not hear well. Moreover, we had a hard time understanding what she said because she could not clearly project her voice. However, we did understand that she had good memories of Korea. I am sure there were ups and downs in her ministry, but what remained in her memory seemed to be as beautiful as the Korean scenery that were hung in this room. She remembered everyone she met in the Korean churches and in ministry settings as friendly and faithful people.

But as we listened to her good memories of Korea, I felt a surge of sadness welling up in my heart. Is the Korean church still so beautiful? If Louise were to hear the embarrassing news of Korean churches that so often make the headlines these days, how would she feel? Had the seeds that were sown fallen on good ground to produce good fruit? Did the seeds fall on thorny ground where the temptation of wealth prevented the Word of God from producing fruit within the Church? Every time Louise smiled with the memories of Korea, I felt sad inside as these thoughts bombarded my mind. When this missionary sitting in front of me was young and healthy, she poured out her energy onto Korea. How did this nation lose the beauty that she remembers? I am sure there are fruits of the sacrifices the missionaries made. However, these missionaries did not give their lives to see the Church that is blinded by greed, drunk with power, and drowning in pleasures. The darkness of the Korean churches felt greater in contrast to the shining sacrifices of these missionaries. Such thoughts weighed heavily on my heart throughout this trip.

Working of the Holy Spirit

From Los Angeles, we went to visit Professor Donald Clark in San Antonio, Texas and then went on to Tampa, Florida. Charles Huntley met us at Tampa Airport. Professor Yi and I rode in Charles' car and the rest of the team drove in a rented car to Charles' house. His wife greeted us warmly when we arrived. In fact, we were there also to interview his wife, Martha Huntley. She wrote a book on early Korean Church history titled, *To Start a Work* which was based on the primary sources from the missionaries from 1884 to the March 1st Independence Movement in 1919.

Martha was born in 1941 and was full of energy. Both Charles and Martha told us many stories. We used one-hour video tapes to record the interviews. Their stories were so engaging so before we knew it, it was time to switch to a new tape. We were so engrossed in their stories that we lost count of how many tapes we used. They arrived in Korea in 1965 and worked mainly in the Gwangju area until 1984. They told their stories of 30 to 40 years ago as if they happened yesterday. When they shared their experience of the Gwangju Democratization Movement, their eyes filled with tears and their voices shook as they recalled the deaths and pain of those they had served.

These days, I have many opportunities to lecture on the book *The Mission of God's People* by Christopher Wright. The author was a son of a missionary and he himself went to India to teach students at a theological seminary. He explains that mission itself is wholistic. Biblical Mission does not only deal with the spiritual issues but also the political, economic, and social issues. Through the Exodus, the Israelites were freed from the political oppression, economic exploitation, and social intimidation, and ultimately, they were able to enter into a spiritual relationship with God. Dr. Wright's understanding of mission comes not only from his study of the Bible, but also from his mission experience in India.

As I listened to the Huntleys telling their story of the Gwangju Democratization Movement, I could vividly feel the meaning of wholistic mission explained by Dr. Wright. The Huntleys loved the Korean people—to be more precise, they loved the Gwangju people that they had worked and lived with. To borrow Dr. Wright's expression, they were not merely delivering the Gospel like a postman delivers a letter. The postman is only responsible for delivering the letter and has no reason to be interested in or to love the person receiving the letter. But delivering the Gospel is not like this. Charles and Martha loved Gwangju as their hometown. They loved the people like their family and one actually became their family. They adopted a little boy they met in Gwangju as their third child. The Huntley's love for Korea was not only about the 'souls'. They loved the land of Korea and loved the lives of the people of this land as a whole. The Huntleys experienced Gwangju, a place where one of the worst tragedies of modern Korean history took place. They did not remember it as a dangerous place they had to run away from but as a hometown where their families experienced heart wrenching pains. The root of this memory must be love.

Relays are usually the last event of a sports day. The attraction of this race is its unpredictable nature. Nothing is more exhilarating than watching the last runner of our losing team turning the race around. On the other hand, when my team's runner drops the baton or falls down, it is so disappointing. Life of faith is often compared to a race. But this race is not always a short-distance sprint that ends with one person or one generation. A relay where a baton is passed from one generation to the next is also an important race. For this reason, the people of Israel did their best to train the next generation to have the right faith. The covenant with God was renewed with the new generation.

This trip made me think deeply about how to continue the race that our ancestors of faith and the missionaries to Korea have started. I am worried that the Korean Church has dropped the baton or have fallen in the race. It is important to go beyond just remembering the past glories and fulfill the calling of this generation. I found myself asking what that should look like as an individual and as a community.

There were several things that were confirmed. The Gospel that is being shared and revealed in this land is meant for all peoples. The missionaries did not teach that everyone should become ministers or missionaries. They worked not only in the churches but in schools, hospitals and various places of society. They helped people wherever they worked. They also exemplified through their lives that the Gospel is something that you follow not something that you just deliver. The Gospel shown through their lives was not only about saving 'individual souls', but it became a light in the Korean society after the devastation of the Korean War.

If the baton has been dropped, we must pick it up and hold on to it tight. If we have fallen, we must pick ourselves up and continue running the race. If running is too hard now, we should still keep going by walking. My only hope is that the work of the Holy Spirit will continue in this race of faith as Martha wrote in *To Start a Work*.

The work started by the protestant missionaries and Korean co-workers is not yet finished. Even now the work is continuing in schools, in hospitals, in reform movements, in human rights and social justice movements, and especially in the individual lives. The Holy Spirit who was present in the beginning is still at work.

Epilogue

–

Longing for the Crown of Christ

Throughout the interviews with the missionaries, I kept thinking that they must be longing for the crown of Christ. There were two reasons why they welcomed us. First, we believed in the same God. Second, we were from the country they loved and served their entire lives. Even though they did not know us, they welcomed us, spent time with us, and opened up their hearts to us.

Their lives were simple. They had a calling from God, and in obedience, they lived in Korea. Each person, according to their gifts, did their best to serve God. This was it. They did not add anything more to their lives. They did not exaggerate or boast about their ministries. They were genuinely puzzled by all the hustle and bustle of the interviews and they were happy just to meet and talk to the Korean people. They keep saying they didn't do much, so at first, I believed them. But afterwards, as we did the research and visited the places where the missionaries had worked, we realized that was not the case. They had done so much and, what's more, they gave freely without expecting anything in return. This was truly touching. We had to re-examine our own hearts as they confessed that God had indeed done everything.

I wonder if writing a book about the missionaries' ministry will lessen the rewards they will be receiving in heaven. But I want to make it clear that the publication of this book was not their idea. Instead, it was purely to record what God had done through his people. The missionaries did not want their ministries to be known so that they would be revered. They were satisfied with simply serving and they told us that they received more love from the Koreans than what they had done in Korea. Some of them went through the rough times of Korea's history, but they did not criticize. Instead, they comforted and cried with those who had been hurt in the tragedies. This also touched our hearts.

Through this project, I came to read more books on the history of Korean Christianity. Through the ongoing research, I reached another level of discernment. It also was an opportunity to reflect on my life. I cannot begin to express how much I have been challenged by these people of faith and how much I learned from them.

Elizabeth Sheping was a nurse in Gwangju. She adopted and raised thirteen children. When she died in Korea, people of Gwangju held a funeral for her and many people cried as they said good-bye to her. Missionary Forsythe brought a poor leprous girl to Gwangju to treat her and this was the beginning of the Aeyangwon. I felt ashamed when I compared my life with their lives. The missionaries that we met in the United States showed me what the Gospel means to them personally. Although I believed in the same Gospel, their Gospel seemed so much bigger in size; to some extent, it almost seemed like a different entity. This burdened me as I conducted the interviews and wrote this book.

I asked myself. "What is the Gospel to me now?" Am I living a life worthy of the Gospel? It will be a lifelong task to figure out whether or not I am living according to God's calling. The Gospel always remains the same. Everyone hears the same Gospel, but some people dilute it, others minimize it, and others make it empty. What is the Gospel that our team has received? I wrote this book hoping that every reader would have a chance to think about this question.

I was thankful to God for the opportunity to travel with Professor Yi and the team. I also want to express my thanks to president Cha Jongsoon, professor Lim Heekuk, as well as my family and parents who supported me, my good friends Dokyoon and Eunjung, my office family and all the friends who helped with the translation. I also send my thanks to Hong Sung Sa Ltd. who published this book, as well as all the missionaries and their families who have walked the way of the Gospel. I had hoped an opportunity would arise for this book to be translated into English so that the missionaries' children can witness the kind of lives their parents had lived. Now, four years later, the English translation is completed with the help of Asian Mission. I thank God for his grace.

I also have the desire to visit the mission fields where Koreans are working as missionaries. I want to record all that God is doing in those places. I pray that the purity of the Gospel will be imprinted in those places. With open minds and eyes, I want to be able to witness God's hands on history and humbly report on what I see.

이름 없는 선교사들의 마을, 블랙마운틴을 찾아서

A Journey to Black Mountain,
a Town of Nameless Missionaries

2012. 7. 27. 초판 발행
2015. 9. 11. 개정증보판 발행

지은이 한병선
펴낸이 정애주
국효숙 김기민 김의연 김일영 김준표 박세정
박혜민 송승호 염보미 오민택 오형탁 윤진숙
이한별 임승철 조주영 차길환 한미영 허은

펴낸곳 주식회사 홍성사
등록번호 제1-449호 1977. 8. 1.
주소 (121-885) 서울시 마포구 양화진4길 3
전화 02) 333-5161
팩스 02) 333-5165
홈페이지 www.hsbooks.com
이메일 hsbooks@hsbooks.com
트위터 twitter.com/hongsungsa
페이스북 facebook.com/hongsungsa
양화진책방 02) 333-5163

ISBN 978-89-365-1111-1 (03230)